KB157027

# 사람은 왜
# 살인자가 되는가

인간 심리를 통해 본 파괴적 본능의 진실

# 사람은 왜 살인자가 되는가

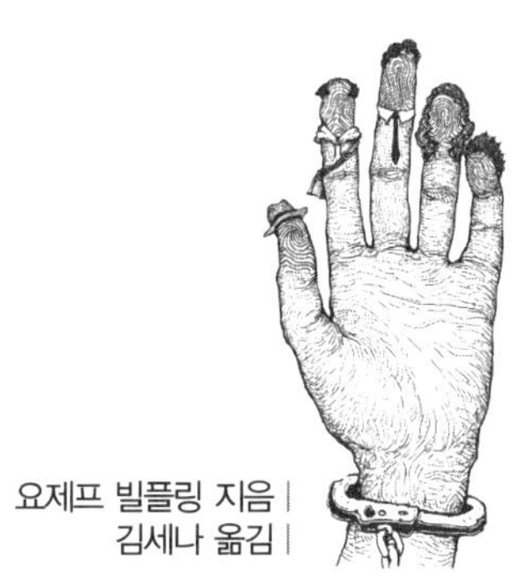


요제프 빌플링 지음 |
김세나 옮김 |



한국경제신문

## 서문

모든 인간은 존엄하게 죽기를 소망한다. 누군가를 살해하는 사람은 바로 이 존엄성을 빼앗는 것이다. 이러한 사실은 죽은 사람의 얼굴에서도 알 수 있다. 살해당한 이유가 어떠하든 살해당한 사람들의 표정은 한결같다. 나는 오랜 세월 이 분야에서 일하면서 '평화로운 표정'을 단 한 번도 본 적이 없다. 살인사건이 아닌 단순 사망사고의 피해자도, 자의로 목숨을 끊은 사람도 마찬가지다. 죽음은 어떤 경우든 지켜보기 쉽지 않으며, 살해된 사람을 보는 것은 더더욱 그렇다.

사람을 살해하는 방법이 갈수록 끔찍해지고 있다. 어떻게 사람이 그토록 무자비하고 둔감할 수 있는지, 어떻게 그렇게 잔인하고 냉혹할 수 있는지 나는 끊임없이 자문했다. 지금도 그 해답을 찾지 못했다. 살인자들이 우리와 다르지 않은 일상을 살고 있다는 사실은 가끔 나를 놀라게 한다. 정신감정 전문가를 포함한 사법부도 살인자의 마음속 깊은 곳에서 어떤 일이 일어났는지 밝혀내지 못했다. 다만 법률적인 차원에서 범행 동기를 찾아내거나 개연성을 이끌어냈을 뿐이다.

독일 형법 제211조에 따르면, 사전에 살인을 계획한 범죄는 더욱 무거운 형을 받는다. 모살자란 살해욕, 성욕, 탐욕 또는 다른 비열한 동기에 의해 다른 범죄를 실행하거나 은폐할 목적으로 잔혹하게 사람을 살해한 자를 말한다. 뮌헨 지역의 살인사건 수사관으로 일하던 지난 22년 동안, 이 가운데 어느 하나에 해당되지 않는 살인사건은 단 한 번도 없었다. 약 1,000건에 이르는 살인기도 및 살인사건을 접하고 그중 100건을 직접 처리한 나로서는 이 형법을 마련한 사람들에게 무한한 존경을 표하고 싶다. 이를 성경에 나오는 일곱 가지 죄악인 탐식, 탐욕, 나태, 음란, 교만, 시기, 분노와 비교하는 것도 흥미롭다. 이 비교를 통해 인간사회 내부에서 이뤄진 변혁과 가치 변화를 분명히 알 수 있을 것이다.

오늘날에는 과도하게 욕심을 부리고, 뭔가를 소유하고 싶어 하고, 많이 먹으려 하고, 습관적으로 술을 마시고, 지독하게 게으른 것이 더 이상 죄악이나 범죄가 아니다. 반대로 옛날에는 얼마나 간악하고 잔혹하게, 방화처럼 공공에 위험한 수단으로 일을 저질렀는지의 여부를 그다지 중요하게 생각지 않았다. 그러나 여기서 짚고 넘어가야 할 것은 과거의 죄악이 오늘날의 '비열한 범행동기'와 크게 다르지 않다는 점이다.

경멸할 만한 동기로 사전에 계획한 부도덕한 살인은 가장 저질의 살인으로 분류된다. '비열한 범행동기'는 다음과 같은 것들이 있다.

충동에 의한 살해욕
합의되지 않은 성욕 충족
부에 대한 탐욕
극단적인 이기주의
사소한 데서 비롯된 격노
혈족간의 복수

누군가 사전에 살인을 계획하고 범행을 저지르면 그 사람은 형법 제211조에 따라 고살자에서 모살자가 되고 무기 자유형을 선고받을 것이다. 물론 유죄를 입증할 수 있고, 범행 시점에 청소년이나 책임 무능력자가 아닐 경우라는 단서가 붙지만 말이다. 내가 살인사건 수사관으로 일하던 1987년에서 2009년 사이 관할구역에서는 모두 361건의 살인사건과 767건의 살인 미수 사건이 벌어졌다. 외부로 알려지지 않은 사건까지 감안하면 사실 그 수는 어마어마하다.

이 책의 제목을 《사람은 왜 살인자가 되는가》라고 한 데는 의도가 있다. 엽기적이고 잔인한 살인사건을 접할 때마다 나는 살인 동기가 거창하고 특이한 것이 아니라는 점에 놀라곤 했다. 성욕이나 부에 대한 탐욕은 누구나 가지고 있지만, 그것 때문에 누구나 살인자가 되는 것은 아니다. 그렇다면 그들은 어떻게 다른 사람을 살해하는 것을 막아주는 고귀한 '저지선'을 넘게 되었을까? 살인사건 심문전문가로서 누구보다 그들을 가까이에서 볼 수 있었던 나는 그저 이 책을 통해 내가 느낀 것들을 전하고 싶다. 심층심리분석은 다른 유능한 전문가의 몫으로 남기고, 나는 다만 모살과 고살이라는 세계, 그리고 인간 영혼의 심연에 대해 현실적인 시각을 제시할 수 있기를 바란다.

나는 현장에서 뛰는 사람일 뿐이라서 법률적, 심리적 평가를 내릴 수 없다. 그러나 언론에서는 말해주지 않는, 살인자들에 대한 생생한 이야기를 들려주겠다. 그들에 대한 나의 고민과 생각에 대해선 독자의 저마다의 판단에 맡긴다.

살인사건을 조사할 때에는 무엇보다 팀워크가 중요하다. 무슨 일이든 혼자서 다 해결하는 '형사 콜롬보'는 존재하지 않는다. '쉬만스키'(Schimanski, 독일 텔레비전의 인기 수사물로 독일판 〈수사반장〉이라 할 수 있음—옮긴이) 같은 사람은 독일에서 단 하루도 제대로 수사하지 못할 것이다. 참고로 '셜록 홈즈'의 도움 없이도 우리는 사건 해결률 99퍼센트 수준을 계속해서 유지하고 있다. 데이터보호법 상의 이유로 이 책에서는 인물의 이름과 직업, 장소와 시간을 임의로 바꿔서 소개한다. 앞으로 소개하는 사건들은 모두 실제 범죄를 바탕으로 한 것이지만, 부분적으로 내용을 바꾸고 허구를 추가하여 진짜 사건을 알아볼 수 없도록 했음을 밝힌다.

뮌헨에서
요제프 빌플링

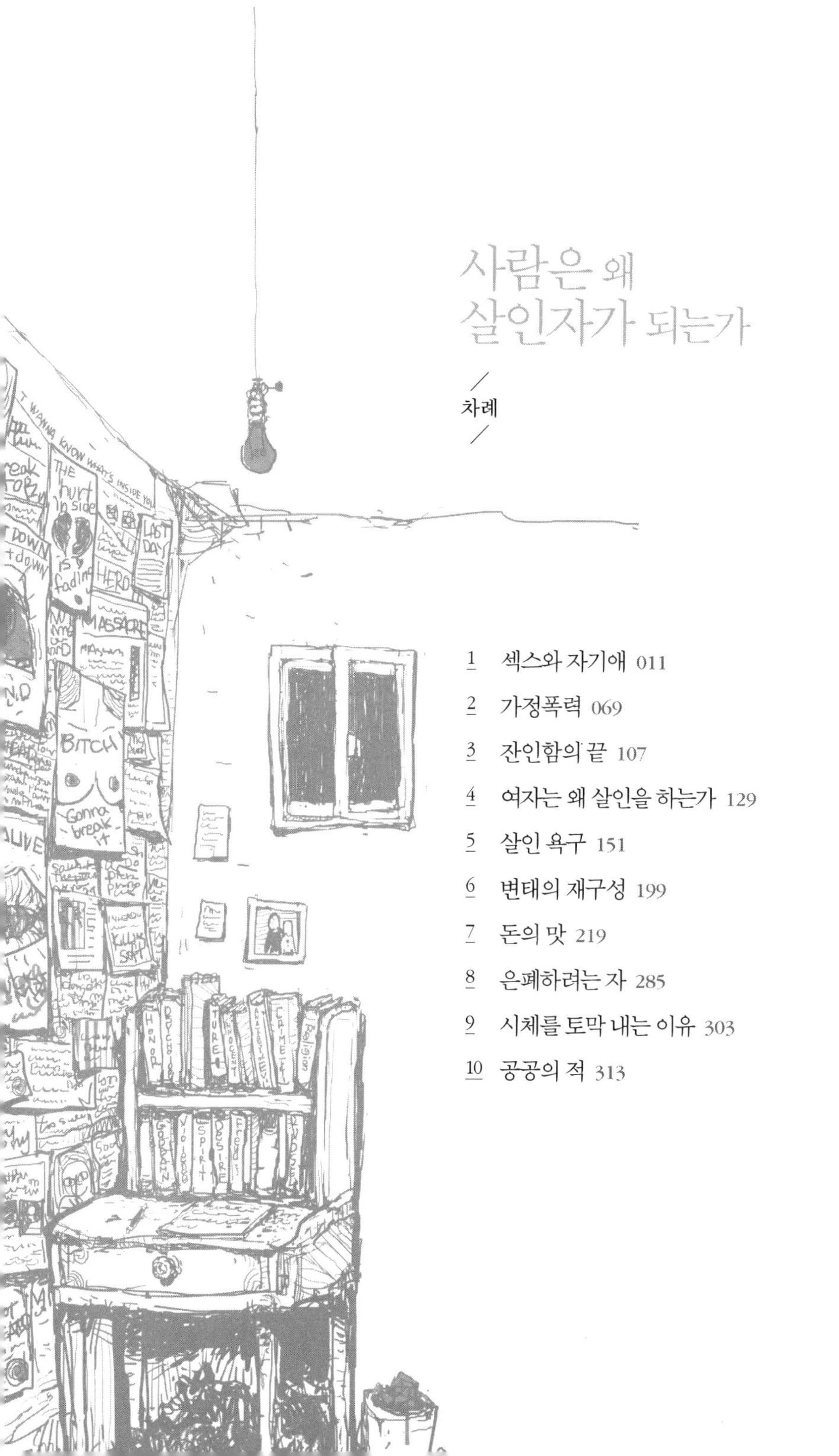


# 사람은 왜 살인자가 되는가

## 차례

I HATE LOVE
LOVE HATE ME
GIVE ANY MORE
I WANNA KNOW WHAT'S INSIDE YOU
Going to HELL
Break
BRING IT DOWN
Break it down
THE hurt in side is fading
LAST DAY
HERO
MASSACRE
BLIND
GUILTY
REDSHOT IN HEAD
gonna break it
EAT YOU AL
SUCK
SMELL
Feeling

# 1
# 섹스와 자기애

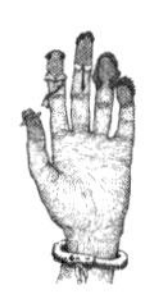

알렉산더는 벌써 한 시간째 쩍 벌린 성매매 여성의 다리 사이에 앉아 질을 자극하면서 자신의 그것이 흥분 상태가 되기만을 기다렸다. 하지만 그것은 흥분을 원치 않는 듯했다. 급기야 보다 못한 성매매 여성이 알렉산더의 물건을 자극해보겠다고 나섰지만, 그는 그녀의 제안을 거부했다. 그는 자신의 방식대로 해야만 성공하리라 확신하고 있었다.

그는 주로 여자 나체 사진을 보며 자위를 했다. 그에게 섹스보다 중요한 것은 없었다. 심지어 열심히 공부해서 좋은 대학에 들어간 것도 대학생이 되면 젊은 여성과 쉽게 성관계를 할 줄 알았기 때문이었다. 하지만 몇 번의 시도가 모두 실패로 끝나자 그는 플랜B를 준비하기 시작했다. 플랜B란 바로 돈을 주고 여자를 사는 것이었다. 플랜B에 필요한 돈을 구하기 위해 그는 14일 전 대낮에 슈바빙 레오폴트 거리에 있는 한 은행을 터는 일도 서슴지 않았다.

얼굴 전체를 덮는 모자를 쓰고 가스총으로 무장한 알렉산더는 은행에 들어가 손님과 은행직원을 위협해 고액지폐만 챙겨 나왔다. 그러고는 은행에서 나와 미리 봐둔 옆 건물에 숨었다가 출동한 경찰이 사라지기만을 기다렸다. 잠시 후 그는 아무런 방해도 받지 않고 돈을 넣은 비닐봉지를 들고 지하철과 버스를 갈아타면서 뮌헨의 모자크 지역까지 갈 수 있었다. 그는 이곳의 단독주택에 딸린 방 한 칸에 세 들어 살고 있었다. 집에 무사히 도착하고도 돈은 세어보지 않았다. 돈에 특별히 관심이 있는 건 아니었으니까. 목숨을 연명하는 데는 일주일에 토스트빵 한 봉지와 마멀레이드 한 컵이면 충분했다.

바로 그날 저녁 그는 뮌헨 모자크에 있는 사창가의 한 바에서 어린 성매매 여성에게 성관계를 맺고 싶다고 이야기했다. 그는 카운터에 1,500마르크를 올려놓았고 어린 여성의 눈이 반짝거렸다. 그는 그녀의 방으로 따라 들어갔다. 그녀가 옷을 벗기려 하자 그는 단호하게 거부했고, 먼저 그녀가 다 벗은 모습을, 정확히는 '가장 내밀한 부위'를 보고 싶다고 요구했다. 여자는 걸치고 있던 몇 개 되지 않는 옷을 벗은 후 침대머리 쪽에 등을 기댄 채 똑바로 앉아 두 다리를 벌렸다. 그가 그녀 앞에 배를 깔고 누울 충분한 공간이 생겼다.

알렉산더는 그녀의 활짝 열린 질 가까이로 얼굴을 바짝 들이댔다. 여자는 한 시간이나 그 자세로 있었지만 그는 조금도 흥분하지 않았다. 알렉산더는 스스로 무엇이 문제인지를 고민했다. 그러고는 남자가 진짜 여자에게서 흥분하려면 원시적이고 바보 같은 방법이 필요하다고 결론 내렸다. 완전히 틀린 생각은 아니었다. 화가 난 그는 벌떡 일어나 큰 소리로 욕을 한 뒤 방에서 뛰쳐나갔다. 옷은 입을 필요가 없었다. 처음부터 아예 벗지도 않았으니까.

* * *

스물세 살의 대학생인 알렉산더가 화장실이 딸린 작은 방에 살기 시작한 지는 약 두 달이 되었다. 일종의 정원 집 같은 작은 부속 건물에 딸린 방이었는데, 그래도 실내 확장을 해놓은 상태였고 난방도 됐다. 이곳에서 그는 누구에게도 방해받지 않고 지낼 수 있었다. 알렉산더는 집에 있을 때면 언제나 자위를 했다. 대학생 섹스파트너를 만들겠다는 플랜A는 실패로 끝났다. 그건 분명했다.

알렉산더는 약 1년 전 오스트프리스트란트에서 대학이 있는 뮌헨으로 이사를 왔다. 그는 여대생을 애인으로 만들기 위해 노력했지만 번번이 실패했다. 젊은 여성들과 피상적인 대화를 나누는 것 이외에는 더 이상 진도를 나갈 수가 없었다. 한번은 여자 동기가 잉글리시 가든으로 산책을 나가지 않겠느냐고 제안을 해왔다. 그녀는 쉴 새 없이 조잘거렸다. 그녀가 조용하고 예쁜 벤치에 잠깐 앉았다 가지 않겠느냐고 제안했을 때 그는 이 기회를 반드시 잡아야겠다고 생각했다. 그는 번개처럼 빠른 속도로 오른팔을 그녀의 목에 두르고 와락 끌어당겼다. 그러고는 입술을 그녀의 입술에 밀어붙이려 했다. 그러나 그녀의 반응은 기대했던 것과 확연히 달랐다. 그녀는 벌떡 일어나더니 창에 찔리기라도 한 듯 소리를 지르면서 주변에 도움을 요청했다. 그러고는 울면서 달아나버렸다.

알렉산더는 그 누구와도 사회적인 접촉을 하지 않았다. 대신 그는 커플을 가까이에서 관찰하기 위해 이자르 강변이나 공원을 산책하고, 숲 속을 배회했다. 적어도 화창한 날에는 커플들을 적잖게 볼 수 있었다. 한번은 자위를 하느라 주변 경계를 소홀히 하는 바람에 자전거를 타고 가던 사람에게 들킨 적이 있었다. 체포될 뻔한 그날 이후로 그는 더 이상 숲에 가지 않았다.

버스 종점이 있는 오스트반호프 역에서 숲길 산책 대신 다른 대안을 찾은 적도 있었다. 그곳에서는 유리한 상황이 될 때까지 몇 시간이고 기다리는 수고를 해야 했다. 버스 기사는 밖에 있고, 근처에 다른 승객 없이 젊은 여성 혼자 앉아 버스가 출발하기를 기다리고 있을 때에야 비로소 용기 있게 행동에 나설 수 있었다. 알렉산더는 버스에 올라탄 후 여자의 바로 뒤에 앉아서 다시 한 번 주위를 살폈다. 그러고는 여자 앞으로 다가가 재빨리 바지를 무릎까지 끌어내린 뒤 여자의 눈앞에서 자위를 했다. 정액을 밖으로 쏟아낼 준비가 되기까지는 몇 초도 걸리지 않았다. 그만큼 그는 흥분해 있었다. 이제 그는 정액이 여자가 앉아 있는 바로 앞 의자의 뒤편으로 튀지 않도록 정확하게 조준만 하면 됐다. 정액은 여자의 두 눈을 정확하게 뒤덮었다. 그는 마치 악마에게 쫓기기라도 하는 양 빠른 속도로 버스에서 도망쳐 나왔다. 물론 당황해서 크게 벌어진 여자의 두 눈을 입으로 빨아들이는 것을 잊지 않았다. 그는 그 광경을 떠올리며 집에 돌아온 후에 다시 곧바로 자위할 수 있었다.

이제 그는 자신의 방 안에서 플랜C에 대해 깊이 고민하기 시작했다. 다른 계획이 모두 수포로 돌아간 이상 플랜C를 가동해야 할 때였다. 진짜 여자와 섹스를 할 수 있는 마지막 기회를 의미하는 이 계획에는 결국 폭력이 동원된다. '여자에게 폭력을 행사하는 것도 한 방법이 될 수 있겠지.' 그는 관련된 책들을 충분히 읽었고, 성과 폭력은 호환이 가능하며 실용적이라는 사실을 알고 있었다. '그게 해답일 수 있어. 난 나의 욕구를 따르는 것뿐이야.' 그는 자신을 합리화했다. '여자는 육욕의 대상에 지나지 않아. 남자는 힘으로 여자를 장악하면 되는 것이고.'

자발적으로 자신을 헌납할 여자는 없을 거라는 사실을 잘 알고 있는 그에게 방법은 한 가지밖에 없었다. 바로 강간이다.

그의 계획은 확실해졌다. 이제 여자를 덮쳐 강간하기에 좋은 적당한 장소만 찾으면 되는 것이었다. 애초에 여자가 도와달라고 소리 지를 생각조차 할 수 없는 곳이어야 했다. '갑자기 공격하는 게 낫겠지. 최루가스를 뿌린 다음에는 칼을 사용하는 거야. 그래, 그러면 되겠군.' 그는 여자 혼자 살고 있는 아파트를 찾아내야겠다고 생각했다. '내가 벨을 누르면 여자가 문을 열겠지. 그러면 최루가스를 얼굴에 뿌리는 거야. 만약 여자가 소리를 지르면 칼을 들이대서 곧바로 비명을 멈추도록 해야지.' 여자는 그가 경험이 전무하다는 사실도 모른 채 조용히 강간당할 것이 분명했다. 책을 통해 이론적으로 배운 것이기는 하지만 정확히 어떻게 행동하고 여자의 어디를 만져야 할지는 이미 잘 알고 있었다. 이제 그에게는 적당한 대상, 적당한 피해자를 물색하는 일만 남았다. 이런 생각만으로도 그는 흥분이 됐고 다시 자위를 했다.

* * *

크리스티네가 눈을 떴다. 처음엔 여기가 어딘지 혼란스러웠지만, 서서히 정신이 들면서 지금 누워 있는 곳이 병원이라는 사실을 알게 됐다. 그녀는 패닉 상태였다. '무슨 일이 일어난 거지?' 어머니가 눈에 들어왔다. 어머니는 몸을 구부려 나지막한 목소리로 그녀를 부드럽게 위로했다. 어머니의 두 눈에 눈물이 그렁그렁했다. 차츰 기억이 돌아오기 시작했다.

그녀가 기억하는 마지막 모습은 불타오르고 있는 자신의 두 눈동자였다. 그녀 앞에 얼굴을 찌푸린 한 남자가 서 있었다. 그녀는 비명을 질렀고, 그러자 등 쪽에 뭔가가 꽂히는 느낌이 들었다. 고통은 느끼지 못했다.

스물세 살의 그녀는 나흘 전인 오후 다섯 시경 올림픽 마을에 있는 기숙사 5층 방에서 피를 흘린 채 발견됐다. 그녀는 바닥에 쓰러져 있었고 문은 활짝 열려 있었다. 같은 기숙사에 사는 학생들이 그녀의 비명소리를 듣고 달려왔다. 하지만 아무도 크리스티네의 방에서 황급히 뛰쳐나간 남자는 보지 못했다. 기숙사의 각 층은 승강기나 계단으로 오르내릴 수 있도록 되어 있는데, 층마다 기다란 복도를 중심으로 좌우로 각각 스무 개쯤의 방이 있었다. 사건 발생 당시 기숙사 안에는 학생들이 많이 없었다. 크리스티네의 방은 복도에 들어섰을 때 오른편 제일 끝 방이었고, 게다가 사건 발생 시각에 옆방에는 아무도 없었다.

응급의사가 매우 신속하게 현장에 도착했다. 의사는 크리스티네의 등에서 수많은 칼자국을 발견했다. 크리스티네는 이미 너무 많은 피를 쏟은 상태여서 말을 걸어도 대답조차 할 수 없었다. 다행히도 20분 후 그녀는 근처 슈바빙 병원에서 수술을 받을 수 있었다. 크리스티네는 모두 열두 번 칼에 찔렸는데, 하나하나가 모두 생명을 앗아갈 수 있을 정도로 치명적인 것이어서 의사가 신속하게 대응하지 않았다면 목숨을 잃었을 것이다.

크리스티네는 뮌헨에 소재한 대학에 재학 중인 의대생이었다. 그녀는 소아과 의사가 되고 싶어 했고 두 학기만 지나면 그 꿈을 이룰 것으로 보였다. 젊고 예쁜 크리스티네는 오버프랑켄 지역에 있는 소도시인 헬름브레히츠 출신이었다. 주말이면 정기적으로 부모님 댁에 가긴 했지만, 뮌헨에 있는 걸 더 좋아했다. 아버지는 의사였고, 가족들 모두 선량하고 행동도 반듯했다. 그런데 이 건강한 세계가 단 한 번에 무너져내렸다. 어느 날 갑자기 아무도 예상하지 못한 방법으로.

많은 의사들이 입원실을 다녀갔고, 어머니는 그녀 곁에서 밤을 지새웠다. 어머니는 담당 의사에게 좋은 소식과 나쁜 소식을 듣고는 흐르는 눈물을 멈출 수가 없었다. 좋은 소식은 다행히 그녀가 죽음의 고비를 무사히 넘겼다는 것이고, 나쁜 소식은 그럼에도 그녀가 다시는 건강해질 수 없다는 것이었다. 유감스럽게도 그녀가 감염된 혈액을 수혈 받았기 때문이었다. B형 간염에 감염된 혈액이 크리스티네의 몸속으로 들어갔다. 이것이 무엇을 의미하는지는 그녀에게 굳이 설명해줄 필요가 없었다. 의대생인 그녀는 앞으로 자신의 삶이 얼마나 크게 제한받을지 충분히 알 수 있었다. 전과 다르게 위축된 삶이 그녀 앞에 놓여 있었다.

* * *

뮌헨 살인 수사반은 며칠에 걸쳐 용의자의 신원을 파악하는 데 주력했지만 어떤 단서도 찾지 못했다. 수십 명의 목격자들에게 질문을 하고 용의자의 흔적을 찾아내려 했지만, 현장은 물론 건물 전체에서도 지문 하나 나오지 않았다. 그래도 범인이 사람이라면 분명 이렇다 할 흔적을 남겼을 것이므로 승강기 내부는 물론 계단실과 복도를 구분 짓는 유리 출입문까지 가능성이 있는 곳은 모두 조사했다. 하루에도 수백 명이 오가는 건물에 한 남자가 흔적도 없이 다녀갔다.

우리는 전과자 기록에서 어떤 단서를 찾을 수 있지 않을까 기대했다. 뮌헨 북부 지역 전체에 범인을 찾는다는 수배 전단을 뿌렸지만 성과가 없었다. 하긴 어떻게 생겼는지도 모르는 상태에서 범인을 잡는다는 것 자체가 무리였다. 다행히 패딩을 입고 공원을 가로질러 뛰어가는 남자를 봤다는 사람들이 나타났지만 그래도 긴급 수배령을 내리기엔 부족했다.

이런 경우 수사관들이 가장 처음 떠올리는 질문은 바로 이것이다. 이번 사건은 이른바 '관계성 범행'일까, 아니면 크리스티네는 우연한 피해자일 뿐인 걸까? 모든 살인 범죄의 80퍼센트는 관계성 범행이다. 범인과 피해자 사이에 친밀하거나, 반대로 적대적인 사전 인간관계가 존재한다는 뜻이다. 순수한 이웃지간에서 파트너 관계에 이르기까지 그 관계는 폭넓다. 우리는 오래 전부터 내려오는 '내부에서부터 외부로의 수사'라는 범죄학의 기본원칙에 따라 크리스티네와 주변 인물들을 조사했다. 가장 가까운 인물부터 시작해 별다른 인적 관계가 없는 사람에 이르기까지 수사를 점차 확대해나갔다.

10월 13일, 살인 수사반 소속 형사 두 명이 크리스티네와 이야기를 나눌 수 있었다. 그녀가 벌써 대화를 나눌 정도로 회복됐다는 것이 놀라웠다. 불행한 수혈 사고에 대해 알고 있는 의사들은 믿을 수 없는 회복력이라고 했다. 바이에른 주 주범죄청 소속의 동료 한 명이 함께했는데, 그는 목격자의 진술에 따라 용의자의 몽타주를 작성하는 전문가였다.

크리스티네는 범인을 두 눈으로 똑똑히 보았다. 그녀의 기억에 범인은 매우 젊지만 마치 화관을 머리에 두른 것처럼 정수리가 훤히 보이는 '원형탈모형 대머리'였다. 두 시간 후 몽타주 작성이 끝났다. 담당 경찰관은 몽타주를 다시 한 번 꼼꼼히 수정하겠다고 했다. 그동안 형사들은 그녀에게 질문을 하기 시작했고, 크리스티네는 매우 솔직하게 답했다. 그녀는 누가 왜 자신에게 이런 짓을 했는지 안다면 이번 일을 더 쉽게 극복해낼 것 같다면서 적극적으로 협조하겠다고 했다. 자신을 공격한 그 남자가 생전 처음 보는 사람이었음에도 말이다. 그녀는 지금까지의 인생살이를 모두 다 이야기했고, 지금까지 있었던 모든 연인 관계도 낱낱이 공개했다. 크리스티네는 현재 애인이 없으며, 가족친지나 주변 인물 가운데 이번 일을 벌일 만한 이유를 가진 사람은 아무도 없다고 말했다.

완성된 몽타주를 본 크리스티네는 "맞아요, 정확해요!"라든가 "저 남자가 분명해요!" 같은 즉각적이고 일반적인 반응을 보이지 않았다. 좋지 않은 징후였다. 몽타주란 그림이 훌륭해야 의미가 있고, 몽타주가 훌륭한지 아닌지의 여부는 오로지 목격자의 관찰력과 재생력에 달려 있다. 그렇지 않으면 몽타주는 오히려 비생산적으로 작용할 수 있다. 크리스티네는 남자의 머리 모양이 조금 이상하다고 했다. 대머리로 표현된 것은 맞지만, 화관 모양의 머리카락이 달라 보인다는 것이었다. 하지만 정확하게 어떻게 다른지는 모르겠다고 했다. 이것으로 우리는 몽타주 작업을 끝냈다. 아무것도 없는 것보다는 낫다고 생각했다. 이 몽타주가 오히려 수사에 방해가 될 수도 있지만 큰 도움이 될 수도 있다. 범죄와 수사 만큼 이렇게 모순적인 것도 없을 것이다.

피해자의 주변 조사에서는 크리스티네가 우연한 피해자임에 틀림없다는 확신을 얻은 것 외에 아무런 소득이 없었다. 이런 확신을 가지게 된 한 가지 이유는, 사건이 벌어진 건물이 워낙 드나드는 사람이 많아 외부인이 출입해도 눈에 띄지 않고 같은 건물 사람들끼리도 서로 잘 모른다는 점 때문이었다. 연말이 가까워졌지만 우리는 구체적인 혐의가 있는 용의자를 찾지 못했고, 더욱이 숨 돌릴 겨를도 없이 바빴다. 크리스티네 사건 외에도 용의자의 신원조차 파악하지 못한 다른 살인 범죄들이 줄줄이 발생했다. 사건 해결률이 90퍼센트를 웃도는 팀의 명성에 먹칠을 하는 지독히 운 나쁜 한 해였다.

수차례 공개된 용의자의 몽타주를 보고 많은 제보가 들어왔다. 제보된 남성들은 대부분 완전히 대머리였는데, 나는 이렇게 많은 사람들이 대머리인 줄 예전엔 미처 몰랐다. 사건에 매달리다 보니 길에서 마주친 사람들 중에 조금이라도 탈모가 진행된 남성이면 모두 용의자로 보일 지경이었다. 나는 지나가는 사람들을 제지하고 경찰 신분증을 보여주면서 수사에 협조를 구했다. 그래서 문제가 생기거나 거센 반발을 접한 적도 여러 번이었다.

증거 확보 과정에서도 이렇다 할 증거는 나오지 않았다. 지문도, 외부인의 혈흔도, 칼도, 용의자 신원도 없었다. 범인은 현장에 최루 스프레이만 떨어뜨리고 갔는데, 거기에도 지문은 없었다. 범인은 아마도 장갑을 꼈던 것 같다. 스프레이 또한 전문점 어디서나 쉽게 구할 수 있는 흔한 상표였다. 결국 우리는 전통적인 범죄 수사 방법에 의존할 수밖에 없었다. 시민들의 제보, 지리한 알리바이 조사, 소문의 검토, 피해자의 주변 인물 조사, 범죄 수사관의 감각과 심문 기술이 그것이다.

우리는 올림픽 마을 일대를 몇 시간이고 돌아다니면서 주위를 살폈다. 가끔은 이거다 싶은 흥미로운 단서도 있었지만 그때마다 희망은 곧 실망으로 바뀌었다. 살인 수사는 산꼭대기와 계곡 사이 딱 중간에 있는 것과 같다는 말을 나는 이때 이해했다. 목표한 곳이 산꼭대기에 있는지 저 아래 계곡에 있는지 전혀 감을 잡을 수가 없었다. 그렇게 한 해가 끝나가고 있었다.

범인은 여전히 오리무중 상태였다.

연말연시를 기해 언론은 지금까지 해결되지 않은 뮌헨 지역의 살인사건들을 상세하게 보도했다. 사건 해결률이 낮은 것을 지적하면서 “살인 수사반에 도대체 무슨 일이 일어난 것인가?” 하는 질문을 던졌다. 보도와 함께 피해자들의 사진과 여러 몽타주가 공개되었고, 물론 우리 팀이 전담한 사건도 있었다. 다시 제보가 쏟아져 들어왔다. 그런데 이번에는 나뿐만 아니라 다른 동료들까지 짜릿하게 만든 제보가 두 건이나 있었다. 두 제보 모두 같은 사람을 지목하고 있었는데, 우연이 아닌 것처럼 보였다.

첫 번째 제보를 한 사람은 젊은 여대생이었다. 학교 안 식당 근처에서 우연히 같은 학교 학생을 보게 되었는데, 그 남학생이 게시판에 붙어 있던 몽타주를 찢어 호주머니에 넣었다고 했다. 여기까지는 그다지 특별한 내용은 아니었다. 형사소추 기관과 관계가 좋지 않아서 기관에 어떤 도움을 주는 것도 거부하는 학생들이 많기 때문이다. 그런데 다음 이야기가 흥미로웠다. 이 남학생이 얼마 전부터 어떤 수업에도 들어오지 않는다고 했다. 또 몽타주를 찢기 전에 주위를 여러 번 둘러봤고, 마치 누군가에게 쫓기기라도 하듯 ‘묘하게’ 행동했다고 설명했다. 찢은 종잇조각을 바로 옆에 있는 휴지통에 버리는 대신 호주머니에 넣은 사실도 지적했다. 나도 이상하다는 생각이 들었다. 왜 그 남학생은 종잇조각을 그냥 버리지 않았을까? 종잇조각이 무슨 단서가 되지나 않을까 해서 자기가 따로 처리하려 했던 것일까?

제보자가 이야기한 중요한 부분이 더 있다. 이 부분에서 나는 결국 탄복의 감탄사를 내뱉고야 말았다. 여대생이 한 말을 그대로 옮겨보겠다. "그 학생은 눈에 띄는 대머리 남자였어요." 그때 내 머릿속에는 두 가지가 떠올랐다. '그 학생은 몽타주가 자신과 비슷하니 어떤 식으로든 얽히기 싫어서 몽타주를 없애려고 했을 거야. 아니면 그 몽타주를 보고 누군가 정말로 자신을 알아볼 거라 생각했을지 몰라.' 여대생은 그 남학생이 몇 개월 전까지 들어왔던 강좌명을 언급했고 두 시간 후 우리는 그의 이름과 주소를 알아냈다. 알렉산더, 23세, 뮌헨 모자크 거주.

남학생을 만나러 가기 전에 우리는 또 다른 제보를 받았다. 여대생과 아무런 관련도 없는 제보자였다. 일이 풀리려면 한꺼번에 풀린다고 했던가. 우리는 기뻐했다. 이 제보자도 알렉산더를 지목했다. '뉴스 보도로 얻는 것도 있군.' 역시 신뢰할 만한 제보였고 심지어 제보자는 익명성도 포기했다.

전화를 건 여성은 자신이 병원의 상담 보조사로 일하고 있으며, 앞으로 제보할 내용이 의사들의 비밀 유지 의무에 반한다는 사실도 잘 알고 있다고 했다. 하지만 양심상 도저히 이 비밀을 유지할 수 없었다고 고백했다. 당시 병원을 찾은 환자가 있는데, 이 환자가 아무래도 올림픽 마을 여대생 공격사건의 범인인 것 같다는 내용이었다. 대머리를 한 젊은 남자고, 신문에 난 몽타주와 비슷하고 환자의 병세로 봐서 충분히 그런 범행을 저지를 만하다고 했다. 그녀의 상사가 이 환자를 무서워했다는 이야기와 함께 더 이상은 말하고 싶지도 않고 말할 것도 없다고 했다. 나도 그것이면 충분하다는 생각이 들었다. 사람의 목숨보다 의사의 비밀 유지 의무를 더 우선시한 정신과 의사에 대한 분노는 이 용기 있는 상담 보조사에 대한 탄복으로 어느 정도 희석되었다.

* * *

파트너인 호르스트(키가 2미터에 육박하는 거구다)와 내가 모자크에 도착했을 때는 이미 늦은 오후였다. 우리는 벨을 눌렀다. 알렉산더가 문을 열더니 마치 우리가 다른 별에서 온 사람이라도 되는 것처럼 바라봤다. "무슨 일이십니까?" 깔끔하기 그지없는 표준어였다. 우리는 형사라고 소개하면서 신분증을 보여주었다. 그는 신분증을 보지도 않고 우리가 경찰이라는 것을 그대로 믿는 듯했다.

"알렉산더 씨 되십니까?"

"네."

"들어가도 되겠습니까? 좀 여쭤볼 게 있는데요."

"수색영장이 있나요?"

'참 얄밉게 뻔뻔하군.' 나는 속으로 생각했다. 그러나 내 파트너의 압도적인 모습을 위에서 아래로 훑어내리는 그의 얼굴에 거친 두려움이 묻어났다. 평범한 '보통사람' 인 나의 존재는 아예 인식하지도 못하는 것 같았다.

"우리한테 그게 왜 있어야 하죠?" 난 아무렇지도 않은 체하며 물었다. "우린 그냥 당신과 얘기만 하면 되는데요."

"그렇다면 무엇에 관한 일인지 말씀해주셨으면 합니다."

"지금 우리가 들어갈까요 아니면 우리와 함께 서로 가시겠습니까?"

"그렇다면 들어오세요."

우리는 15제곱미터 정도 되는 커다란 방으로 들어섰다. 중앙에 커다란 목재 책상이 있고, 그 위에 여러 권의 책과 필기구, 각종 서류들이 놓여 있었다. 작은 주방용 수납칸 한 줄과 책장, 옷장, 침대 하나가 전부였다. 초라하고 간소했지만 깨끗했다. 우리는 방을 빙 둘러봤고 그는 기대감 가득한 눈빛으로 우리를 바라봤다.

“당신이 대학교 게시판에서 찢은 우리 몽타주를 되돌려 받고 싶습니다만.” 나는 급작스럽게 말을 꺼내고는 바짝 다가가 그의 눈동자를 똑바로 응시했다. 내 눈길을 피한 그의 얼굴이 붉게 상기되었다. 나의 기습적인 질문에 깊게 생각할 시간이 없었는지 그는 순간적으로 ‘그건 버렸다’고 대답했다.

“정확하게 어디에 말입니까? 우리가 직접 찾아보겠습니다.”

“어떤 쓰레기통인지 정확하게 기억이 나지 않습니다.”

‘거짓말을 하는군.’ 나는 생각했다. 그가 종잇조각을 아직 갖고 있다면 우리에게 그냥 돌려주면 되니 그의 입장이 달라질 건 없었다. 그리고 만약 종잇조각을 버렸다면 어디에 버렸는지 알고 있어야 했다. 그런데 그는 왜 우리에게 그걸 말하지 않는 걸까?

“어디에 버렸는지 어째서 기억이 나지 않죠? 불과 몇 시간 전 일이니까 잊어버리셨을 리 없는데요.”

“슈바빙에서 여기까지 오는 중간에 쓰레기통에 버렸는데, 솔직하게 말씀드려서 어디에 버렸는지 정말로 생각이 안 납니다.”

“그걸 왜 찢었는지는 저희에게 말씀해주실 수 있겠지요.”

“경찰이 찾고 있는 사람이 저라는 괜한 의심을 사는 걸 원치 않았기 때문이죠. 지금도 원치 않고요."

"그 말은 몽타주가 당신과 닮았다는 뜻입니까?"

"그건 아닙니다. 하지만 몽타주에는 머리숱이 적은 젊은 남자가 그려져 있어서 사람들이 저라고 오인할 수 있습니다. 그래서 없애버렸습니다."

"하지만 그건 불법 행위고 물적 손해를 끼친 것으로 볼 수 있습니다."

"전 그게 인격권의 침해라 보고 있고, 그래서 정당방위로 행동한 겁니다."

"법학을 전공하십니까?"

"아니요, 국문학 전공입니다. 현재는 휴학 중입니다. 제가 정신적으로 힘든 상황이거든요."

"어떻게 힘든데요?"

"심각한 집중력 장애를 겪고 있습니다. 사고가 불안정하고 끊임없이 생각의 방향이 달라집니다."

"의사의 도움은 받고 계신가요?"

"정신치료사들과 상담해봤는데 누구도 제게 실질적으로 도움을 주지 못했습니다."

"혹시 몽타주 아래의 글도 읽어보셨나요?"

"대충이요."

"용의자가 무슨 범죄를 저질렀는지 궁금하지 않습니까?"

"어떤 여자 한 명을 공격했다는 것 같은데요. 정확하게는 안 읽어봤습니다."

"그 여자가 대학생이었다는 것도 읽으셨나요?"

"아니요. 방금 말씀드렸지만 정확하게는 안 읽었습니다."

'거짓말.' 나는 생각했다. "그 몽타주를 왜 하필 대학교 안에 붙여놨다고 생각하셨습니까?"

"거기에 대해선 전혀 생각 안 해봤습니다."

"당신은 〈쥐트도이체차이퉁〉(뮌헨에서 발행되는 일간신문으로 독일에서 가장 영향력 있는 권위지 가운데 하나—옮긴이)을 보고 계시군요." 책상 위에는 오늘자 신문이 놓여 있었다.

"가끔씩 읽어요. 정기구독하는 건 아닙니다."

"몽타주는 〈쥐트도이체차이퉁〉에도 실렸습니다. 그 사건에 대해 여러 번 상세한 기사가 났고요. 대학생들 사이에서도 매일같이 그 이야기가 화제가 되었죠. 그런데 이 모든 걸 전혀 모르신다고요?"

"휴학 중이라고 이미 말씀드렸잖습니까. 친구들과 전혀 접촉이 없는 상태예요."

"그렇다면 오늘은 학교에서 뭐 하신 겁니까?"

"가끔씩 밥 먹으러 학교 식당에 갑니다."

'모든 질문에 대답거리를 가지고 있군.' 그는 매우 지능적인데다 '촉'을 잔뜩 세우고 있었다. 그의 말에서 모순점을 찾아내기란 쉽지 않을 듯했다. 한 가지는 확실했다. 우리는 '강적'을 만난 것이다!

"집안을 좀 둘러봐도 괜찮겠습니까?"

"그럼요, 당연히 괜찮지요. 다 살펴보세요."

방금 전까지만 해도 수색영장을 요구하던 그가 갑자기 협조적이 된 것에 나는 조금 놀랐다. 동료가 옷장을 열었다. 수색이라고 할 것도 없었다. 옷장 안에는 옷가지 두세 벌만 덜렁 걸려 있었다. 바지 하나, 풀오버 하나, 재킷 하나, 셔츠가 기껏해야 두세 벌, 속옷 조금. 눈에 띄는 점은 전혀 없었다. 혈흔이 묻은 옷도, 어디가 조금 뜯어진 옷도 보이지 않았다. 주방용품을 얹어놓는 칸도 깨끗했다. 아니 텅 비어 있었다. 나는 냉장고를 열어보고는 깜짝 놀랐다. 토스트 빵 봉지 두 개와 마멀레이드가 들어 있는 유리잔 하나밖에 없었다. 세상에, 이 무슨 불쌍한 사람이란 말인가!

"굉장히 검소하게 사시는군요." 나는 그를 향해 돌아서며 말했다.

"더 필요한 게 없습니다."

'돌기는 돌았는데 뭐라고 하기는 그렇군.' 나는 이렇게 생각하며 책상 위를 살펴보았다. 거의 모든 책이 '사이코'와 관련된 것이었다. 심리학, 정신치료학, 특히 정신질환에 관한 책이었고, 국문학과 관련된 책은 거의 없었다. 그는 이런 서적을 이용해 마치 자가 진단이라도 내리려 한 것처럼 보였다.

크리스티네에 대한 공격도 정신질환자의 소행이라고 볼 수 있다는 생각이 들었다. 범인은 순수한 성폭행자나 경험 많은 범죄자는 아닐 터였다. 만약 그랬다면 최루 스프레이를 뿌려 피해자가 소리를 지르도록 하는 어리석은 짓은 하지 않았을 테니까. 우리가 찾고 있는 사람은 아마추어, 초짜였다. 무지함에서 비롯된 위험한 남자 말이다.

"서면 조사를 위해 서까지 동행해주셨으면 합니다."

"지금 당장이요?"

"네, 지금 당장이요. 혹시 다른 계획이라도 있으십니까?"

"아니요. 아무 일도 없어요."

"다행이군요. 그렇다면 저희와 같이 갑시다. 돌아올 때는 대중교통을 이용해야 하는데 괜찮으시죠?"

"네."

우리는 그를 증인 신분으로 조사해야 했다. 아직 그에게 불리한 어떤 증거도 없었고, 그를 피의자로 취급할 만한 정황도 없었다. 사무실에 도착해서 그에게 음료를 권했는데, 그는 그저 물 한 잔만 달라고 했다. 동료가 미네랄워터 한 병을 가져다 주자 그는 매우 기뻐했다. 나는 차분한 분위기를 조성한 뒤 내가 이해심 많은 아버지처럼 푸근한 사람이라는 인상을 심어주기 위해 노력했다. 그러면서도 엄격한 아버지의 모습도 버리지 않았다. 그게 효과가 있었다. 그는 갑자기 자기한테 말을 편하게 놓으라면서 나이 차이로 볼 때 그렇게 하는 것이 맞겠다고 했다. "자네가 괜찮다면 그러지." 그렇게 나는 좋으면서도 엄격한 '아버지'의 역할을 하기로 했다.

기록 담당자가 왔고 기록할 준비가 갖추어졌다. 나는 그에게 증인으로서의 권리에 대해 알려줬다. "자네는 올림픽 마을에서 발생한 여대생 살해기도 사건과 관련해 증인으로 조사를 받아야 하네. 자네는 진실만을 말해야 할 의무가 있으며, 그렇지 않을 경우 처벌을 받을 수도 있어. 자신이나 가족들에게 불리한 진술을 할 필요가 없으며, 그런 질문에 대해서는 대답을 거부할 수도 있음을 알려주는 바이네. 하지만 대답은 반드시 진실돼야 하지. 침묵하는 것도 거짓말이기 때문에 자네는 아무것도 숨겨서는 안 돼. 자네가 피의자일 경우에만 거짓말이 허용된다네. 하지만 자네는 피의자가 아니니까 이 점을 명심하길 바라네. 내가 한 말을 이해하고 진실만을 말할 준비가 됐나?"

"저는 당신의 권리 고지를 이해했고, 당신의 질문에 진실만을 말하겠습니다."

흠잡을 데 없는 완벽한 표준어와 세련된 표현 방식이 그를 더 기묘하게 보이도록 했다. 그는 언제나 문법적으로 정확한 문장으로 대답했다. 그가 말하는 모든 문장은 그대로 책으로 펴내도 될 정도였다. 그는 실제로 문장에 예민하게 반응하며 자신의 진술 내용을 일대일로 받아 적어야 한다는 원칙을 완강하게 고집했다. 그리고 기록원을 의식하며 불러주듯이 질문에 답하기 시작했다. 그의 문장은 점점 더 길어졌고, 복잡하기 그지없는 문장 구조를 잔뜩 사용하면서 나 같은 보통사람은 이해할 수 없을 정도가 됐다. 어느 순간 나는 진력이 나고 말았다. 첫 번째 힘겨루기가 이뤄졌다. "잘 들어! 지금 그 문장은 빵점이야. 모든 국어선생님이 자네에게 이 점수를 줄 걸세. 자네가 지금 불러주는 말을 이해할 수 있는 사람은 아무도 없어. 그런데도 뭐? 자네가 국문학을 전공한다고? 도대체 예전에 국어 수업을 받긴 받았나?"

나의 의도는 적중했다. 내가 그의 자존심을 긁은 것이다. 이에 상응해 그도 반응했다. 책상을 쾅 하고 내리친 그는 벌떡 일어나 내 쪽을 향해 처음으로 제대로 큰 소리를 냈다. 분노를 터뜨린 것이다. 그 모습이 상당히 흥미로웠다. 니켈 도금을 한 안경을 쓰고 있던 어린 대학생이 갑자기 주관이 뚜렷한 공격적인 젊은 남성으로 변했다. 이렇게 분노한 젊은이는 매우 위험할 것이다. 마침내 나는 그에게서 강력 폭력 범죄의 가능성을 보았다.

그는 내게 소리를 질렀다. "당신은 그런 것을 판단할 수 없습니다. 당신이 과연 제 국어를 고쳐줄 수 있는 지적인 능력을 갖추고 있는지 의심스럽군요. 대입 시험에는 합격하셨나요? 저는 당신 같은 사람한테 그런 비판을 받을 이유가 없습니다!"

"물론 난 자네처럼 똑똑하지 않아. 내가 어떻게 그렇게 되겠나? 난 그냥 아둔한 경찰 나부랭이일 뿐이지. 하지만 나 같이 멍청한 경찰도 자네의 문장이 문법적으로 완전히 꽝이라는 건 알 수 있지, 이 천재 양반아."

그는 이내 한 발짝 물러나더니 조용해졌다. 나의 즉흥적인 방어를 전혀 예상하지 못했던 게 분명했다. 이후 그는 문장을 짧게 표현하려고 노력했다. 그는 독일 북부 지역에 사는 부모님에게서 가능한 한 멀리 떨어져 지내고 싶어 뮌헨으로 왔다고 했다. 그는 자유를 원했으며, 자신만의 삶을 구축하고자 했다. 처음에는 이 계획이 순조롭게 진행됐다. 대학에서 그는 한층 발전했으며 공부도 재미있었다. 갑자기 더 이상 제대로 집중할 수 없게 되기 전까지는. 그 이유는 자기도 모르겠다고 했다. 현재 그는 휴학 중이며, 사회보장보험금을 받고 있는데 그것만으로도 생활하기는 충분했다. 집중력 장애 때문에 병원에서 상담을 받고 있지만 아직까지 증상이 호전되지 않았다.

그는 올림픽 마을에 단 한 번도 가본 적이 없다고 했다. 그곳에 있는 나이트클럽은 물론 대학생이라면 한 번쯤 가는 곳조차 말이다. 그는 누구와도 가깝게 지내지 않았고, 독서를 많이 했으며, 낮에는 자신의 질환과 관련한 지식을 쌓기 위해 주로 도서관에 다녔다. 원인만 알면 다시 정상적인 생활을 할 수 있을 것이라고 설명했다. 지금까지 거처는 언제나 혼자서 구했다. 그런데 대부분 너무 시끄러워서 뮌헨 지역 내에서도 벌써 십여 차례 이사를 했으며, 많은 시간을 집을 구하는 데 보냈다고 진술했다. 운전면허증도 없어서 언제나 대중 교통수단을 이용했다. "이번 달에는 월 정기권을 못 샀어요. 그래서 그 사실을 증명할 수는 없습니다."

늦어도 어두워지기 전에는 집에 들어간다고 했다. 밤에는 외출을 하지 않았으며, 술집에도 가지 않았고, 연극이나 영화를 보러 나가지도 않았다. 애인은 없지만 고향에 있을 때는 가깝게 지내던 여자친구들이 있었다. 그럼에도 여성과의 관계에 대해 '지극히 정상적'이라는 표현을 썼다. 뮌헨에서는 따로 연락하고 지내는 사람이 없으며, 완전히 '혼자' 산다고 했다. 그렇게 하는 것이 편하고, 따로 누구와 가깝게 지낼 필요성도 못 느낀다고 했다.

"술도 마시지 않고, 담배도 피우지 않고, 스파르타식 생활을 하고 있습니다. 책 속에 저의 세상이 있습니다. 복학해서 공부를 계속했으면 좋겠습니다. 그러면 세상이 다시 달라 보이겠죠." 총기를 소지한 적이 없기 때문에 당연히 사용하는 법도 전혀 모른다고 했다. 양손잡이이며 글을 쓸 때는 왼손을 사용했다. 집중력 장애를 제외하고는 몸은 건강했다.

집을 구하러 다닐 때 왜 하필 대학생이 방을 가장 많이 구하는 올림픽 마을에만 가보지 않았느냐는 질문에 "다른 학생과 어울려 사는 생활은 내게 아무런 의미가 없습니다"라고 대답했다. 뮌헨에서 1년 반을 살면서 올림픽 마을에 단 한 번도 가보지 않았다는 그의 말을 나는 도무지 믿을 수가 없었다. 그가 범행 장소를 일부러 배제시키는 것이라고 확신했다. 범인이 그곳에서 정확하게 무엇을 했는지 설명할 수 없을 경우에 흔히 보이는 수법이다.

심문이 끝났고 그다지 큰 수확은 없었다. 그를 구금할 수 있는 그 무엇도 나오지 않았다. 모든 것이 모호했지만 뭐라고 반박할 수도 없었다. 그런데 그가 막 사무실에서 나가려는 순간, 나는 그의 재킷 오른쪽 주머니 바로 옆에서 어두운 색의 작은 얼룩 하나를 발견했다. "잠깐만!" 나는 소리를 지르며 의자에서 벌떡 일어났다. "이게 도대체 뭐지?" 나는 옷핀 크기만 한 얼룩을 자세히 살펴보았다. "핏자국인가?" 나는 자문하듯 말했다. 대답은 알렉산더가 했다. 그것도 아주 신속하게 부정하려고 애쓰면서.

"아, 그거요. 코코아 자국이에요."

"자네는 물만 마시는 것 같던데. 자네 방에서 코코아는 못 봤어."

"오다가다 어디선가 마셨어요." 이렇게 대답하는 그에게 당혹스러운 기색이 역력했다.

"벗어!" 나는 명령했다. 그는 아무런 항의 없이 즉각 재킷을 벗었다. "압수하는 데 동의하지?" 재킷은 이미 내 손에 들어와 있는 상태였다.

"그럼요, 필요하시다면요." 그는 이렇게 대답하고는 셔츠 차림으로 사무실을 나섰다. 1월이었고 밖은 영하 기온이었다. 걸칠 만한 다른 재킷을 하나 준다고 해도 굳이 사양하고는 훌쩍 가버렸다.

조사 과정에서 알렉산더는 최근에 자신이 상담 받았던 의사들의 이름을 알려주며 자신에 관한 기록을 물어봐도 좋다고 했다. 그 중에는 우리에게 제보해준 상담 보조사의 상사도 있었다. 나는 제보자가 의심을 받지 않도록 자연스럽게 그 정신치료사를 만났다. 그녀의 정신세계 또한 독특한 편이었는데 매우 방어적이고 비협조적이었다. 시간을 한참 끈 후에야 비로소 지금까지 한 번도 환자를 두려워한 적이 없는데 알렉산더라는 환자는 예외였다고 말했다. 알렉산더는 집중력 장애와 공포 상태, 그리고 도무지 멈추지 않는 성적 환상 문제로 병원을 세 번 다녀갔다. 10월 초에 마지막으로 왔을 때 그는 '렉소타닐'이라는 정신질환제만 처방해 달라고 했다. 그녀가 보기에 그는 당시 이미 렉소타닐에 중독돼 있는 것 같았다. 그녀가 처방을 거절하자 그는 공격적으로 반응하면서 욕설을 퍼붓고는 뛰쳐나갔다. 그녀 또한 더는 그를 치료하고 싶지 않았다. 그녀는 우리가 조사하고 있는 범죄 행위와 그의 정신질환 양상이 매우 부합한다고 덧붙였다.

며칠에 걸쳐 다른 의사들도 만나봤는데 주된 이야기가 일치했다. 신뢰가 가지 않는 환자였고, 자신이 앓고 있는 병이 무엇인지 스스로가 알고 있다고 믿는 것 같았으며, 딱 한 가지를 원했다는 것이다. 바로 렉소타닐이었다. 또 도시를 배회하는 한 마리의 고독한 늑대 같은 정신병자로, 생각이 시시각각 변할 수 있어 매우 위험다고 했다. 예측할 수 없는 사람이어서 위험성이 겉으로 드러나지 않기 때문에 극도로 위험한 사람이라고 입을 모았다.

때로 우리는 해답이 바로 눈앞에 있다고 믿지만 실제로는 그렇지 않을 수도 있다는 것을 안다. 이 사건이 바로 그런 경우였다. 일단은 우리 손에 확실한 증거가 하나 들어왔다. 검사실에서 나온 결과가 그것이다. 재킷에 묻어 있던 콩알만 한 자국은 사람의 혈흔으로 밝혀졌다. 그것만이 아니었다. 혈액형 중에서도 매우 희귀한 Rh- AB형이었다. 우리 사건의 피해자인 크리스티네의 혈액형과 정확히 똑같은! 게다가 피해자의 혈액과 알렉산더의 옷에서 나온 혈액의 유전인자도 현재까지 확인된 바로는 일치했다. 절대 우연일 수 없었다. 검찰도 같은 생각이었다.

법적인 시빗거리를 막기 위해 우리는 당장 알렉산더를 피의자로 다루기로 했다. 피의자에게는 아직 증인 상태에 있는 용의자에게는 불가능한 각종 형사법 상의 조처를 적용할 수 있기 때문이다. 체포, 수색, 통화내용 도청, 혈액 채취 등을 실시할 수 있다. 반대로 권리도 주어진다. 피의자는 거부권을 행사할 수 있고, 거짓말을 할 수 있다. 그러나 알렉산더는 증인으로서 이미 이것들을 모두 다 한 상태였다.

우리는 알렉산더를 불시에 방문해 검사실에서 나온 결과를 정면으로 들이밀면 어떨까 고민했지만, 알렉산더의 혈액형이 확인될 때까지 기다리면서 좀 더 '은밀하게' 다가가기로 결정했다. 그리고 그에게 형사 한 명을 보내 당장 경찰서로 올 것을 요구했고, 그는 우리의 요청에 응했다. 그는 한 시간 후 경찰서에 도착했다. 이러한 그의 성실함이 어디에서 비롯된 것인지 나는 정확히 이해가 되지 않았다. 혹시 그는 정부기관의 말에는 절대복종하는 유형일까? 그럴 가능성은 거의 없었다. 그가 매우 자신 있는 모습으로 사무실에 들어섰기 때문이다. 그렇다면 호기심에서일까? 혹시 강제 연행되는 것에 대한 두려움은 아닐까? 아마도 이것이 가장 근접한 대답이겠거니 하는 생각이 들었다.

나는 의도적으로 매우 '신비스럽게' 행동했다. 우리가 대대적인 성과를 거둔 듯한 인상을 주면 그가 안절부절못할 거라고 생각했다. 그래서 일부러 그에게 이제부터 당신은 피의자라는 이야기부터 꺼냈다. 그러나 효과가 없었다. 그는 이 말을 동요 없이 받아들였다. 심지어 묵비권 행사를 포기했고, 조금도 변호사 선임을 아쉬워하지 않았으며, 언제든 질문에 대답할 준비가 되어 있다고 뻔뻔하게 말했다. 증인으로서 자신이 이전에 했던 진술은 모두 진실이기 때문에 피의자 진술의 내용으로 활용해도 좋다고 했다. 나는 이해가 되지 않았다. 그는 정말로 무고한 사람처럼 행동했다. 정신이상 범죄자에게는 다른 잣대를 대야 한다는 것을 알고 있었지만, 그는 "내 머릿속에 무슨 소리가 들려" 하는 사람이나 망상에 사로잡힌 사람과는 달랐다. 그의 지적 능력은 온전한 상태였다. 그는 자신이 무엇을 하고 있고, 또 무슨 말을 해야 할지 알고 있었다.

나는 그를 법의학 연구소로 보냈고, 그곳에서 그는 채혈에 순순히 응했다. 함께 갔던 동료들이 그를 집으로 돌려보냈다. 물론 다른 형사들이 잠복근무를 하면서 그를 관찰하도록 이미 조치해둔 상태였다. 그러나 실망스럽게도 그는 곧장 자신의 집으로 돌아가 밤새 꼼짝도 하지 않았다. 다음 날 늦은 오전, 검사실에서 결과가 나왔다. 나만 할 말을 잃은 게 아니었다. 법의학 연구소 연구원의 말을 나는 도무지 믿을 수 없었다. 알렉산더도 우리의 피해자와 같은 희귀 혈액형, 즉 Rh- AB형이었던 것이다. 게다가 재킷에 묻어 있는 혈흔의 양이 너무 적어 유전인자 분석을 끝까지 마칠 수 없었다고 설명했다. "말도 안 돼!" 재킷에 묻은 피는 크리스티네의 것일 수도 알렉산더의 것일 수도, 심지어는 제삼의 인물의 것일 수도 있다. 연구원은 더 자세히 유전인자 분석을 해야 하는데 계속하기에는 재킷에 묻어 있는 혈흔의 양이 너무 적다고 했다.

이런 기운 빠지는 소식에도 불구하고 내게는 마지막 카드가 있었다. 나는 사실을 좀 부풀려야겠다고 생각했다. 범죄수사학적인 방법으로 이것은 불법이 아니다. 기만과 거짓말은 금지되어 있다. 단, 나는 기만하거나 거짓말을 할 생각은 아니었다.

그저 말하고 묻는 방식의 문제일 뿐이었다. 그가 분명히 집안에서 웅크리고 앉아 자신에게 앞으로 닥쳐올 일을 두려움에 떨며 기다리고 있을 것이라는 확신으로 이른바 기습공격 방식을 채택하기로 결심했다.

* * *

알렉산더는 자신의 '토굴' 바로 앞으로 순찰차 한 대가 지나간 후부터 더는 잠을 이룰 수 없었다. 거구의 형사 두 명이 그가 문을 열 때까지 계속해서 문을 두드려댔다. 형사들은 "당신을 체포합니다"라고 말한 뒤 옷을 입으라고 지시했고 알렉산더의 손목에 수갑을 채웠다. 서까지 가는 동안 이들은 한마디 얘기도 꺼내지 않았고 알렉산더도 침묵을 지켰다.

그가 내 사무실로 들어왔을 때 나는 책상에 앉아 미안한 듯한 표정으로 그를 바라보았다. 이런 일이 있을 줄 알았다는 것처럼 보이고 싶었다. 앞으로 그에게 일어날 일을 안타깝게 생각한다는 인상을 받았으면 했다. 나의 지시로 그의 손목에 채워져 있던 수갑이 풀렸다. 난 그를 향해 다가가 말했다.

"알렉산더, 유감이구나. 하지만 일이 이렇게 되고 말았군. 자네를 체포하도록 지시할 수밖에 없었다네. 이건 검찰의 지시기도 하지."

그는 마치 내가 무슨 속임수를 쓰는지 알아내기라도 하려는 듯이 내 눈을 똑바로 응시했다. 그는 나를 믿지 않았다. 나는 그걸 똑똑히 느꼈다. 동시에 커다란 불안감도 전해졌다.

"전 아직 아침도 못 먹었고, 당신이 지시하신 체포 때문에 극도로 흥분한 상태입니다. 빌플링 씨!"

그는 아직도 자신이 왜 체포된 것인지 묻지 않았다. 나는 시간을 허비하지 말자 싶어서 정면 공격에 나섰다.

"자네 재킷에서 발견한 혈흔이 크리스티네의 혈액과 일치하더군. 내가 더 설명 안 해도 알겠지?"

그는 30초 정도 침묵하더니 흔들림 없는 표정으로 내 얼굴을 바라보았다. '아마도 지금 열심히 머리를 굴리고 있겠지.' 나는 그에게 생각할 시간을 주지 않기 위해 차분하게 아버지 같은 목소리로 말을 이어나갔다. "이제 진실을 말해야 할 때가 된 것 같지 않니, 알렉산더?" 그러고는 바퀴달린 의자를 굴려서 그에게 바짝 다가갔다.

그는 여전히 입을 꾹 닫고 내 얼굴만 응시했다. 내부에서 자기 자신과 싸우고 있는 것처럼 여전히 불안감이 느껴졌다.

"알렉산더, 진실을 말하는 게 더 낫다는 걸 자네도 알거야. 무엇보다 자네는 도움이 필요해. 그런 식으로 계속 살 수는 없지 않겠나?"

마침내 그가 뭔가를 말하려는 듯 고개를 들었고, 나는 이제 어떤 일이 일어날지 확신했다. 그의 자백이었다.

"유감입니다, 빌플링 씨. 하지만 저는 크리스티네라는 여자를 살해하려고 하지 않았습니다." 그는 놀랄 만큼 태연하게 대답했다.

나는 당황했다. 이건 내가 예상했던 대답이 아니었다. 나의 과장 수법이 전혀 먹히지 않았다. 내가 뭘 잘못한 거지? 나의 각본대로라면 언제인지는 모르겠지만 코피를 흘려서 또는 면도하다가 베여서 피가 재킷에 튄 것이라고 대답해야 옳았다. 그러면 그를 완전히 '아웃' 시킬 수 있었다. 그래도 아직 최악은 아니었다. 내 예상대로 알렉산더는 그렇게까지 교활하지는 않았다. 그는 이제 세 번째 대안을 선택했다. 가장 비현실적이고 가장 믿을 수 없는 대안을. 그는 여성의 혈액과 남성의 혈액을 구분할 수 있는지 여부를 몰랐기 때문에 자신이 범인으로 몰릴 수 있는 위험을 감행하려 하지 않았다. 그 대신에 다음과 같은 이야기를 지어냈다.

"4주 전쯤에 뮌헨의 자유 지하철역에서 젊은 여자를 도와준 적이 있습니다. 남자에게 구타당해서 입술이 터졌더군요. 그래서 제가 손수건을 건네줬습니다. 그녀가 피를 닦아내고 손수건을 돌려줘서 그걸 다시 주머니에 넣었죠. 아마 그때 제 재킷에 피가 묻었을 것 같다는 생각이 듭니다."

"잘 들어." 난 위협적으로 나지막하게 말하며 그의 눈을 바라보았다. "자네는 빌어먹을 거짓말쟁이야. 지독한 고집쟁이인 데다가 남들이 자네를 도와주는 걸 원치 않지. 방금 그 이야기를 믿을 사람은 아무도 없어. 검찰도 물론이고. 자네에게 곧 체포영장이 발부되리라고 내 장담하지."

그러나 나는 또 한 번 실망해야 했다. 검찰은 등을 돌렸다. 그의 말은 신뢰가 가지 않지만 이 혈흔만으로는 체포영장을 발부하기에 충분하지 않다는 것이었다. 자백 없이는 1차 영장 심사에서 8일 만에 풀려나게 될 것이고, 그러면 나중에 다시 영장을 발부하기가 더욱 어려워진다. 그는 매우 위험한 인물이었다. 그가 만약 '공격을 재개하면' 무슨 일이 일어날까? 문제는 또 있었다. 체포영장 신청이 기각됨과 동시에 그의 사진을 언론에 공개하는 것이 금지된 이후(인격권 보호와 독일에서 그토록 중요하게 생각하는 무죄 추정의 원칙 때문이다) 다른 대책을 강구해야 했다.

알렉산더는 일상으로 돌아갔고 며칠이 흘렀다. 수사의 방향을 돌려야 했던 나는 그가 집을 구하러 유독 올림픽 마을에만 단 한 번도 가보지 않았다는 사실을 믿을 수가 없었고, 그래서 대대적인 탐문 조사를 하기로 결심했다. 우리는 마치 행상인처럼 이 집에서 저 집으로, 이 문에서 저 문으로 돌아다녔다. 알렉산더의 사진을 보여주면서 누군가 그를 알아보기를 간절히 희망했지만 이렇다 할 정보를 얻지 못했다.

그러기를 반복하던 어느 날 오후, 지친 우리는 잠깐 쉬기로 하고 카페에 들어가 커피와 조각 케이크를 먹고 있었다. 나는 커다란 창문 너머로 밖을 바라보고 있었는데, 갑자기 알렉산더가 지나가는 것이 보였다. 베이지색 재킷을 입은 채 두 손은 주머니에 깊게 찔러 넣고, 끊임없이 주위를 두리번거리면서 시소 타듯이 상체를 흔들거리며 걸음을 재촉하고 있었다. "저기 그놈이다!" 나는 소리치면서 밖으로 뛰쳐나갔다. 동료들은 내가 뭘 봤는지도 모르면서 무작정 나를 따라나왔다. 알렉산더와의 거리는 상당했다. 그는 주위를 두리번거리다가 나를 보았고 달리기 시작했다. 그는 내게서 도망가려 했다. 그와의 거리가 약 10미터로 좁혀졌다. 나는 소리쳤다. "알렉산더, 기다려! 나야, 빌플링!"

내 말을 들은 그는 속도를 낮췄다. 그러면서도 못 들은 척해야 하는지 고민하는 듯했다. 나는 다시 한 번 그를 불렀고 그제야 그가 멈춰 섰다.

"자네, 여기서 뭐 하고 있나?" 나는 숨을 헐떡이며 물었다.

"아무것도요." 처음으로 그는 완전하지 않은 문장으로 대답했다.

"자네가 여기에 온 적은 단 한 번도 없었다고 했던 걸로 기억하는데?"

"올림픽 마을에는 오늘 처음 와본 거예요." 이번에는 다시 완전한 문장으로 대답했다.

어느새 도착한 동료들은 알렉산더를 보고는 깜짝 놀랐다. 동료들은 알렉산더와 나를 빙 에워싸고 호기심 어린 주변 시선으로부터 우리를 보호했다.

"자네 자신도 지금 그 말을 믿지 않겠지. 여기는 왜 온 거지?"

"어디에서 그 일이 일어났는지, 무엇 때문에 당신이 저를 의심했는지 보고 싶어서요. 그냥 궁금했거든요. 그게 다예요."

나는 속으로 부글부글 끓어올랐다. 그는 모든 질문에 대답을 준비하고 있었다. 더 답답한 것은 속이 뻔히 보이고 도무지 믿을 수 없는 대답이지만, 그럼에도 반박할 수 없다는 것이었다.

"아하, 그러니까 그냥 어슬렁거리고 있었다는 거군? 자네 주머니에 든 건 뭔가?" 나는 이렇게 묻고는 주머니를 뒤지기 시작했다. 그는 두 팔을 기꺼이 벌렸고, 나는 그의 재킷 주머니를 뒤져 조금 전까지 그의 두 손이 감추고 있던 것을 꺼냈다.

나는 놀랐다. 왼쪽 주머니에서 나온 것은 최루 스프레이였다. 한 번도 사용하지 않은 새 것처럼 보였고, 범행에 사용됐던 것과는 제조회사가 달랐다. 내가 뭐라고 입을 떼기도 전에 그가 먼저 말했다. "그 최루 스프레이는 호신용입니다. 완전히 새것이고요."

나는 기운이 다 빠졌다. 우리는 함께 서로 돌아왔다. 나는 이제 진실을 말할 시간이 왔다고 그를 설득하느라 다시 몇 시간을 보냈다. 나는 그에게 다른 사람들에게로 통하는 황금다리를 놓아주었지만 그는 이 다리를 건너려고 하지 않았다. 대신 계속해서 자신의 정신적 문제를 이야기하며 의사들이 모두 바보천치들이라 어디에서도 도움을 받지 못했다고 불평했다.

최루 스프레이는 실제로 하루 전날 무기상점에서 구입한 것이 맞았다. 판매원은 '와일드한 헤어스타일을 한 젊은 남자'를 아직 기억하고 있었으며, 전에는 단 한 번도 본 적이 없었다는 사실 또한 확신했다. 알렉산더는 이 무기상점에서 범행 무기를 구입한 것이 아니었다. 이렇게 우리는 또다시 알렉산더를 놓아줄 수밖에 없었다. 절망적인 상황이었다. 그러나 포기란 있을 수 없다. 나는 다음 단계를 고민했다.

크리스티네와 그녀의 어머니는 수사 소식을 계속해서 전달받았고, 나의 생각을 잘 알고 있었다. 크리스티네는 사진을 보고도 알렉산더를 알아보지 못했다. 그가 범인일 수도 있겠다고 말하긴 했지만 체포영장을 발부하는 데 필요한 '확실성'을 보이지는 못했다. 그러면서도 언제든 용의자를 대면할 준비가 되어 있다고 했다.

우리는 알렉산더를 심문하는 과정에서 크리스티네를 수사기록 담당자로 위장해 참여시키기로 했다. 그가 그녀를 다시 보게 되면 과연 어떤 반응을 보일지 확인하고 싶었다. 그리고 모든 것이 준비되었다. 크리스티네를 컴퓨터 앞에 앉도록 한 뒤 알렉산더를 지켜보기만 하면 된다고 미리 지시해놓았다. 알렉산더와는 내가 이야기를 나눌 테니 그녀는 몇 분 후에 화장실에 가는 척하면서 방에서 나가면 됐다. 알렉산더는 언제나 그랬듯이 아무 불평 없이 정확하게 시간에 맞춰 경찰서로 찾아왔다. 그는 나를 보고 인사를 한 뒤 크리스티네를 바라보았다. '제기랄! 그냥 좀 얼굴빛이 창백해지기라도 하면 좋으련만!' 나는 생각했다. 반면 크리스티네가 너무나 흥분했다는 것은 누가 봐도 알 수 있었다.

"왔구나, 알렉산더." 나는 말했다. "앉게. 이쪽은 새로 온 기록 담당자 아베를 씨야." 나는 웃으면서 그녀에게 용기를 주듯 고개를 끄덕이고는 이렇게 덧붙였다. "심문에 참여하는 게 오늘이 처음이라 약간 긴장한 것 같구나."

크리스티네도 알렉산더도 힘겨운 웃음을 보이며 각자 자신과의 싸움을 벌이고 있었다. 불과 3분 만에 크리스티네가 자리에서 일어나 방을 나갔다. 나도 심문을 중단하고 방을 나갔다. 알렉산더가 우리의 게임을 간파했을까? 만약 그렇다면 오히려 잘된 셈이었다. 그녀가 누구인지 그는 알고 있어야 했다. 왜냐하면 그는 의심할 여지없이 범인이니까. 그녀는 외적으로 크게 변하지 않았다. 범행 당시와 똑같은 헤어스타일에 옷도 일부러 비슷하게 입고 있었다.

크리스티네는 얼굴이 백짓장처럼 하얗게 되었다. 그가 자신을 찌른 그 남자인지는 아직도 확신하지 못했다. 그녀는 "뭔가 느껴진다"고 말하면서 사건이 발생한 이후 지금만큼 이렇게 불안하고 긴장되고 공포로 가득한 적은 없었다고 했다. 그가 '그 남자'일 가능성이 높다고 짐작했다. 하지만 장담할 수는 없었다. 특히 그 남자의 머리 모양이 그녀가 기억하는 것과 다르다고 했다. 그 말을 듣는 순간 나는 머릿속에 떠오르는 생각이 있었다. 몽타주가 그새 범인에 대한 그녀의 기억을 덮어버렸다는 것이다. 시간이 흐르면서 몽타주가 그녀 안에 저장돼 있던 실제 범인의 모습을 대신해버린 셈이다. 또다시 우리는 알렉산더를 놓아주어야 했다.

* * *

얼마 후 나는 부활절 휴가를 받았다. 나와 아내는 총 14일로 계획하고 휴가를 떠났다. 나는 해변에서 구할 수 있는 신문을 날마다 읽고 있었는데, 바로 12일째 되는 날 일이 터졌다. 신문 귀퉁이에서 어떤 기사를 보는 순간 나는 경악했고, 아내의 반대에도 불구하고 복귀를 서둘러 이튿날 아침에 바로 출근하겠다고 사무실에 연락했다. 신문에서 나는 분명히 알렉산더를 보았다. 물론 몽타주이긴 했지만, 보자마자 "이건 알렉산더잖아!"라고 외마디 비명을 지를 수밖에 없었다. 경찰서에 전화해서 확인해본 결과도 같았다. 나는 내가 들은 이야기를 믿을 수 없었다.

오를레아 광장에 소재한 사회복지청에서 폭발물이 발견되었다. 그것도 여자 화장실 안에서. 엄청난 위력을 가진 강력한 폭발물이었다. 폭발물이 터지기 전에 발견된 것이 그저 감사할 따름이었다. 많은 사람들이 오가는 이 건물에서 터졌더라면 그 결과는 실로 끔찍했을 것이다. 한 여직원이 때마침 폭발물을 발견했고, 여자 화장실에서 나오는 한 남자를 보았다. 정확히 일주일 전 동료 여직원에게 매우 공격적으로 행동하는 것을 보고 경찰에 신고할까 했던 바로 그 남자였다.

이 젊은 남자는 대머리였는데 매우 뻔뻔한 요구를 했다고 한다. 킴제 호수(독일 바이에른에서 가장 큰 담수 호수—옮긴이)에 있는 정신병원에서 특별 치료를 받게 해달라는 것이었다. 담당자가 당장 처리할 수 있는 문제가 아니라고 설명하자 그는 불같이 화를 내며 사무실을 떠났고, 이런 식으로 자신을 대우한 것에 대해 가만있지 않겠다고 협박했다. 그 남자의 이름은 방문 기록에서 확인할 수 있는 바와 같이 알렉산더였다. 그리고 범인의 얼굴을 보았던 그 직원은 몽타주를 보자마자 곧바로 알렉산더와 동일인물이라는 것을 알 수 있었다. 사실 이 몽타주를 보면 누구라도 그를 알아볼 수 있을 정도였다.

방화사건 담당 경찰들은 알렉산더를 체포했다. 일은 간단하게 해결되는 듯했다. 폭발물에서 지문을 확보했고 알렉산더의 것으로 확인되었다. 그러나 조사 과정에서 그는 혐의를 부인했다. 그의 집에서는 폭발물 제조와 관련된 어떤 재료도 발견되지 않았지만, 폭발물 제조법에 관한 책은 한 권 있었다.

여자 화장실에 설치되어 있던 폭발물에 왜 그의 지문이 묻어 있느냐는 질문에 그는 무심코 여자 화장실에 들어가게 되어서 급한 일을 봤고, 화장지를 잡을 때 화장실 문고리 뒤쪽에 설치되어 있던(이 사실은 나중에 신문을 보고 알았다고 주장했다) 폭발물과 접촉하게 된 것이라고 해명했다. 증인으로 나선 그 여직원이 본 것은 자신이 여자 화장실에서 나오는 광경이었으며, 그것으로 자신의 혐의를 입증할 수는 없다고 덧붙였다. 그리고 폭발물 제조법 책은 대학생이라면 흔히들 가지고 있다고 설명했다. 결국 그는 또다시 풀려났다. 이 잘못된 결정을 내렸던 담당 판사는 나중에 바이에른 주 주지사에게 심한 질책을 받았다. 물론 이 사건은 커다란 반향을 불러일으키며 언론에 대서특필되었고, 덕분에 몽타주도 다시 한 번 게재되었다. 또 다른 증인들이 나타날 것이라는 희망과 함께 말이다.

휴가에서 복귀한 다음 날 아침 나는 사무실에 있었다. 방화사건 담당자들과 함께 앞으로 어떻게 해야 할지를 논의했다. 우리는 말 그대로 '걸어 다니는 시한폭탄'을 제거해야 한다는 데에 뜻을 모았다. 오후 세 시, 우리는 알렉산더가 집에 돌아왔다는 잠복팀의 연락을 받았다. 나는 뮌헨 유일의 흑인 형사인 라이문트와 함께 사이렌을 울리며 모자크로 질주해갔다. 알렉산더가 문을 열었다. 그는 나를 보고는 안심한 것 같더니 라이문트 형사를 보고서는 소스라치게 놀란 듯한 반응을 보였다. 마치 지금까지 살면서 흑인을 단 한 번도 본 적이 없는 것처럼 말이다. 나는 그가 라이문트 형사를 두려워한다는 사실을 눈치챘다.

"자, 게임은 끝났다. 이제 충분하지 않나? 함께 경찰서로 가

세. 자네를 임시 체포하네."

라이문트 형사가 그의 손목에 수갑을 채웠고 알렉산더는 손을 잘 내놓지 못했다. 그 정도로 라이문트 형사를 무서워했다. 물론 알렉산더는 한마디도 하지 않았다. 내가 지금까지 형사 생활을 하면서 이토록 신경이 곤두서고 어려웠던 심문은 처음이었다.

오후부터 시작된 조사는 열일곱 시간이 지난 다음 날 아침 여덟 시에야 끝이 났다. 사전 대화를 하는 데 다섯 시간이 소요됐고, 서면 심문에 무려 열두 시간이 걸렸다. 방화사건 담당 조사관은 하룻밤 새 흰머리가 생기면서 팍삭 늙어버린 듯했다. 나도 상태가 그리 좋지 않았다. 알렉산더도 기진맥진했고, 기록을 맡은 여직원 역시 신경 기능이 모두 붕괴된 듯했다. 도대체 내가 왜 이 일을 맡겠다고 자청하고 나선 건지 심각하게 자문해볼 일이었다.

나는 그를 범인으로 지목하는 모든 정황들을 제시했지만 그는 아무런 관심도 보이지 않았다. 그래서 나는 크리스티네의 이름을 직접 거론하며 불운한 수혈 사고에 대해 이야기했다. 그 젊은 여성에 대한 동정심을 일깨우려 했지만 소용없었다. 지금 내 앞에 앉아 있는 이 사람은 다른 사람에게는 아무런 감정도 느끼지 못했다. 동정심도 이해심도 없었다. 이런 유형은 감정적으로 죽어 있는 것이나 마찬가지다. 그래서 완전히 혼자 고립되어 사는 것이고, 한 가지만 생각할 줄 안다. 오직 자기 자신만. 이 사람의 모든 행동은 오로지 자기 자신을 중심으로 이루어진다. 자신이 가장 중요하고, 그 무엇보다 우위에 있는 존재다.

바로 이 시점부터 우리는 그에 대해서만 이야기했다. 피해자나 정황에 대해서는 한마디도 하지 않았다. 오직 그만이 중요했다. 이야기의 핵심은 그의 질환이었다. 그는 적어도 두 시간 동안 스스로 진단한 자신의 병에 대해 늘어놓았다. 나는 서서히 그와 상담했던 의사들이 왜 아무도 그의 눈에서 자비심을 발견하지 못했는지 이해가 됐다. 아마도 그들은 그의 말에 맞장구를 쳐주지 않은 듯했다.

나는 갑자기 좋은 아이디어가 떠올랐다.

"내가 뭐 하나 이야기해줄까?"

그는 고개를 끄덕였다.

"미친 것처럼 들릴 수 있겠지만 사실이야. 이 분야 최고의 의사들을 만나는 사람이 누구인지 아나?"

"아니요." 그가 대답했다.

"살인자야. 살인자들은 최고의 심리치료사들과 만나지. 법원은 정확한 판단을 내려야 하기 때문에 단순히 경험 많은 의사가 아니라 그야말로 최고의 의사들을 찾거든. 그렇지 않겠는가?"

"네, 제 생각도 그래요. 하지만 훌륭한 심리치료사들을 만나자고 제가 살인을 할 수는 없는 거잖습니까?"

"당연히 그럴 필요는 없지. 자네는 이미 행동을 취했으니까. 적어도 시도는 했잖나. 하지만 자네에게 전혀 도움이 되지 않았지. 자네는 한편으로는 도와달라고 소리를 지르면서도 다른 한편으로는 이를 털어놓을 능력이 없는 걸세. 그게 모두 자네의 병 때문인데도 말이야. 자네가 마음을 열지 못하는 한 계속해서 이 지역을 헤매는 좀비처럼 살게 될 걸세. 내 말 이해했나?"

그는 이제 매우 진지하게 고민하기 시작했다. 나는 그가 붕괴 직전이라는 것을 느꼈다.

"하지만 의사의 지시를 듣자고 제가 하지도 않은 일을 했다고 자백할 수는 없어요."

이런 문장은 내 말이 먹혀들었다는 신호였다. 이런 말이 나오고 나면 자백까지는 그리 오래 걸리지 않는다. 그저 도화선에 불만 붙여주면 된다.

"난 이제 더 이상 못하겠네. 입에 거품이 나도록 이야기했어. 몇 달째 자네 일만 생각하면서 다른 건 아무것도 하지 않았지. 이제 제발 나를 내버려둬, 알렉산더! 언젠간 내가 다른 사람 일도 맡게 되겠지. 자네는 그 사이 내게서 잊힐 거고, 자네

말에 귀 기울이지 않는 다른 곳으로 옮겨가게 되겠지. 감옥으로 말이야! 그제서야 자네는 '아, 내가 도움을 받을 기회를 놓쳐버렸구나' 하고 깨닫게 될 걸세. 자네 원하는 대로 하게!"

나는 이렇게 소리 지르고는 서류뭉치를 쾅 하는 소리가 날 정도로 세게 책상 위로 내팽개쳤다. 나는 자리에서 일어나 대화를 중단하려는 제스처를 취했다. 바로 그때 그가 천상의 목소리처럼 말하기 시작했다.

"복도 오른쪽 편 제일 끝 방이었습니다. 제가 범행을 저지른 크리스티네의 방이요. 그녀를 강간하려고 했지만 성공하지 못했습니다. 그래서 칼로 그녀를 찔렀습니다. 죽일 생각이 없었는데 점점 아무래도 상관없다는 생각이 들면서……."

정적이 흘렀다. 동료 형사는 마치 석상처럼 의자에 앉아 있었다. 나도 할 말을 잃었다. 얼마나 그렇게 있었는지는 나도 모르겠다. 마치 내 눈앞에 한 편의 영화가 펼쳐지면서 지난 몇 달 간의 모습이 스쳐가는 듯했다. 크리스티네의 얼굴이 떠올랐고, 그녀의 부모와 숱한 대학생들이 안도의 한숨을 내쉬는 장면과 기뻐서 방방 뜰 동료들과 상사들도 아른거렸다. 이 기분을 어떻게 표현해야 할지 모르겠다. 믿을 수 없을 만큼 좋은 일을 해냈다 싶은 기분이었다.

나는 이 '범죄자'를 끌어안아주고 싶었다. 갑자기 그에게 너무나도 호감이 갔다. 그는 범행 자백으로 우리에게 선물을 해준 셈이었다. 물론 이러한 승리의 기쁨을 그에게 보여서는 안 되었다. 나는 옳은 결정을 내린 것이라고 그에게 다시 한 번 말해주면서 그의 법적 권리를 최대한 존중해 그가 기록으로 남기고자 하는 그대로 기록해주겠다고 약속했다. 나는 이것이 무엇을 의미하게 될지 그때까지만 해도 전혀 알지 못했다. 나는 정신적으로 평범하지 않은 사람들이 일단 한 번 말을 하기로 결심하면 얼마나 거리낌 없이 솔직하게 이야기하는지 몰랐다. 그는 내밀한 비밀까지도 숨김없이, 일반적인 피의자들이 잘하는 그 어떤 미화나 정당화도 없이 모두 다 이야기했다. 그가 왜 그렇게 하는지는 조사를 하는 과정에서 점점 더 분명해졌다.

그는 자신이 한 일에 대해 책임감을 느끼지 못했다. 그는 오히려 자신이 그렇게 행동하도록 만든 주변과 사회 전체에 하소연을 하는 듯했다. 그는 유년기부터 현재에 이르기까지 자신의 일생을 아주 작은 부분까지도 자세하게 묘사했다. 핵심은 그의 성적 발달에 있었다. 아직 단 한 번도 실제 여성과 섹스를 해본 적이 없었음에도 그의 삶은 섹스를 중심으로 돌아가고 있는 것처럼 보였다. 중간에 내가 끼어들어서 한두 과정은 조금만 짧게 표현하자고 했는데, 그는 하나도 빠뜨리지 않아야 전체 문맥을 이해할 수가 있다고 즉각 내게 훈시했다. 그는 나중에 자신을 치료해줄 의사가 제대로 치료 방법을 제시하기 위해서는 이렇게 하는 것이 무엇보다도 중요하다고 여겼다.

알렉산더의 부모는 이미 연금생활을 하고 있었다. 어머니는 아들 둘을 낳았는데, 그때 어머니는 마흔이 다 되었고 아버지는 쉰 살 가까이 되었다. 아버지는 건널목지기였고 어머니는 가정주부였다. 건널목지기에게 주어지는 작은 집에서 매우 검소하게 살았지만, 알렉산더나 동생은 부족함을 전혀 느끼지 못했다. 부모에게 맞은 적은 단 한 번도 없었다. 하지만 이 집에는 사랑과 온기가 없었다. 식구들끼리 이야기도 하지 않았고 웃는 일은 아예 없었다. 그저 같이 기도만 하는 정도였으며, 집에서 성에 관해 이야기하는 것은 금기시됐다. 어느 때부터인가 그는 섹스에 대한 욕구를 계속해서 느끼고 있었다. 이러한 욕구는 해를 거듭할수록 더욱 커져만 갔다.

문제의 10월 8일, 그는 올림픽 마을의 한 건물 안에서 몇 시간째 어슬렁거리다가 한 층 한 층 훑어 올라가기 시작했다. 이날 오후 건물에는 사람이 거의 없었다. 누군가 지나가면 게시판에 있는 글을 읽는 척했다. 그는 여자 이름 하나만 적혀 있는 방을 찾고 있었고, 마침내 크리스티네라는 이름이 적혀 있는 방에 다다르게 되었다.

* * *

"방 안에서 달그락거리는 소리가 들렸습니다. 안에서 누군가 그릇을 만지고 있는 것 같았죠. 방이 복도 맨 끝에 있는 것도 유리하다고 생각했습니다. 방문 앞에서 적어도 20분은 서서 계속 생각했죠. 아직 결정을 내리지 못한 상태였습니다. 내 안에서 '그냥 집으로 돌아가!' 하는 목소리가 들렸습니다. '네가 계획한 범죄를 실행해서는 안 돼!' 라고 했죠. 전 집으로 돌아가기로 마음을 거의 굳혔습니다. 그런데 갑자기 '이제 행동에 옮길 때가 됐어!' 하는 명령이 들리는 겁니다. 드디어 벨을 누를 때는 심장이 터져나갈 듯 극도로 흥분한 상태였습니다. 왼손에 최루 스프레이를 쥐고, 오른손에는 재킷 주머니에 있는 칼을 움켜쥐고 있었습니다. 칼날은 펴놓은 상태였죠.

젊은 여자가 문을 열었고 무슨 일로 왔느냐고 묻는 순간, 바로 그녀의 얼굴에 최루 가스를 분사했습니다. 그녀는 소리를 지르더니 등을 보이며 뒤돌아서서는 앞으로 고꾸라졌습니다. 두 손은 얼굴을 가린 채였죠. 비명소리가 점점 커졌습니다. 그래서 전 그녀를 찔렀습니다. 한 번 또 한 번 그녀의 등을 계속해서요. 바닥에 쓰러진 채 그녀가 조용해질 때까지요. 그런 다음 미친 듯이 그 집에서 빠져나왔습니다. 달리면서 보니 제가 최루 스프레이를 빠뜨리고 온 것이 생각나더군요. 다시 돌아가서 가져올까 생각했지만 전 계속 달렸습니다. 범행 당시에 장갑을 끼고 있어서 지문이 묻지 않았을 것이라는 사실을 알고 있었기 때문이죠.

올림픽 수영장에 도착하고 나서야 제 오른손에서 피가 철철 나고 있다는 사실을 깨달았습니다. 아마도 칼로 찌를 때 부상을 입은 것 같았습니다. 어쨌든 몸을 숨겨야 했기 때문에 수영장으로 들어가 입장권을 끊고 수영복과 커다란 수건을 하나 빌렸습니다. 화장실에서 이 수건으로 지혈을 했어요. 나중에는 수건이 흠뻑 젖었어요. 수건은 쓰레기통에 버렸고요. 그런 다음 수영장이 문을 닫을 때까지 기다렸습니다. 몇 시간을 숨어서 보냈죠. 그러고는 아무런 위험 없이 집으로 돌아왔습니다."

범인은 늘 범행 장소 가까운 곳에 숨어 있다는 사실을 다시 한 번 확인한 셈이었다. 나는 다음에 범인을 추적할 때 매우 유용한 정보가 되겠다고 생각했다. 그런데 더욱 화가 나는 것은 그가 우리와의 첫 만남에 대해 설명한 부분이었다. 그의 말에 따르면 우리가 그를 처음 찾아가기 불과 30분 전에야 집에 보관되어 있던 모든 증거자료를 없애버렸다는 것이다. 〈쥐트도이체차이퉁〉에 실린 범인의 몽타주부터 대학에 게시되어 있던 것을 떼어서 가져온 몽타주며, 모든 범행에 대해 꼼꼼하게 적어놓은 자백 문서, 범행에 관한 신문 기사 일체, 범행에 사용된 칼과 가스총, 범행과 관련 있는 모든 연장을 근처의 쓰레기 수거함에 버렸다고 했다. 우리가 30분만 일찍 당도했더라면 이 모든 증거자료를 한아름 안고 돌아오면서 그를 즉각 연행할 수 있었을 거라는 뜻이다. 그는 이 부분을 기록하도록 지시하면서 킥킥거리기까지 했다.

진술이 끝났을 때는 다음 날 오전 여덟 시였다. 동료 형사가 상사에게 심문 결과를 보고했다. 우리는 갈 때까지 간 상태였다. 알렉산더가 받아쓰도록 한 조서 내용은 200쪽이나 되었다. 그는 열두 시간을 거의 쉬지 않고 불러댔고, 끝나갈 즈음엔 의자 뒤로 기대어 눈을 감고 있었다. 물론 받아쓰기는 쉬지 않고 시켰다. 목소리는 작았지만 문법적으로는 여전히 완벽했다. 이후로 일련의 심문이 더 이어졌다.

그는 자신이 흉기를 구입했던 중앙역에 소재한 무기상점으로 우리를 안내해 자신이 산 것과 동일한 종류의 흉기를 가리켰다. 상점 주인은 그를 처음 본다고 주장했지만, 그러기에는 우리의 알렉산더가 너무나도 기억력이 좋아서 주인과 나눈 대화 내용을 상세히 조목조목 읊어나갔다. 주인은 언론에서 반복적으로 보여준 최루 스프레이와 젊은 대머리 남자를 연관시켰음에도 어떤 이유에서인지 제보를 하지 않은 것 같았다. 범행에 사용된 칼은 판매 금지 대상이 아니었기 때문에 주인 남자가 불법적인 일을 한 것은 아니었다. 칼날의 길이가 8센티미터밖에 되지 않은 것이 크리스티네의 목숨을 구했다. 조금만 더 긴 칼로 찔렀더라면 그녀는 절대로 살아남지 못했을 것이다.

이 사건은 그의 고향에도 알려지면서 커다란 반향을 불러일으켰다. 알렉산더의 부모도 현지 경찰의 조사를 받아야 했다. 이들은 어떻게 해서 일이 이 지경까지 된 것인지 이해하지 못했고 이해하기도 원치 않았으며, 큰 죄를 지은 아들과 인연을 끊었다. 그러나 아들을 위한 기도는 하겠다고 했다. 알렉산더와 마찬가지로 대머리인 둘째 아들 역시 부모와 똑같은 결정을 내렸다. 정신감정단은 알렉산더에게서 매우 흥미롭고도 비판적이며 까다롭고 호기심 많은 환자의 모습을 보았다. 그래서 평가를 내리기까지 상당한 시일이 걸렸다. 나중에는 누가 누구를 진단하는 것인지 모를 지경이 됐다. 조사라기보다는 토론하는 것 같았으며, 환자가 의사보다 더 잘 알고 있는 것 같았다.

전문가는 알렉산더가 심각한 정신질환을 앓고 있지만, 범행을 저지르는 동안에는 그의 책임 능력이 제한되거나 부재하지 않았다고 결론 내렸다. 그러면서 그가 반사회적 인격 장애를 가지고 있는 동시에 심각한 자기도취성 망상 성향을 보여서 사회에 다시 편입되기는 불가능하다고 판단했다. 재판부는 폐쇄

된 정신병동에서 무기한 치료를 받아야 한다고 판결했다.

1년 후 나는 엄중한 감시가 이뤄지는 이 정신병원에 다른 일로 잠깐 들르게 되었다. 알렉산더가 수감돼 있는 곳이기도 해서 그를 면회했다. 그런데 나는 그를 대면하고는 깜짝 놀라고 말았다. 그는 내가 알던 알렉산더가 아니었다. 그냥 좀비였다. 로봇 같은 움직임으로 내 쪽으로 다가온 그의 눈동자에는 초점조차 없었다. 그가 나를 알아봤는지는 지금도 모르겠다. 아마도 그렇지 않은 것 같았다. 그는 "안녕하세요"라고 입을 뗀 뒤 더는 말이 없었다. 그는 완전히 무감각했다. 정신치료제에 완전히 절어 있는 듯했다.

* * *

2002년과 2003년 두 해에 걸쳐 에센대학교에서 '자백에 동기부여하기'를 주제로 연구 프로젝트가 실시되었다. 이 프로젝트에서 알렉산더 사건을 다루었고 덕분에 나도 쏟아지는 질문 공세를 받아야 했다. 그런데 이 프로젝트에서 내린 결론이 너무나 당황스러웠다. 알렉산더가 그토록 광범위하게 자백한 것은 내가 그에게 공공기관의 보호를 받으면서 훌륭한 의사로부터 치료를 받을 수 있다는 가능성을 내비쳤기 때문이라는 것이 그

때까지의 내 생각이었다. 그러나 학자들은 그가 자백한 진정한 이유는, 그가 나를 잃고 싶지 않았기 때문이라고 했다. 시간이 흐르면서 나는 그에게 점점 더 중요한 사람이 되어갔고, 그가 만난 사람들 중에서 함께 이야기를 나눌 수 있는 유일한 사람이었다는 것이다.

더 황당한 이야기는 이제부터다. 내가 그와 접촉을 끊으려는 기미를 보였기 때문에 그가 자백을 했다는 것이다! 그는 자백하는 것만이 나와 접촉을 유지할 수 있는 유일한 방법이라고 생각했으며, 자신의 인생 이야기 전체를 내게 선물한 것이라고 단정 지었다. 나로서도 매우 흥미로웠던 이 결론은 이후 몇 년간 강연회에서 계속 거론되었다. 신뢰와 상호 존중을 바탕으로 한 수사관과 용의자의 관계가 모든 자백의 열쇠라는 것, 절대로 용의자의 마지막 존엄성을 빼앗아서는 안 된다는 것. 하지만 당시 나는 그렇게 생각하지 않았다는 사실을 이 자리에서 꼭 털어놓아야겠다.

알렉산더는 현재 석방된 상태다. 그는 자발적으로 독일 북부에 위치한, 정신적으로 불안정한 사람들을 위한 공공기관에서 생활하고 있다. 그가 우리 사회에서 정상적인 삶을 영위하기란 아직 불가능해 보인다. 앞으로도 그런 날은 오지 않을 것 같다. 몇 년 전부터 그는 동료 여환자와 부부 생활 비슷한 것을 하고 있다. 나는 그가 1년 반 이상 숱한 범죄를 저지르도록 한 '그것'을 이제는 했을 것이라고 생각한다. 아니, 하고 있기를 바란다. 그리고 언젠가 그가 이런 말을 하게 되기를 간절히 소망한다. "네, 제가 그때는 그랬지요."

I HATE LOVE
LOVE HATE ME
GIVE ANY MORE
I WANNA KNOW WHAT'S INSIDE YOU
Going to HELL
THE hurt in side is fading
BRING IT DOWN
Break it down
LAST DAY
HERO
MASSACRE
BLIND
GUILTY
gonna break it
SUCK
SMELL
Feeling

# 2
# 가정 폭력

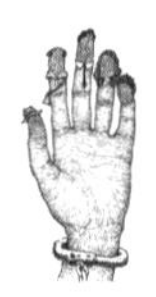

안나벨라는 거실로 가서 전화기를 들고 경찰에 전화를 걸었다. "하마터면 제가 죽을 뻔했어요." 얼마 후 도착한 경찰에게 그녀는 울면서 이렇게 말했다. 잘 꾸며진 9층 건물의 널따란 사각형 계단실에는 이미 이웃들이 몰려든 상태였다. 바로 옆집에 사는 할머니가 의자에 앉아 있는 안나벨라를 애정 어린 손길로 감싸 안고 있었다. 안나벨라는 따뜻한 담요를 덮고 있는데도 사시나무 떨 듯했다. 안나벨라의 아들은 옆에 쪼그리고 앉아 "다 잘될 거예요, 엄마" 하는 말만 반복하면서 그녀를 위로하고 있었다.

순찰대원이 응급의사를 부른 지 5분 만에 의사가 현장에 도착했다. 구조대원들은 방 안 침대와 벽 사이의 좁은 공간에서 헬무트의 시신을 꺼내야 했다. 시신은 부부의 침대 끝부분 쪽

바닥으로 옮겨졌다. 응급의사는 시신을 보자마자 자연사가 아니라고 판단했다. “수차례 흉기로 찔린 데 따른 내외부 과다 출혈”을 사인으로 꼽았다(나중에 법의학자가 확인한 결과 사망자는 모두 서른네 번이나 흉기에 찔린 것으로 드러났다). 응급의사는 피해자 안나벨라를 보살폈다. 안정제를 맞은 그녀는 병원에 가는 것은 거부했다. 아들이 있으니 곧 괜찮아질 거라고 했다.

* * *

범죄수사과의 동료가 내게 전화한 것은 막 새벽 두 시가 지났을 때였다. 그는 사건에 대해 간단하게 설명하더니 정당방위나 과잉방위 같다고 했다. 안나벨라는 이미 한 번 진술을 한 상태였는데, 침대에 들었을 때 폭력적인 남편이 부엌칼로 위협했고 어쩌다 보니 남편에게서 칼을 빼앗는 데 성공했다고 주장했다. 죽음의 공포 속에서 남편을 흉기로 찔렀는데 얼마나 많이 찔러댔는지는 모르겠다고 했다. 남편은 그동안 가정폭력으로 수차례 경찰에 연행됐다고 덧붙였다.

나는 일반적인 경우를 예상하며 범행 현장으로 갔다. 상류층이라 해서 가정폭력이 드문 것은 아니지만, 경찰청장의 부인 정도라면 만취한 남편에게 또다시 구타를 당했을 경우 경찰을 부르기보다는 가족 변호사를 부르는 게 보통이다. 그렇지 않으면 여비서의 입을 통해 동네방네 소문이 날 테니 말이다.

그런데 사건이 발생한 고층건물에 들어섰을 때 나는 적잖이 놀랐다. 먼지 하나 없이 관리된 건물은 어떤 작은 사건도 절대 추측으로만 넘기지 않을 것 같은 분위기를 물씬 풍겼다. 그런데 더 놀라운 사실을 알게 됐다. 사망한 54세의 남성이 바로 동료 경찰이었던 것이다. 그것도 교통과를 총괄하는 과장 이었다. 교통과는 엄격한 규칙이 적용되는 부서고, 교통단속에 걸리면 제아무리 고위직 인사라 해도 '교통위반 딱지'를 받지 않으려야 않을 수 없다. 그러니까 내게 교통과라고 하면, 진정한 민주주의가 살아 있는 부서였다. 판사조차도 교통규칙을 위반했을 때는 다른 여지가 없는, 그래서 공식화된 틀에 따라 정해진 처벌을 받을 수밖에 없는 곳이었다.

실업학교에서 영어와 역사를 가르치는 마흔아홉 살의 안나벨라는 이미 피검사를 받은 상태였는데, 술을 마신 것도 약물을 한 것도 아닌 것으로 확인됐다. 사건에 어떤 연관이 있는지를 조사하기 위해 그녀의 아들도 함께 경찰서로 동행하도록 했다. 사건 당시 집에는 모두 세 사람이 있었고 그 가운데 한 사람이 살해당했다. 남은 두 사람의 역할을 밝혀내는 것이 우리의 임무였다. 누가 흉기를 휘둘렀는지는 자명했다. 하지만 젊은 남성인 아들이 범행에 대해 전혀 몰랐다는 것을 과연 믿을 수 있을까? 부모 사이에 격렬한 싸움이 벌어졌던 것으로 보이는 데도? 안나벨라의 주장대로라면 생사를 다투는 싸움이었는데도? 스무 살이나 먹은 다 큰 청년이 방에서 나와 보지도 않았다고?

가장 먼저 나는 안나벨라의 실내화가 침실 문 앞 왼쪽에 가지런히 놓여 있는 것을 보고 의아한 생각이 들었다. 윗부분이 흰색 양털로 되어 있는 굽이 꽤 높은 분홍색 실내화에는 그 어디에도 피 한 방울 튀지 않았다. 왜 침실에 들어가면서 실내화를 벗었는지, 왜 침대 옆에서 벗지 않았는지 궁금해졌다. 나는 지금껏 실내화를 신어본 적이 없지만, 아내를 봤을 때 실내화는 결코 벗어두는 곳이 일정하지 않았다. 사다리에 오르거나 실내화 때문에 자칫 넘어질 수도 있겠다 싶은 경우에도 그 자리에 벗어두는 게 보통이다. 가령 싸움이 벌어졌을 때도.

그런데 도대체 어떤 이유에서 안나벨라는 실내화를 범행이 벌어진 방 밖에 벗어두었을까? 간단하다. 실내화를 신고 있으면 실내화가 피 때문에 더러워질 거라고 여겼기 때문이 아닐까? 그녀가 침대에 누웠을 때 공격을 받았다는 진술과 맞지 않는 측면이었다. 침대에 누울 때는 당연히 실내화를 신지 않기 때문에 정상적인 경우라면 침대 한쪽 옆에 벗어둘 텐데, 안나벨라의 실내화에는 혈흔이 전혀 없었다.

또 하나 특이한 것은 그녀가 누워 있었다는 침대 반쪽에 누가 누웠던 흔적이나, 목숨을 걸고 싸웠던 흔적이 전혀 없다는 점이었다. 침대보는 주름 하나 없었고, 이불은 윗부분의 각이 잘 잡혀 접혀진 채로 깔끔하게 펴져 있었다. 그런데 이곳에서 그녀가 공격을 받았다는 것이 말이 될까? 반대로 그녀가 계획적인 지능범이라면, 이런 아마추어 같은 실수를 했다는 게 말이 될까? 혹시 그녀가 약간 덜 간교한 범인이라 단순히 실수를 한 것일까? 아니면 고학력자이긴 하지만 음료수 캔은 어떻게 따는지, 화장실에서 사용하는 롤 화장지는 어디에서 구입하는지 모르는 사람들처럼 살인에 대한 경험 부족으로 아주 흔하고 사소한 실수를 한 것일까?

헬무트를 덮어놓은 이불에도 칼에 찔린 자국은 전혀 없었다. 피해자를 그토록 수없이 찌르면서도 피해자가 덮고 있었을 것이 분명한 이불에는(이 사건은 겨울에 일어났는데 침실이라고 특별히 더 따뜻한 것은 아니었다) 칼이 단 한 번도 스치지 않았다는 것은 상상하기 힘들었다. 칼자국은 죽은 피해자의 잠옷에만, 그것도 모두 뒤쪽에만 나 있었다. 피해자의 옷 앞쪽은 모두 열려 있었다는 유추가 가능했다. 그런데 그것은 우리가 나중에 알게 된 피해자의 평소 습관과 맞지 않았다. 그럼 안나벨라가 나서서 그의 잠옷 단추를 끄른 것일까?

보통 자살하는 사람들에게서 볼 수 있는 상황이었다. 스스로 목숨을 끊는 사람들은 칼이 몸에 제대로 박히지 않을까 봐, 그래서 고통 없는 빠른 죽음이 불가능할까 봐 얇은 셔츠까지 벗어두는 경우가 많다. 물론 이와 유사한 조치를 해놓는 범인들도 있다. 사전 준비를 할 만한 시간이 있을 경우에 국한되지만 말이다. 충동적이거나 즉흥적인 살인의 경우에는 피해자의 옷만 봐도 어디를 얼마나 많이 찔렸는지 충분히 알 수 있다. 이러한 기본 지식들은 시신이 아직 부검실에 놓여 있는 동안 범인을 심문하는 과정에서 매우 소중한 자료가 되곤 한다.

거실에 거의 비어 있는 신경안정제 한 박스가 놓여 있는 점도 눈에 띄었다. 도대체 누가 저 약을 먹은 거지? 그야말로 의문투성이에 모순투성이였다. 그녀가 지금까지 진술한 내용과 우리가 현장에서 확인한 것 사이에는 분명히 큰 차이가 있었고, 앞뒤가 맞지 않았다. 안나벨라는 변호사를 원치 않았다. 자신이 남편을 죽인 것은 알지만 죄책감은 느끼지 않는다고 진술했다. 그렇기 때문에 조사에 당당히 응할 준비가 되어 있다고 했다. 그녀는 자신의 행동이 정당방위였다고 주장했다. 몇 주째 남편이 커다란 식칼로 위협하며 옷을 벗으라고 강요했다는 것이다. 둘은 별거를 하기 위해 일단 한 집에서 기거하는 이른바 '조정기간'에 들어간 상태였다고 했다. '먼저 나가는 사람이 지는 것'이 바로 현재 상황이었다.

그런데 아무 일도 없었던 것처럼 계속해서 같은 침대에서 잠을 잔다고? 왜 둘 중 어느 한 사람이 거실에서 자지 않았지? 이 질문에 그녀는 자신은 결코 약해 보이고 싶지 않았다고 대답했다. 말하자면 패권 다툼 같은 것이라고 했다. 그 때문에 커다란 식칼을 탁자 위에 놓고 자는 남편 곁에 누워 몇 주간이나 함께 잔다는 것을 믿을 수 있을까? 자의식이 강한 안나벨라에게는 어울리지 않는 이야기였다. 여성해방을 주장하는 고학력자 여성이 어떻게 그토록 원시적인 방법으로 몇 주간을 버틸 수 있었을까? 적어도 사회라는 사다리의 저 위쪽에 있는 '고위층'에게서는 이런 경우를 한 번도 보지 못했다.

안나벨라는 자신의 주장을 고집했다. 남편이 밤 열 시경 애인의 집에서 돌아왔고, 자신은 그때까지 거실에서 텔레비전을 보고 있었는데 또다시 말싸움이 벌어졌다고 했다. 남편이 잠자리에 들기 전에 자신에게 찔러 죽이겠다는 협박 같은 것을 했고, 소름이 돋긴 했어도 설마 진짜 그렇게 할까 싶어 믿지 않았다. 이 진술을 하는 순간 그녀는 흐느끼기 시작했는데 눈물은 조금도 나오지 않았다. 가짜 흐느낌이었다. 훌륭한 수사관이라면 이런 눈물 연기는 한눈에 꿰뚫어볼 수 있다.

그녀는 자정 무렵에 침실로 들어갔다. 그런데 남편이 코를 골지 않는다는 사실을 문득 깨달았다. 그녀는 불을 켜지 않은 채 침대에 누웠고, 막 이불을 덮으려는 찰나 남편이 갑자기 그녀 위로 올라왔다. "이제 당신 차례가 됐어." 남편은 낮은 목소리로 이렇게 조롱하더니 왼손에 든 식칼을 그녀의 목 가까이에 가져다 댔다. 그녀는 죽음의 공포를 느꼈다. 이후 어떤 일이 벌어졌는지 더 이상 자세히 모르겠다는 것이 그녀의 주장이었다.

어느 샌가 그녀는 남편의 팔을 잡았고 그에게서 칼을 빼앗을 수 있었다. 그녀는 남편이 심한 허리 통증으로 잘 움직이지 못하는 상태였고 행동이 느리기까지 해서 운이 좋았다고 설명했다. 그런 다음 앞뒤 가리지 않고 한 번 또 한 번 그리고 계속해서 마구 칼을 휘둘렀다. 그녀는 남편을 몇 번이나 찔렀는지 어디를 찔렀는지도 몰랐다. 남편이 누워 있던 침대 반쪽에서 둘이 함께 아래로 굴러 떨어진 사실도 몰랐다고 했다. 정신없이 버둥거리며 몸을 일으켜 방 밖으로 나왔다. 칼은 그 전에 이미 어딘가 떨어뜨린 상태였다. 복도로 나와 보니 아들 크리스토프가 서 있었다. 아들은 아무 말도 하지 않고 그저 두려움이 가득한 시선으로 바라보고만 있었다. 그녀는 거실로 가서 경찰을 불렀다.

본인은 전혀 상처를 입지 않고 어떻게 힘센 남자에게서 칼을 빼앗을 수 있었느냐는 질문에 그녀는 재차 남편의 거동이 크게 불편했던 점을 강조했다. 그리고 죽음의 공포 앞에서 자신도 모르게 엄청난 힘이 생긴 것 같다고 했다. 남편은 오른손잡이였는데 왼손에 칼을 들고 있는 바람에 오른손에 들고 있는 것보다 힘을 잘 쓸 수 없었을 것이라는 점도 지적했다. 하지만 정확하게 어떤 식으로 남편에게서 칼을 빼앗았느냐는 질문에는 대답도 재연도 해보이지 않았다. 피상적으로 같은 대답을 반복할 뿐이어서 직접 체험하지 않은, 그저 생각으로만 묘사하고 있음이 분명했다. 이건 마치 〈형사 콜롬보〉 같았다. 〈형사 콜롬보〉에서 범인들은 언제나 모순되는 점을 합리적으로 설명해야 한다고 생각한다. 이 사건의 경우, 거동을 잘하지 못하는 남자가 잠자리에 든 지 두 시간 만에 갑자기 깨어나 칼을 들고 공격하기 시작했다는 것이 전혀 납득이 가지 않았다.

실내화에 대해 안나벨라는 자신은 항상 복도에 실내화를 벗어둔다고 설명했다. 잠자리에 들 때는 보통 침실이 어둡고 불도 켜지 않기 때문에 그게 습관이 됐다는 것이다. 영악했다. 더 이상 뭐라고 흠잡을 수 없는 대답이었다. 침대는 왜 사용하지 않았느냐는 질문에는 사용하지 않은 게 아니라 사용하지 않은 것처럼 보일 뿐이라고 주장했다. 남편에게 공격받기까지 잠깐만 누워 있었다는 것이다. 둘이 싸우기 시작하고 얼마 안 돼 바로 남편 쪽으로 굴러가게 됐고, 탄성이 좋은 침대보를 씌웠기 때문에 주름이 잡히지 않은 것은 당연하다고 했다. 그녀는 그걸 '스판덱스 침대보'라고 한다고 새치름하게 말했다. 내가 그녀의 진술에 어떤 의구심이 있는지는 알려고도 하지 않았다. 더는 이야기할 게 없을 거라는 표정이었다.

대화가 중단되는 것을 막기 위해 나는 아까 들은 이야기로 급히 되돌아갔다. 모든 상황을 확실하게 밝히고 조금이라도 의심스러운 부분이 남아 있어서는 안 되기 때문이라는 점을 강조했다. 그래야 그녀에게도 도움이 될 것이며, 그녀의 말을 믿지 못하는 것이 아니라고도 이야기했다. 그녀는 내 말에 설득당했고, 마침내 침대이불 윗부분이 왜 그렇게 깨끗하게 잘 접혀 있었는지를 이야기했다. 그녀의 주장에 따르면, 그녀가 이불을 채 들추기도 전에 남편이 공격했기 때문이었다. 나는 진술에 협조적인 태도 역시 그녀의 범행계획에 이미 포함되어 있었다는 사실을 진작 알고 있었다.

나는 대화의 전략을 바꿔서 그녀의 진술 중 앞뒤가 맞지 않는 부분을 물고 늘어졌다. 그녀의 진술은 전혀 신빙성이 없어 보였다. 목숨을 걸고 싸웠다는 그 침대를 한 번이라도 본 사람은 그 놈의 침대보가 스판덱스 침대보건 아니건 싸움이 이루어진 것은 고사하고 싸움이 아예 시작조차 되지 않았다는 사실을 단번에 알 수 있었다. 우리는 사건을 재구성해야 한다고 판단했다.

공격을 받았다는 안나벨라는 그 어떤 방어 부상도 입지 않았다. 반면 공격을 가한 남편 헬무트는 손과 팔에 매우 심각한 방어 부상이 있었다. 심지어 머리도 여러 번 구타당한 흔적이 있었다. 남자는 사투를 벌인 것이 분명했다. 심장도 두 번이나 찔렸는데, 각각의 자상만으로도 숨지기에 충분한 것이었다. 다른 자상은 대부분 가슴과 등 같은 상체에서 발견됐다. 오른쪽 허벅지 바깥쪽에도 자상이 두 군데 있었는데, 헬무트가 침대 앞 바닥으로 떨어진 이후에 생긴 것으로 추정되었다. 상처는 대부분 엄청난 힘을 가해 생긴 것이었고, 몸 안 깊숙이 들어간 칼이 뼈에 닿으면서 칼끝이 휘어지기까지 했다. 25센티미터나 되는 칼날이 연부(근육이나 내장 등 몸의 골격 이외의 부분—옮긴이)를 완전히 뚫고 들어갔다.

우리는 이런 모습을 보고 '살기'를 떠올리거나 이른바 과잉 방어라고 칭한다. 단순히 죽이는 데 필요한 것 이상의 행동을 했다는 뜻이다. 이러한 살인은 대부분 감정의 격앙이나 도착증을 의미하는 경우가 많다. 이 사건의 경우 도착증에 의한 가능성은 배제되었다. '살기'는 범인이 사전에 범행을 냉혹하게 계획하거나 또는 과잉 대응할 의도가 아예 없는 두 가지 경우로 나뉜다. 범인이 통제불능 상태가 되는 원인으로는 공포, 두려움, 갑작스러운 증오, 예상치 못한 상대의 저항 등을 꼽을 수 있다. 이런 점을 감안할 때 나는 그녀의 말을 단 한마디도 믿을 수 없었다. 그녀는 아들 크리스토프는 아무것도 모른다는 주장만을 반복했다. 크리스토프는 심장이 약해서 심문을 계속 진행할 수 없었다. 그는 이미 기진맥진한 상태였다.

* * *

다음 날 아침 안나벨라에게 구속영장이 발부될 예정이었다. 일반적으로 수사관들은 구속영장을 발부할 만큼 증거를 모을 시간이 충분치 않다. 입법부는 영장 발부 시한을 '용의자 검거 시점으로부터 다음 날까지'로 설정해놓았다. 그 시한이 지나면 임시 체포한 사람을 풀어주거나 수임판사에게 정식으로 인계하는 절차 중 하나를 택해야 한다. 그래서 범인을 자정 5분 전에 검거하는 것이야말로 정말 운 나쁜 경우다. 범인을 검거한 뒤 5분만 지나도 벌써 하루가 지나간 것이기 때문이다. 증거를 수집하고 모든 심문을 마칠 때까지 우리에게 남은 시간은 단 하루다. 반면 자정이 막 지난 시간에 용의자를 검거하면 훨씬 유리하다. 구속영장 신청에 필요한 증거나 정황을 확보하기까지 거의 48시간이 주어지기 때문이다.

안나벨라는 새벽 1시 30분에 검거되었다. 사건에 관련한 증거를 모으는 데 46시간 30분이라는 시간이 있다는 의미였다. 우리의 업무 목표는 용의자의 죄를 더하거나 덜어주는 것이 아니라, 겉으로 보이지 않는 상황을 포함한 진실 조사다. 비록 우리가 하는 일이 신속하게 어느 한 사람을 범인으로 내세우는 일처럼 보인다 할지라도 말이다. 나는 이런 오해가 그저 안타까울 뿐이다. 우리는 그렇게 일하지 않기 때문이다.

컴퓨터를 두드리자 피의자 안나벨라에 대한 내용이 눈에 들어왔다. 자료에 따르면 안나벨라는 오랜 기간 이른바 가정폭력의 피해자였다. 그녀가 겪고 있는 이명과 두통이 남편의 구타 때문이라는 의사의 증언도 있었다. 이 소견서는 당시 사건이 발생하고 며칠이 지난 뒤 그녀가 직접 경찰서에 제출한 것이었다. 소견서를 작성한 의사는 그녀의 친구의 남편이었다. 조사가 답보 상태에 빠졌다. 검찰은 사인소추(개인이 형사소송을 제기하는 것으로, 우리나라는 국가소추만 인정한다. 독일의 사인소추는 국가의 기소독점주의를 제한하기 위한 것이며, 사안이 경미하거나 공공의 이익과 관련이 적은 범죄 등 제한된 범위 내에서 인정한다—옮긴이)를 지시했다. 그러나 이 사건은 둘 사이에 어떤 식으로든 폭력이 벌어졌을 것임이 분명했다. 그렇다면 누가 의도적으로 폭력을 사용했을까?

최근 몇 주간 그녀는 세 번이나 경찰을 집에 불렀다. 남편에게 구타당했다는 이유에서였다. 한 번은 절도 신고였는데, 그녀는 자신의 값비싼 중국 도자기를 훔쳐간 사람이 남편이라고 주장했다. 이 신고 사건은 자세히 살펴보면 의문점이 한두 가지가 아니었다. 출동한 경관들은 그녀의 몸에서 어떤 상처도 발견하지 못했고, 함께 있던 남편은 그저 사소한 언쟁을 했는데 왜 아내가 경찰을 불렀는지 의아해했다. 그런데 그녀가 갑자기 히스테릭하게 반응하면서 울부짖다가 더는 남편이 자신을 괴롭히지 못하도록 하겠다고 소리쳤다. 남편은 22년간 부부생활을 하면서 단 한 번도 아내를 구타한 적이 없다고 했다.

우리가 조회할 수 있는 내용은 이것이 전부였다. 사소한 사건 일지일 뿐 그 이상도 이하도 아니었다. 우리는 죽은 사람에게서 확실한 증거를 얻어내야 했다. 다만 죽은 사람이 생전에 신뢰했던 사람, 친밀한 관계였던 사람을 찾아내야 한다. 그런 사람으로 연인보다 더 적합한 이는 없다. 이 사건에서 우리는 바로 그런 사람을 찾아냈다. 헬무트의 애인이었다. 그녀는 그의 유일한 소통구였다. 헬무트는 그녀에게 모든 근심 걱정을 털어놓았고 아무런 비밀도 없었다. 우리가 그녀에게서 듣는 이야기는 사망한 헬무트에게 듣는 것이나 마찬가지였다. 그녀는 그의 대변인이었고, 그만큼 많은 정보를 알고 있었다.

35세인 그녀는 교통과에서 근무했다. 헬무트와는 열 살 차이가 났다. 서로 다른 부서에서 근무하던 둘은 구내식당에서 처음 만나게 되어 언젠가부터 가까운 사이로 지냈다. 헬무트가 그녀의 집에서 동거한 지는 꽤 됐지만, 조정기간의 부대조건을 어기지 않기 위해 그는 매일 밤 아내가 사는 집에서 잠을 잤다. 그녀가 헬무트에게 그렇게 하지 말라고 충고해도 그는 말을 듣지 않았다. 그런 생활이 10개월이나 지속됐다.

재판정에 증인으로 출석한 그녀는 헬무트가 그의 아내를 때렸을 수도 있다고 생각하느냐는 질문에 미소를 지었다. 그녀는 안나벨라가 꾸며낸 일에 경찰이 출동한 것이라고 했다. 헬무트는 마음이 따뜻한, 파리 한 마리도 죽이지 못하는 사람이었다. 내성적이었고, 마음이 반듯했고, 정의롭고 이성적이며, 선량한 사람이었다. 아들을 매우 자랑스러워했고 진심으로 사랑했지만, 아들은 전적으로 엄마 편이었고 몇 년 전부터는 아예 아빠와 눈을 맞추려고도 하지 않았다. 그녀는 그의 아내가 아버지에게 적대감을 가지도록 아들을 부추겼기 때문이라고 주장했다. 그는 매우 가슴이 아팠지만 아들을 혼란스럽게 하지 않으려고 모든 것을 감수했다. 장래가 촉망되는 아들이 자신의 길을 걸어갈 수 있도록 모든 것을 들어주고자 했다. 안나벨라에게는 돈이 전부였지만 헬무트에게는 언제나 아들이 최우선이었다고 그녀는 이야기했다.

"그녀는 집안의 모든 물건이 남편의 소유로 되어 있음에도 남편을 절도죄로 신고까지 했어요. 중국 도자기를 그녀가 고르긴 했지만 돈은 헬무트가 냈죠. 사건이 일어나기 몇 주 전부터 그녀는 값비싼 물건을 어디론가 빼돌리고 있었어요. 그이가 물건에 대한 소유권을 주장한 것도 아닌데 말이죠. 아, 그이가 부모님에게 물려받은 그림 두세 점은 제외하고요." 그녀는 안나 벨라가 그렇게 행동한 데는 딱 한 가지 이유밖에 없을 것이라고 했다.

"자신의 행동에 남편이 분노하고 소리 지르고 욕설을 퍼붓길 바랐던 거죠. 자기를 실제로 때려줬으면 하는 것처럼 보였다고 하더군요. 도대체 왜 그랬을까요? 그이도 그 질문에는 제대로 답을 하지 못했어요. 어쨌든 그이는 그녀의 그런 행동에도 꿈쩍하지 않았죠. 그녀가 상속 이야기를 꺼냈을 때조차도요. 그녀는 지금 살고 있는 집과 달마다 들어오는 집세를 아들 앞으로 해주고 싶었나 봐요. 당신한텐 젊은 애인이 있으니까 앞으로 얼마든지 아기가 생길 수도 있는 거 아니냐고 했대요. 이런 말도 안 되는 이야기에도 그이는 그저 얼굴을 찌푸리기만 했고요. 그녀는 그이를 더 이상 화나게 할 수 없었죠." 그녀는 헬무트가 단 한 번도 칼을 손에 쥔 적이 없을 뿐더러 그걸 쥐고 잠자리에 들었을

리도 없다고 확신했다.

"제가 정말 이토록 슬프지 않았다면 그 얘기에 아마 박장대소했을지 몰라요." 그녀는 헬무트가 거동이 불편한 상태였다는 점도 지적했다. 디스크로 허리 통증이 심한 사람이 침대에서 벌떡 일어나 앉아 몸을 돌려 칼을 잡을 수는 없었을 거라는 뜻이었다. 그녀는 그가 아내 곁에서 밤을 보내는 것에 신경 쓰지 않았다고 했다. 가끔씩 아내와 잠자리를 함께해도 개의치 않았다. 어쨌거나 안나벨라는 그의 아내였고 법적으로 둘은 아직 부부였다. 헬무트는 아내와 잠자리를 가질 때마다 그녀에게 솔직하게 이야기했다. 안나벨라는 그를 유혹했고 그 유혹에 굴복할 수밖에 없었다.

안나벨라는 당연히 그녀에 대해 알고 있었다. 헬무트는 자신에게 여자가 생긴 것을 숨기지 않았고, 그 여자가 누구인지도 이야기해줬다. 안나벨라와 그녀는 딱 한 번 만난 적이 있었다. 그녀가 헬무트의 집 앞에 차를 세우고 그를 기다리고 있을 때였다. 안나벨라가 차 쪽으로 다가와 그녀를 보더니 고개를 가로저으며 믿을 수 없다는 표정으로 말했다. "그래, 당신은 내가 상상했던 그대로군." 돌아선 안나벨라는 조롱하듯이 키득거리며 들으라는 듯 큰소리로 "촌년!"이라고 비웃었다.

헬무트의 애인은 믿음을 주는 인상이었다. 그녀의 두 눈은 단호해 보이면서도 신뢰가 갔다. 그럴 만한 이유가 충분했음에도 그녀는 질투심을 보이지 않았다. 그녀는 헬무트의 아들이 사건 당시 집에 있었다는 말에 기함하며 그 가엾은 아들이 그로 인해 상처 입지 않았길 바란다고 했다. 외모로 본다면 헬무트의 애인은 안나벨라와는 정반대되는 스타일이었다. 여자치고는 키가 큰 편이었고, 적당히 살도 있고 예뻤다. 아마 따뜻하고 부드러운 여자였을 것이다. 비쩍 마르고 금욕적인 인상을 풍기는 안나벨라와는 전혀 달랐다. 안나벨라도 매력적이기는 했지만, 어딘지 모르게 딱딱한 느낌을 주는 데다 얼굴이 약간 각져 있었다. 두 여자가 그렇게 다를 수가 없었다.

우리의 느낌으로 안나벨라는 남편의 살인을 오래 전부터 준비해온 것처럼 보였다. 치밀하게 계획한 정말 나쁜 게임이었고, 종국에는 누군가 죽는 것으로 끝나는 드라마였다. 그래서 그녀는 자신이 심각하게 위협받고 있다는 사실을 주변에 끊임없이 암시해왔다. 사건이 발생한 후에는 모든 친구와 친지, 동료, 이웃이 그녀의 재앙을 실제로 본 것처럼 증언해줘야 했다. 모두가 이런 일이 일어날 것을 알고 있어야 했던 동시에 아무도 이런 일을 막지 못했어야 했다.

늦은 오후, 남편의 애인이 진술한 내용을 들은 안나벨라는 더 이상의 진술을 거부했다. 그러면서 남편이 경찰이었다는 사실이 자신에게 어떤 식으로든 영향을 미치리라는 사실을 잘 알고 있다고 전했다. "부군의 직업은 제게 전혀 상관이 없습니다. 부군께서 설령 검찰이었다 해도 조사가 달라질 건 없습니다. 우리의 임무는 진실을 알아내는 것입니다." 나는 그녀에게 또박또박 말했다. 그녀는 나를 경멸하는 듯한 시선으로 바라보았다.

* * *

헬무트의 애인이 많은 것을 시사하는 증언을 했음에도 물적 증거가 부족했다. 현장의 모습과 그녀의 진술이 모순된다는 확실한 느낌 외에는 우리 손에 아무것도 없었다. 헬무트 애인의 진술 역시 안나벨라의 행동이 정당방위였을 수 있음을 완전히 반박하는 것도 아니었다. 우리는 분명한 물적 증거도 직접적인 인적 증거도 없는 상태였다. 수사관들의 감정적인 평가는 아무런 가치가 없다. 검찰이 필요로 하는 것은 증거지 추측이나 단정이 아니다. 기소를 통해 용의자를 법정에 서도록 하는 것은 증거다. 수사관들은 '한낱' 수집가에 불과하다. 우리가 수집한 증거를 평가하는 것은 검찰의 임무고, 검찰이 내린 결론을 평가하는 것은 재판부의 몫이다.

모든 판결의 95퍼센트는 인적 증거를 기초로 이루어진다. 사람의 감각기관보다 더 확실한 증거는 없다는 것을 알고 있음에도 목격자, 전문가, 피의자의 진술을 대신할 수 있는 건 아무것도 없다. 범행 동기는 지문이나 기타 물적 증거를 통해서가 아니라, 순전히 사람들의 증언으로 판단한다. 피해자나 가해자의 몸에 보이는 것을 판정하는 것은 사람이고, 그 사람의 인지 방법에 따라 판단 결과도 달라진다. 그런데도 전문가들 사이에서는 인적 증거와 물적 증거 가운데 어느 것이 더 중요한가를 두고 아직도 논란이 일고 있다.

물적 증거는 범행의 중요성의 맥락에서만 증거력을 가지는 반면, 인적 증거는 어쩔 수 없이 오류의 가능성이 높다. 인적 증거 자체가 목격자들의 인지 증력, 기억 능력, 재생 능력에 달려 있기 때문이다. 사건이 불빛 하나 없는 곳에서 일어났는데도 차량이나 도주자의 옷 색깔을 봤다고 증언하는 사람도 적지 않다. 어둠 속에서 인간의 눈으로는 모든 고양이가 회색으로 보이는 데도 말이다.

인적 증거, 물적 증거, 기타 조사 결과에는 서로 모순이 있어서는 안 되며 반드시 서로 보완관계에 있어야 한다. 어느 한 가지가 모순된다는 것은 수가 결과가 의심스럽다는 것으로, 추가 조사와 검토가 필요하다. 이 사건에서는 현장의 모습과 피의자의 증언이 서로 모순되는 것으로 나타났다. 문제는 그렇다면 과연 어느 것이 잘못됐느냐 하는 것이다. 현장에 대한 우리의 해석이 잘못됐을까, 피의자의 진술이 잘못됐을까?

내가 형사 일을 갓 시작했을 무렵 나이 지긋한 경험 많은 선배가 이런 말을 해준 적이 있었다. "언제나 함께 알고 있는 자가 있게 마련이야." 그의 말이 맞았다. 범인의 99퍼센트는 누군가를 신뢰하고 범행 전이든 후든 모든 일을 털어놓는다. 전적으로 혼자서 계획하고 행동하고 대응하는 범인은 거의 없다. 주변의 누군가 한 명은 적어도 범인의 의도를 알고 있거나 예감하고 있다. 우리는 이 '정신적 공범'을 찾아내야 한다. 공범에게 그만한 보상을 해주겠다는 것을 알려야 한다. 물론 이는 매우 어려운 일이다. 남편이나 아내, 형제, 또는 연인을 배신하기가 과연 말처럼 쉽겠는가? 가까운 친척을 신고하지 않는다 해도 공무방해죄를 적용해 형사처벌을 하지 않는 이유가 이 때문이다.

이번 사건의 경우 우리는 '함께 알고 있는 자'가 가까이 있다고 확신했다. 바로 아들이었다. 겨우 한두 마디밖에 되지 않는 아들의 진술은 엄마만큼이나 신뢰성이 크게 떨어졌다. 엄마가 아들을 '지배'하고 있다는 것이 눈에 띄었다. 아들은 전형적인 마마보이였다. 우리는 아들의 입에서 진실이 나오도록 하는 데 큰 무리가 없으리라 자신했다. 마마보이는 대부분 처음으로 혼자 서야 하는 상황이 되면 그다지 큰 저항력이 없기 마련이다. 이때 진실을 말하는 것이 엄마에게 최선이라는 확신을 줄 수만 있다면 이들은 바로 입을 연다. 아들을 손아귀에 쥐고 있다는 확신으로 아들을 공범으로 만든 엄마를 여럿 보았다. 그러나 이 엄마들의 생각은 매번 틀렸다. 안나벨라가 틀렸듯이.

크리스토프는 다음 날 오전 심문을 받기 위해 경찰서로 연행되어 취조실에 앉았다. 크리스토프가 침묵을 깨고 아버지를 죽이려는 엄마의 계획을 알고 있었다고 자백하기까지는 불과 20분밖에 걸리지 않았다. 나는 아주 조심스럽게 말을 걸면서 크리스토프에게 신뢰감을 얻으려고 노력했다. 나는 그가 진실을 말하더라도 엄마가 절대로 화를 내지 않을 거라고 말해줬다. 누군가 진실을 물었기 때문에 그저 대답만 했을 뿐이라는 상황을 이해한다면 더더욱 그렇다고 말이다. 그리고 그가 정신적으로 부담을 안고 사는 것을 엄마도 분명 원치 않을 거라고 설득했다.

크리스토프는 이 말을 기다리고 있었던 듯했다. 나의 말은 그의 머릿속에서 이미 맴돌고 있던 생각을 다시 한 번 확인해 준 것에 불과했다. 그는 마음의 부담을 덜 수 있게 됐음에 크게 기뻐했다. 크리스토프는 그동안 짊어지고 있던 무거운 짐을 내려놓았을 것이다. 크리스토프가 "네, 전 알고 있었어요"라고 말하며 얼마나 안도했는지만 봐도 충분히 짐작할 수 있었다.

크리스토프가 범행에 직접 가담한 것은 아니었다. 엄마의 계획을 말리려고 했으나 실패하고 말았다. 크리스토프는 설득을 포기했고, 엄마가 계획을 실천에 옮기지 않기만을 바랐다. 하지만 바로 어제 엄마의 계획이 구체적으로 다가오고 있었다. 엄마는 저녁을 먹으며 오늘밤 일이 일어날 거라고 했다. 아버지가 오늘도 칼을 들고 침실로 들어오면 자신은 정당방위를 하겠다고 했다는 것이다. "엄마는 그 표현을 썼어요. 정확하게 '정당방위를 하겠다' 고요." 이 표현은 크리스토프에게 설득력 있게 들렸다. 아버지는 언제나 공격자였으니까.

엄마는 더 이상 다른 방도가 없어서 더는 버티지 못하겠다고 했다. 자신을 굴복시키고 위협하기 위해 아버지가 매일같이 칼을 들고 침실로 드는 일을 이제는 끝내버리겠다고 했다. 크리스토프는 직접 칼을 본 적이 한 번도 없지만 그건 이상한 일이 아니었다. "부모님이 싸울 때 전 언제나 밖에 있어야 했거든요. 두 분이 도대체 무엇 때문에 다투셨는지 전혀 몰라요." 그는 모든 것을 엄마에게만 전해 들었다. "아버지는 언제나 한밤중이 돼서야 들어오셨어요. 그래서 몇 달째 아버지와 마주칠 일이 없었습니다. 엄마가 제게 요구한 대로, 아버지와 그 문제로 이야기하거나 다른 말조차 건넨 적이 없어요. 엄마는 어떤 경우에도 제가 '그 일'에 개입되는 것을 원치 않으셨습니다."

크리스토프는 그날 엄마가 극도로 신경이 예민해져 있었고 차를 많이 마셨다고 했다. 신경안정제도 과량 복용했다고 진술했다. 그래도 엄마는 자신을 안심시켜주며 "넌 이 일과 아무 상관이 없어. 나중에 경찰이 물어보면 넌 그냥 아무것도 모른다고, 모든 일이 다 벌어지고 나서야 방에서 나왔다고만 말하면 돼"라고 했다. 그는 마음이 너무 불편해서 잠이 오지 않았고, 인생에서 최악의 시간을 보냈다고 했다. 나는 이 젊은이가 안됐다는 생각이 들었다. 어머니가 아버지를 죽이는 것을 견뎌낸다는 것은 끔찍한 일이다. '엄마의 작품이지.' 나는 속으로 이렇게 생각하며 내가 몸소 겪었던 비슷한 경우를 떠올렸다. 어머니와 아들이라…… 뭐 뻔한 스토리 아닌가.

크리스토프는 현재 조부모의 집에서 살고 있다. 할아버지, 할머니와 비교적 친밀한 관계를 유지했고, 조부모는 손자가 아들보다 며느리에게 더 치우쳐 있는 것을 너그러이 이해했다. 증오도 복수심도 없는, 선량함과 관대함으로 가득한 대단한 사람들이다. 조부모는 손자가 그렇게 된 것이 며느리의 영향 때문이라고 생각했다. 자신들에게 단 한 번도 사근사근하게 굴지 않던 그 며느리 말이다. 며느리를 좋아하지 않은 것은 아니었다. 며느리가 자신들을 좋아하지 않았을 뿐이었다.

며느리의 입장에서 시부모는 너무 단순하고 평범하고 교양이 없었다. 시부모가 그녀의 삶에 '뭔가'를 제공했을지라도 말이다. 헬무트의 아버지는 한때 잘나가는 폭약공장을 운영했고 그 때문에 재산이 상당했다. 시어머니는 공장에서 서무를 보면서 아들 둘을 키웠다. 둘째인 헬무트는 부동산 형태로 적잖은 상속을 받았고, 첫째 아들은 공장을 넘겨받았다. 어쨌든 가족 내에서 이런 비극이 벌어진 것에 어르신들은 큰 충격을 받았다. 하지만 결코 손자는 버리지 않았다.

아들의 진술 내용을 접한 안나벨라는 얼굴이 새하얗게 질렸다. 그럼에도 그녀는 미소를 지었다. 많은 것을 말해주는 미소였다. 어찌 보면 깊은 생각에 잠긴 것도 같았고, 이제는 다 알겠다는 듯한 미소였다. "크리스토프는 아직 성인이 아니잖아요. 당신이 내 아들에게 압력을 행사했는지 누가 알겠어요?" 그녀는 날카롭게 말하더니 더는 아무런 말도 하지 않겠다고 선언했다. 변호사하고만 이야기하겠다는 것이다. "당신들은 저를 감옥에 보낼 생각만 하고 있군요. 남편이 경찰이었다는 이유만으로요. 당신네들이 한통속이라는 걸 제가 모를 줄 아나요?"

바로 그 대목에서 나는 참을성을 잃었다. "부인, 아십니까? 지금 남들 욕할 입장이 아니신데요. 당신이 아드님에게 한 짓은 엄마로서는 해서는 안 되는 일이었습니다. 아드님이 얼마나 괴로워하는지는 보이지 않습니까? 아드님은 자신이 범행을 알고 있었다는 사실만으로도 커다란 상처를 받았습니다. 이해 못 하시겠어요? 부끄러운 줄 아셔야죠! 부인이 법정에서 대답해야 하는 그 내용 때문이 아니라, 당신이 당신 아들에게 한 짓 때문에라도 말입니다! 아드님이 진실을 말할 힘을 찾았다는 사실에 기뻐해야 할 겁니다. 덕분에 아드님은 한결 마음이 가벼워졌고, 이 끔찍한 비극을 이겨내는 데 도움이 될 테니까요. 하긴 이런 것도 부인에게는 아무 상관없죠, 그렇죠?" 이 말이 그녀에게 제대로 먹혔다. 안나벨라는 처음으로 진짜 눈물을 보였다. 그녀는 나를 바라보며 고개를 끄덕였다. 그러더니 나와는 더 이상 한마디도 나누지 않았다.

* * *

안나벨라에게 모살이 아닌 고살로 구속영장이 발부되었다. 검찰은 아들의 진술(아들은 판사 앞에서도 똑같이 진술했다)을 토대로, 안나벨라가 정당방위를 한 것인지는 의심스럽지만 남편의 오랜 공격으로 정신적인 공황에 빠져 있었다는 증거가 제시된 것으로 보았다. 사람들은 이를 '충동범죄'라 부른다. 상관없었다. 수사는 계속되었다. 그리고 우리는 또 다른 사실을 알아냈다.

집에서 사라졌다는, 남편이 '도둑질' 한 물건들을 다 찾아낸 것이다. 물론 중국 화병도 그 속에 있었다. 모두 또 한 명의 '함께 알고 있는 자' 덕분이었다. 옆집에 살고 있는 친절한 할머니가 바로 그 사람이었다. 사건이 일어난 날 밤 안나벨라를 위로해 준 그 할머니 말이다. 할머니는 다시 한 번 좀 더 자세하게 심문을 받았는데, 갑자기 너무나도 천진무구하게 안나벨라가 남편의 손이 닿지 않게 안전하게 보관해둔 물건들을 자기가 어떻게 처리해야 하는지 물었다.

"무슨 물건이요?" 동료는 물었다.

"그림이며 도자기며 안나벨라가 우리 집에 갖다 놓은 것들 말예요." 가끔은 정말 꼭 껴안아주고 싶은 목격자도 있게 마련이다! 이제 한 가지는 분명해졌다. 안나벨라는 다른 사람들을 도구로 이용해 상황을 조작하려 했다. 그녀가 또 누구에게 이런 일을 성공했을지 궁금해졌다. 그리고 또 하나 밝혀진 사실은 그녀가 값나가는 물건들을 집에서 없애버린 것이 순전히 남편을 자극하기 위해서였다는 것이다. 남편이 자제심을 잃고 날뛰면 경찰을 부를 수 있고, 그러면 자연스럽게 폭력적인 남편의 모습을 외부로 알릴 수 있으니 말이다. 그런데 이 사실이 과연 그녀가 오래 전부터 범행을 계획했다는 객관적인 증거가 되기에 충분할까?

우리는 현장 검증을 통해 사건을 재구성해봤다. 피의자와 신체 조건이 같은 여형사가 잠옷을 입고 침대에 누웠고, 죽은 남자와 비슷한 체형의 남자 형사가 고무 칼을 들고 그녀를 공격했다. 피의자가 진술한 대로 둘은 싸우다가 침대에서 함께 굴러 떨어졌다. 그런데 그 결과는 안타깝게도 우리가 예상했던 것과 조금 달랐다. 시트가 범행 현장의 모습보다 더 구겨지긴 했지만, 그렇다고 현저한 차이가 나는 것은 아니었다. 그놈의 스판덱스 침대보는 비교적 매끈한 상태를 유지했다. 윗부분을 접어놓은 이불도 엉망으로 들춰지지 않았다. 사건 당일보다는 더 엉망이었지만 '해석하기 나름'으로 보였다. 피의자측 변호사가 "이런 미세한 차이로는 사건 당일 두 사람이 어떻게 몸싸움을 했는지 정확하게 알 수 없습니다. 그리고 사건을 재연할 때는 실제보다 훨씬 더 과장해서 재연하지 않습니까? 그래야만 극적인 결과를 얻을 수 있으니까요"라고 말하는 소리가 들리는 듯했다. 짐작했던 대로 피의자측 변호사는 법정에서 이 '최소한의' 차이를 강조하며 현장 검증 결과가 법정증거가 되기에는 부족하다고 주장했다.

안나벨라는 여성으로만 이루어진 한 친목모임의 회원이었다. 이들은 시내에 있는 근사한 와인 바에서 매주 만나고 함께 연극이나 콘서트를 보거나 여행을 가기도 했다. 회원 세 명은 안나벨라와 같은 교사였고, 두 명은 변호사였으며, 한 명은 의사, 나머지 한 명은 의사의 부인이었다. 다들 결혼을 잘한 편이었고 자녀도 있었다. 그런데도 늘 남편이 대화의 주제였고, 와인을 마시다 보면 남자들에 대한 농도 짙은 유머가 분위기를 고조시켰다. 남자란 동물은 어디서나 빠질 수 없는 주제다.

편안한 분위기에서 이뤄진 조사 과정에서 이 여자들 중 한 명이 약간 거만스럽게 던진 농담이 아직도 생각난다. "아이큐가 50이 넘는 남자를 뭐라고 부르게요? 정답은 축복받은 남자예요." 그녀는 자문자답했고 우리 둘은 크게 웃었다. "남자의 심장에 다다르는 가장 빠른 방법은 뭘까요?" 이번에는 내가 그 여자에게 물었고, 여자가 어깨를 으쓱하며 기대 가득한 눈빛으로 나를 바라보았다. "날카로운 단도로 가슴을 통과하는 것입니다." 나는 이 농담이 그다지 적절하지 않다는 것을 곧바로 깨달았다. 그녀의 웃음기가 한순간에 사라지는 것이 보였다. 그녀는 도망치듯 내 방에서 나갔다. 동료들은 내가 의도적으로 그렇게 말했다고 생각했다. 상대방에게 조사 협조를 구해야 할 분위기에 어울리지 않는 부적절한 말이라고 다들 지적했다. 썰렁한 농담이었다는 데는 나도 동의한다.

조사가 모두 끝난 후 나는 이 여자들을 가리켜 "대단하신 일곱 분"이라고 불렀다. 이들의 무조건적인 결속력 때문이었다.

나는 이들이 진실을 말하고 있음을 확신했다. 안나벨라는 이들에게도 몇 주에 걸쳐, 남편이 밤마다 커다란 부엌칼을 들고 침실로 들어와서 너무 무섭다고 충분히 암시해둔 상태였다. 한 가족의 이 어려운 상황은 모임에서 언제나 화두가 되었다. 그녀들이 객관성을 잃은 것은 전혀 놀라운 일이 아니었다. 이들은 처음에 안나벨라에게 참고 견디라고, 절대로 먼저 물러나지 말라고 조언했다.

당시만 해도 안나벨라는 포기하고 집에서 이사를 나가기로 마음을 굳힌 상태였다. 하지만 이들은 그건 비겁한 일이라고 이야기했다. 그런데 나중에는 남편에게 칼로 위협까지 받으면서 상황이 점점 극으로 치닫게 되자 안나벨라가 갑자기 포기하지 않겠다고 선언했다. 이런 상황에서 어떻게 하는 것이 유리한지 잘 알고 있는 변호사 회원 두 명이 온갖 구제수단과 해결책, 조언까지 동원했지만 안나벨라는 여러 이유를 갖다 대면서 그렇게 할 수 없다고 거부했다. 핑계도 매번 달라졌다. 대부분은 아들 때문이었다. 아들이 이 일로 상처를 받아서는 안 되고, 아예 알게 해서는 안 된다는 식이었다. 결국 이들은 아무런 해답도 찾지 못했고, 남편의 위협이 현실이 되지 않기만을 바랄 뿐이었다.

여자들은 내심 안나벨라에 대한 위협이 그다지 크지는 않았을 것이라 생각했다. 사건이 벌어지고 나서도 이를 시인하려 하지 않았다. 안나벨라의 생각에 반하는 뭔가를 시도하지 않은 이유에 대해 이들 가운데 어느 누구도 대답하려 하지 않았다. 안나벨라가 남편을 칼로 찌르지 않았을까 하는 가정에 대해서는 모두 화를 내며 부정했다. 하나같이 안나벨라의 남편이 괴물이었다고 확신했다. 그에 대해 피상적으로만 알고 있음에도 말이다. "폭력적인 남편이 어떤지는 다들 아시잖아요? 밖에서는 한없이 착한 척하지만 집에서는 완전히 다른 모습으로 돌변하죠."

안나벨라와 남편은 알고 지내는 사람이 서로 분리되어 있었다. 안나벨라는 남편의 친구들과 친하게 지내지 않았고, 안나벨라의 친구들도 그녀의 남편을 잘 몰랐다. 심지어 둘 사이의 모든 것이 화창하기만 했던 옛날에도 그랬다. 남편은 경찰 고위 간부였지만, 고등교육을 받은 사람은 아니었다. 교사나 변호사는 '일차원적으로 행동하는' 경찰과는 그다지 가깝게 지내지 못한다.

안나벨라는 배심 재판소의 주심문 때까지 구류 상태로 지냈다. 그녀는 뮌헨의 유명한 형사 변호사를 샀다. 나도 잘 알고 있는 사람이었다. 공정하면서도 능력 있는 변호사인데, 모든 것을 합리적이고 이성적으로 생각하고 '반대편 사람'과는 그 무엇도 공유하지 않는 성격이었다. 또 법정에서 소신껏 변호하되, 자신은 대부분 짧게 이야기하고 의뢰인이 더 길게 말할 수 있도록 기회를 주는 스타일이었다.

안나벨라의 변호사가 이번에도 자신의 의뢰인이 정당방위로 행동했음을 확신했는지는 단정 지을 수 없다. 안나벨라가 살인을 오래 전부터 계획했음을 분명히 보여주는 정황을 떠올리면, 정말이지 그 변호사의 생각을 알 수가 없다. 변호사는 그녀에게 '진짜 희생자'의 모습을 보았던 것 같다. 그녀는 탁월한 연기자였다. 여기에는 우아한 외모와 세련된 화술도 한몫했다. 나는 변호사의 속내에 대해서는 감히 추측하지 않으련다.

안나벨라가 구류 상태로 지내는 동안 여자친구들은 많이 찾아왔지만, 그녀의 연인인 H박사는 단 한 번도 오지 않았다. 학교장인 H박사는 자신의 존재를 외부에 알리려 하지 않았다. 그도 조사를 받았는데, 사실 조사를 받았다고도 할 수 없었다. 그는 마치 기억상실증에 걸린 사람처럼 모르쇠로 일관했다. 내가 모든 교사들을 대상으로 안나벨라와 그의 관계에 대해 조사하겠다고 으름장을 놓고 나서야 기억력을 회복했고, '여자 동료'와의 관계를 머뭇거리며 털어놓았다. 자신의 사생활에 대해서는 최소한의 수준으로 말하려고 노력했다. 그는 (실례되는 얘기지만) 역겨운 남자였다.

크리스토프는 간수 입회 하에 방문이 허용됐음에도 엄마를 단 한 번도 찾아오지 않았다. 크리스토프도 방조 혐의로 기소됐지만, 엄마와 함께 피고석에 서지 않아도 되었다. 크리스토프에 대한 재판은 별도로 진행됐다. 엄마에 대한 의존성이 너무 높아 성숙장애로 진단받았고, 크리스토프 건은 소년법원에서 따로 다뤘다. 지능도 높고 학교 성적도 훌륭했지만 말이다. 정신적인 성숙은 교육과는 아무런 관계가 없는 게 분명하다. 물론 성숙장애를 치료하는 가장 좋은 방법이 교육이라는 내 생각에는 변함이 없다.

법정에서 보여준 친목모임 회원들의 모습은 그야말로 인상적이었고 효과 만점이었다. 일곱 명 모두 외모가 뛰어난 것은 물론이고 누구 하나 반박하지 못할 정도로 언변 또한 탁월했다. 말 그대로 눈이 부셨다. 이들은 법정에서 진정한 여성의 힘을 보여주었고, 피고인과의 높은 연대감을 과시하며 안나벨라가 단순히 피해자가 아니라 순교자이자 영웅으로 비춰지도록 했다. "후광만 있으면 딱이겠군." 지극히 감정적인 동시에 감동적이고, 일관되고, 그러면서도 확신에 가득 찬 이 일곱 명의 진술을 듣고 난 후 내가 동료에게 한 말이다. 법정에 있던 일부 여성 방청객의 눈에 눈물이 그렁그렁할 정도로 이들의 말은 감동적이었다.

반면 안나벨라의 상사이자 연인인 학교장 H박사는 '싹싹 빌면서' 법정에서 그녀의 애인으로 소개하지 말아달라고 부탁했다. 하지만 그럴 수는 없는 일이었다. 그도 법정에서 진술을 해야 했고, 몇 년째 안나벨라와 연인 관계로 지낸 사실을 인정해야 했다. 그것도 안나벨라의 남편에게 딴 여자가 생기기 전부터 말이다. 이로써 누가 먼저 외도를 했는지가 분명해졌다. H박사는 유부남인 데다 학교장으로서도 모범을 보여야 했기 때문에 공개석상에서 잘못된 관계를 시인하는 것이 매우 고통스러웠을 것이다. 그의 아내가 안나벨라에 대해 이미 알고 있었다고 해도 그렇다. 그의 아내는 불륜을 알면서도 남편의 사회적 지위를 생각해 그동안 모든 것을 참아왔다.

사망한 헬무트에 대해서는 그의 애인과 부모, 직장 동료와 상사가 편을 들어줬다. 그의 애인이 한 말은 신뢰가 갔지만, 피고인 측 변호사의 말을 빌리면 그녀가 주장하는 내용은 편파적인 정보일 뿐이었다. 부모도 사망자의 편을 들 수밖에 없고, 동료들 역시 헬무트의 인격에 대해서는 증언할 수는 있지만 사건 자체에 대해서는 아무 말도 할 수 없었다. 헬무트는 조용하고 사려 깊은 상사여서 인기가 많았지만, 직장에서 사생활을 떠벌리는 성격은 아니었다. 그래도 모두들 그가 별거 생활을 하고 있다는 것은 알고 있었다. 그에게 애인이 있었다는 사실에 대해서도 이상하게 생각하지 않았다. 누가 혼자 지내는 것을 좋아하겠는가? 헬무트가 공격적이고 폭력적인 사람이 아니었다는 데는 법정 안 모든 사람들이 공감했지만, 그렇다고 이 점이 그가 자신의 '천성'과는 달리 아내를 학대했을 수도 있다는 사실을 완전히 배제시키지는 못했다.

"간악성이라는 모살 특성은 기본적으로 여성 적대적입니다." 안나벨라 측 변호사는 이 말을 시작으로 변론을 펼치기 시작해, 여성은 육체적으로 남성보다 약하기 때문에 육체적인 싸움에서 불리할 수밖에 없고 어쩔 수 없이 효과적으로 방어할 수 있는 가장 유리한 순간을 노리게 된다는 가설을 주장했다. 자신의 의뢰인은 몇 개월이라는 시간을 힘들게 버텨왔으며, 이로 인해 심리적인 공황 상태에 빠져 있었다는 점을 강조했다.

재판부는 피고인 측 변호사의 주장을 받아들여 안나벨라에게 고살 혐의로 징역 6년을 선고했다. 재판부는 특히 헬무트가 사건이 일어나기 몇 주 전부터 칼을 들고 침실에 들었고, 수많은 목격자들이 증언한 것처럼 매우 계획적으로 아내에게 심리테러를 가했다고 봤다. 또 범행을 결심한 시점이 언제인지에 상관없이 피고인이 범행 시점에 심각한 의식장애가 있어 책임능력에 제한이 있었다는 것이 법원의 판단이었다.

이 사실에 대해서는 심리 전문가도 신뢰성 있게 진술했다.

수개월간 두려움과 증오가 누적된 상태에서 한순간 폭발적으로 심리적 부담을 떨쳐내려는 충동적인 행위가 벌어질 수 있다는 것이다. 크리스토프는 고살 방조 혐의로 징역 2년에 집행유예가 선고되었다. 크리스토프는 학교 공부를 계속해 좋은 성적으로 졸업했다. 현재 크리스토프와 안나벨라의 사이가 얼마나 가까운지는 알려지지 않았다.

* * *

살인 수사관들은 이 판결 결과에 대해 이후로도 오랫동안 이야기를 나누었다. 법적으로 문외한인 우리로서는 간악성이라는 모살 특성이 충족됐다고 생각했지만, 우리 가운데 어느 누구도 종신형 판결을 내렸어야 한다고 말한 사람은 없다. 사람이 모든 것을 확신할 수는 없으니까. 만약 아주 작은 의심이라도 든다면 다시 한 번 '의심스러운 경우에는 피고인에게 유리하게(in dubio pro reo)'라는 무죄추정의 원칙을 떠올려야 할 것이다. 이 사건의 경우도 그랬다.

I HATE LOVE
LOVE HATE ME
GIVE ANY MORE
Going to HELL
I WANNA KNOW WHAT'S INSIDE YOU
THE hurt inside is fading
BRING IT DOWN
Break it down
LAST DAY
HERO
MASSACRE
BLIND
GUILTY
REDSHOT IN HEAD
EAT YOU AL
SUCK
SMELL
Feeling
gonna break it

# 3
# 잔인함의 끝

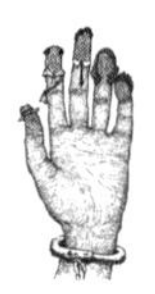

3주째 에밀에게서 아무런 소식이 없었다. 올해 일흔아홉 살인 알비네는 걱정이 되기 시작했다. 지금까지 둘은 적어도 일주일에 한 번 카페나 구내식당에서 함께 식사를 했었다. 거의 매일이다시피 들러 재판 과정을 지켜보던 법률센터에 에밀이 나타나지 않은 것도 벌써 오래 전이었다(에밀이 가장 좋아하던 사건은 살인사건이었다). 에밀은 단골 방청객이었고, 그래서 모두들 그를 잘 알았다.

알비네는 에밀이 살고 있는 건물로 찾아가 벨을 눌렀다. 에밀은 3층에 살고 있었는데, 발코니 문이 열려 있어서 집안에서 울리는 벨 소리가 아래층까지 들렸다. 아무런 기척이 없자 알비네는 3층 이웃집 벨을 눌렀다. 다행히 이웃집 여자가 문을 열어준 덕분에 안으로 들어갈 수 있었다.

여섯 가구가 살고 있는 이 3층짜리 건물은 1960년대에 분데스반(Bundesbahn, 독일 철도회사—옮긴이)이 직원들을 위해 지은 것으로, 지금은 대부분 퇴직자나 연금생활자들만 살고 있었다. 집값이 저렴한 데다 넓지는 않아도 최근에 리모델링을 해서 시설이 상당히 좋았다.

문을 열어준 이웃집 할머니는 오래 전부터 에밀이 보이지 않는다는 사실을 전혀 인식하지 못하고 있었다. "설마 무슨 일 있겠어요. 많이 편찮으신 모양이죠. 몇 년 전에도 걱정돼서 올라가 봤더니 그랬잖아요." 알비네는 에밀의 집 현관문을 여러 번 세게 두드렸지만 아무런 인기척이 없었다. 알비네는 우유 투입구를 밀어 올렸다. 그러자 역겨운 냄새가 훅 하고 몰려왔다. 알비네는 이 냄새를 너무나 잘 알고 있었다. 2차 세계대전 당시 주변에 널린 시체에서 맡았던 바로 그 냄새였다. 알비네는 곧바로 경찰에 신고했다. 얼마 안 있어 젊은 경관 두 명이 달려와 현관문을 열었다. 한 명이 안으로 들어가더니 20초도 채 되지 않아 핏기가 사라진 얼굴로 다시 나왔다. 한 손으로 코와 입을 막은 채였다. "형사들 불러!" 그는 동료에게 말했다. "남자가 살해됐어. 목에 빗자루가 박혀 있어."

* * *

내가 동료 두 명과 함께 오후 늦게 범행 현장에 도착했을 때는 이미 집 앞에 적지 않은 사람들이 모여 있는 상태였다. 에밀이 꽤 오래 전부터 보이지 않았다는 사실을 이제야 눈치챈 호기심 많은 이웃 주민들이었다. 죽은 남자는 주변 사람들과 그다지 친밀하게 지내지 않았고 평범한 이웃관계를 유지했기 때문에 (대도시에서 흔히 그렇듯 마주치면 인사하면서 가끔 몇 마디 나누는 정도) 이곳에서 벌써 40년 가까이 살고 있던 에밀이 눈에 띄지 않는다는 사실을 아무도 알아차리지 못했다. 몰려든 사람들을 보는 순간, 온갖 소문과 추측이 난무하고 있음을 알 수 있었다. 객관적인 정보수집에 유리하지 않은 상황이었다. 경험상 사람들은 자신의 생각을 마치 정보인 양 전달해주곤 했다. 보상금이 걸려 있을 때는 이런 일이 더욱 비일비재했다.

현장 상황이 좋지 않았다. 사체가 방치된 지 적어도 3주 이상 된 것으로 보인다고 현장 감식반은 추정했다. 발코니 문이 활짝 열려 있었기 때문에 그나마 악취가 덜했다. 참혹하면서도 기괴하다고밖에 달리 표현할 길이 없는 광경이었다. 우리 가운데 그 누구도 형사 생활 중 이런 모습을 본 적이 없었다. 빗자루의 자루 부분이 남자의 목을 관통해 뒤로 빠져나와 하늘을 향해 양초처럼 꼿꼿이 서 있었고, 솔 부분은 발코니 문과 프레임 사이에 끼어 있었다. 남자의 몸은 잔뜩 부어 있었다. 머리는 시커먼 숯덩이 같았는데, 머리카락 사이로 3대째는 되어 보이는 구더기들이 기어 다니면서 계속 머리카락을 헝클어놓는 게 보였다. 셔츠와 바지는 입은 상태였다.

우리는 범행 현장을 촬영한 뒤에 목 위로 30센티미터쯤 돌출되어 있는 빗자루의 자루 부분을 잘라냈다. 시신은 그대로 법의학 연구소로 보내기로 현장 감식반과 합의했다. 얼굴과 두개골이 완전히 박살나 있어 누구인지 알아보는 것이 불가능했다. 좀 더 자세히 관찰하니 두피 여러 곳이 날카롭게 갈라진 것도 보였다. 칼로 그런 것 같았다. 하지만 그런 흉기는 주변에 없었다. 탁자 위에는 빈 지갑이 있고, 축 늘어진 안테나선과 전깃줄이 보였다. 먼지가 쌓여 있지 않은 바로 그곳에 텔레비전이 있었을 것이다. 그렇다면 단순한 강도 살인사건일까?

현관문은 손상된 흔적이 전혀 없었고 열쇠로만 열렸다. 열쇠는 현관문 안쪽에 꽂혀 있는 채였다. 범인은 살해된 남자가 문을 열어줘서 들어온 것이다. 범인이 마당으로 통하는 발코니로 몰래 들어왔다 도망갔을 가능성은 배제됐다. 열려 있는 창문이 범행을 충동질한 것으로도 볼 수 없었다. 발코니 문은 범행을 저지르고 난 이후에 열려서 고정됐을 가능성이 높았다. 이상한 소리를 들은 주변 사람이 아무도 없었지만, 그렇다고 범행 자체가 아무런 소리 없이 일어났다고 보장할 수는 없었다.

알비네는 시내에 있는 한 작고 오래된 집에서 혼자 살고 있었다. 그녀가 에밀을 다시 만난 것은 벌써 몇 년 전의 일이었다. 이 할머니는 육체적으로나 정신적으로 매우 정정했지만, 이번 사건은 그녀에게도 분명히 충격적이었다. 알비네는 계단에 앉아 두 팔로 무릎을 끌어안고 머리를 그 위에 올려놓고 있었다. 나는 그녀에게 집까지 모셔다드리겠다고 제안했다. 가면서 잠시 이야기를 나누었으면 좋겠다고 하자 고맙게도 제안을 받아들였다.

그녀는 한때 희망을 가진 적도 있었다고 이야기를 꺼냈다. 그녀는 남편과 사별한 뒤 20년 이상 홀로 지내고 있으며, 에밀은 줄곧 혼자였다고 했다. 둘은 전쟁 전에 철도회사 승무원으로 일할 당시부터 알고 지낸 사이였다. 전선으로 병사들을 수송하는 열차가 저공폭격기의 공격을 받을 때도 둘은 함께였다. 같이 죽음의 문턱을 넘나들면서 하나가 되었다.

에밀은 그녀의 첫사랑이자 첫 남자였다. 하지만 전쟁이 끝나던 해에 둘은 헤어졌고, 이후 각자의 길을 걸어왔다. 알비네는 다른 남자와 결혼해 딸까지 두었고, 에밀은 독신으로 지냈다. 남편이 죽고 나서야 비로소 둘은 다시 만났는데, 가끔씩 연락하고 지내는 정도였다. 아쉽게도 에밀은 일정한 관계를 맺는 데 더는 관심이 없었으며, 알비네에게도 우정 이상의 것을 원하지 않았다. 알비네는 에밀에 비해 자신이 나이가 너무 많다는 것을 알고 있었다. 여덟 살이라는 나이 차이는 사실 그리 심한 것도 아니지만 말이다. "여자들도 솔직히 조금이라도 어린 남자를 원하니까요" 하고 알비네는 말했다. 이 말에 우리 둘은 배꼽을 쥐고 웃었다.

시내까지 가면서 내가 본 알비네는 믿을 수 없을 만큼 따뜻했다. 충족되지 않은 그녀의 사랑은 대화를 나누는 데 전혀 문제가 되지 않았다. 알비네는 자신의 이야기를 담담하게 들려줬고, 나는 크게 감동했다. 그녀의 진술 내용을 나중에 법정에서도 밝혔는데 이 이야기를 듣고 눈물을 흘린 사람이 한둘이 아니었다. 그녀는 내가 지금까지 만난 수천 명의 사람들 가운데 절대 잊을 수 없는 한 사람이다.

알비네는 에밀이 젊은 여자를 좋아하는 경향이 있었으며, 서른 살도 채 되지 않는 여자와 동거까지 했다는 사실도 솔직하게 털어놨다. 그 여자의 이름은 모니카라고 했다. 에밀은 피고로 법정에 선 모니카를 보고 그녀를 처음 알게 됐다. 모니카는 여자친구 두 명과 함께 한 젊은이를 사흘간 방에 감금한 혐의로 기소됐었다. 이 사건은 당시 몇 주나 언론에 대서특필됐다.

에밀은 모니카가 수감돼 있을 때 그녀에게 연락을 시도했다. 처음에는 편지만 보내다가 나중에는 면회까지 갔다. 모니카에게 연민을 느꼈던 에밀은 모니카의 석방을 돕고자 했다. 모니카는 조기 석방된 후에 에밀을 찾아갔고, 나중에는 아예 에밀의 집으로 들어가 살았다.

알비네가 이 젊은 여자의 실물을 본 것은 에밀을 데리러 갔을 때 딱 한 번뿐이었다. 모니카를 처음 본 순간 알비네는 왜 에밀이 모니카를 받아들였는지 알 것 같았다. 모니카는 에밀이 꿈꾸던 에로틱한 여성상 그대로였다. 모니카는 충분히 '육감적인 금발녀'로 불릴 만했다. 알비네의 눈에는 매우 천박스럽게 비쳐졌지만 알비네도 이 이상은 알지 못했고, 에밀은 모니카에 대해 많이 이야기하지 않았다.

에밀은 둘이 육체적 관계를 맺는 사이로 발전했다는 사실을 돌려 말하지 않았다. 이런 일을 비밀로 하는 스타일이 아니었다. 알비네에게도 그랬다. 안타깝게도 그에게 알비네는 그저 누나 같은 존재에 불과했다. 몇 달 전 모니카는 그의 집에서 다시 이사를 나갔다. 동거 생활이 그다지 이상적이지 않았던 게 분명했다. 모니카는 지독하게 게을렀고, 경제적으로도 그를 갉아먹었다. 그래서 모니카가 떠났을 때 에밀은 오히려 기뻐했다고 한다.

내가 다시 현장에 돌아오자, 동료 한 명이 젊고 키가 크면서 억세 보이는 여자 하나가 핑크색 자전거를 타고 벌써 수차례 마당을 왔다갔다했으며 뭔가에 홀리기라도 한 듯 현장을 올려다봤다는 이야기를 해주었다. "그게 왜?" 나는 말했다. "지금도 많은 사람들이 모여서 우리 쪽을 올려보고 있잖아. 그 여자도 다른 사람들처럼 호기심이 있나 보지."

"그럴 수도 있지만 다른 사람들과 뚝 떨어져 있는 게 좀 이상하단 말이야. 눈에 띄지 않고 지켜보고 싶은 것처럼 행동했어. 사람들이 그러는데 그 여자 이름은 모니카고 이 근처에 산다는군."

난 마치 전기충격이라도 받은 듯했다. "바로 그 여자야!" 나는 이렇게 소리치고는 알비네에게 들은 얘기를 동료에게 간략하게 전했다. "그 여자에 대해 알아봐야겠는데. 지금 당장."

* * *

20분 뒤 우리는 핑크색 자전거가 있는 모니카의 집을 찾아냈다. 그녀가 살고 있는 동네는 죽은 남자의 집에서 그다지 멀지 않았고, 다른 사람의 집에 세입자로 지내고 있었다. 초인종 아래에 마티아스라는 이름이 쓰여 있는 게 보였다. 그는 모니카의 현재 애인이자 이 집의 단독 소유주이기도 했다. 전과는 없었고 직업은 운전수였다. 모니카는 경찰에 전입신고를 하지 않은 상태였다. 그래서 우리는 그녀의 신상정보를 몰랐고, 그때까지는 그녀가 '당국의 명물'이라는 사실도 알지 못했다.

우리는 일단 건물 안으로 들어가기 위해 다른 입주자의 초인종을 눌렀다. 성공이었다. 모니카가 사는 집은 복도 오른편에 있었다. 안에서 격앙된 목소리가 들렸지만 무슨 이야기인지는 알아들을 수 없었다. 우리는 현관문을 두드렸다. 마티아스가 현관문을 열어주기까지는 5초도 채 걸리지 않았다. 그는 호리호리했고 나이는 대략 서른다섯 살에 키가 180센티미터 정도돼 보였다. 사흘쯤 면도를 하지 않은 것 같았으며, 짙은 색 머리카락이 어깨까지 닿을 정도로 장발이었다. 아노락(모자가 달린 가볍고 짧은 재킷—옮긴이)을 입고 손에는 여행 가방이 들려 있는 것으로 보아 이제 막 집을 떠나려던 참인 게 분명했다.

2미터 뒤에는 키 크고 억세 보이는 금발의 여자가 복도에 서 있었다. 우리가 강력반 형사임을 밝히자 그녀는 마티아스와 똑같이 소스라치게 놀란 듯 보였다. 하얗게 질린 마티아스는 가방을 바닥에 떨어뜨렸다. 우리는 안으로 잠시 들어가도 되겠느냐고 물었고, 마티아스는 아무 말 없이 뒤로 물러서 길을 터주었다.

"어디 여행을 가시려나 보죠?" 나는 여행 가방을 가리키며 물었다.

"아뇨, 하르에 있는 병원에 가려던 참입니다." 마티아스는 잠시 머뭇거리더니 대답했다. 다른 적당한 대답이 떠오르지 않은 모양이었다.

"아, 하르에요? 무슨 일 있습니까?"

마티아스는 뒤쪽의 여자를 가리키며 그녀가 정신적인 문제가 있어서 치료를 받으러 가려 했다고 말했다. 이제 일이 더욱 흥미로워졌다.

"아니, 무슨 일이신데요?" 나는 재차 물었다.

"그녀가 많은 피를 봤거든요." 그러고는 황급히 이렇게 덧붙였다. "도축장에서요. 같이 도축장에 갔었어요. 모니카의 일자리를 찾는 중인데, 모니카가 안을 살펴보다 피를 보고 지금 완전히 정신이 나간 상태입니다."

그녀가 많은 피를 실제로 어디에서 봤는지는 모르지만, 나는 대충 감을 잡을 수 있었다. 도축장에서 본 것이 아니라는 것만큼은 분명했다. 도축장엔 아무나 들어갈 수 없다는 사실은 차치하고라도 너무 급하게 둘러댄 핑계라는 느낌이 강하게 들었다.

"아, 네." 나는 형식적으로 대답하고는 둘과 따로따로 이야기를 했으면 한다고 청했다. 우리가 그렇게 하고자 하는 이유를 설명하지 않았는데도 둘 가운데 누구도 우리가 무엇 때문에 여기에 왔는지 알려고 하지 않았다. "제 파트너가 마티아스 씨와 방에서 이야기하고, 저는 숙녀분과 잠깐 계단실에서 대화를 나누면 좋겠습니다만……." 마티아스는 고개를 끄덕였고 모니카는 패닉 상태에 빠진 듯한 반응을 보였다. 모니카는 애인에게 붙어서 떨어지지 않으려고 마티아스의 팔짱을 꼈다. 우리는 나쁜 사람이 아니라고, 겁먹을 필요가 전혀 없다고 설득하기까지 꽤 시간이 걸렸다. 마침내 동료는 마티아스와 거실로 갔고, 나는 모니카와 함께 계단실로 갔다. 이곳에서 되도록 빠른 시간 내에 내가 생각했던 스토리에 대한 그녀의 고백을 얻어내야 했다.

"에밀 씨를 아시나요?"

"아니요."

"아까 핑크색 자전거를 타고 에밀 씨의 집 앞을 계속 왔다갔다하면서 올려다보셨잖습니까? 그곳에서 잠시 거주하기도 하셨고요. 그렇지 않나요?"

"그랬었죠. 하지만 그 사건과 저는 아무 상관이 없어요."

"어떤 사건이요?"

"지금 집에 있는 저 사람이 에밀을 살해했어요. 저 사람은 변호사도 있지만 전 아무도 없어요. 저 사람한테 물어보세요.

저 사람이 에밀을 죽였어요. 전 아니에요. 전 그냥 거기에 살았을 뿐이라고요."

우리는 마당으로 나갔다. 나는 순찰차를 불렀고 모니카는 경찰들과 함께 경찰서로 향했다. 용의자로서 자신의 권리에 대해 이야기를 들은 뒤 체포된 상태로 말이다. 순찰차가 막 떠났을 때 동료가 마티아스와 함께 집 밖으로 나왔다. 나는 둘에게 다가갔다.

"마티아스 씨, 당신을 살인 혐의로 체포합니다. 두 손 드세요. 몸수색 좀 하겠습니다." 마티아스는 아무 말 없이 양팔을 옆으로 뻗었고, 동료도 아무 말 없이 그의 몸을 수색하기 시작했다. 나는 둘 중에 누가 더 놀랐는지, 아니 당황했는지 알지 못했다. 나중에야 동료가 더 어리둥절했다는 것을 알게 됐다. 마티아스는 왜 자신이 체포됐는지 즉각 알아차렸고, 그래서 체포되는 이유를 물을 필요가 없었다.

반대로 내 동료는 순식간에 이루어진 모니카의 자백을 상상조차 하지 못했다. 그저 체포한다는 내 말에 로봇처럼 자동으로 움직였을 뿐이었다. 동료가 마티아스의 주머니에서 꺼낸 가죽 열쇠지갑에는 짙은 색의 얼룩이 있었는데, 나중에 죽은 남자와 마티아스 본인의 핏자국인 것으로 드러났다. 명백한 물적 증거였다.

모니카는 모든 잘못을 애인에게 미뤘다. 마티아스는 폭력적이었고 그래서 그녀는 "나의 늙은이"에게 돌아가려 했다. 이에 화가 난 마티아스가 에밀을 흉기로 살해했다는 것이 모니카의 주장이었다. 빗자루는 자신이 한 짓이지만, 그것도 마티아스가 무서워서 그렇게 한 것이라고 했다. "제가 마티아스를 떠나려고 했으니까요." 그래서 그녀는 자신도 공범인 것처럼 행동했고 변명했다. "에밀은 이미 죽은 것이나 다름없었는데 제가 빗자루를 목에 쑤셔 박든 아니든 달라지는 건 없잖아요? 아닌가요?"

집안의 물건들을 가져가자는 것도 마티아스의 아이디어였다고 했다. 마티아스는 수중에 돈이 하나도 없었다. 그게 자신이 에밀에게 돌아가고자 했던 이유 가운데 하나였다고 모니카는 말했다. "마티아스는 실직 상태예요. 실업수당도 더는 받지 못해서 생계보조금을 신청해야 할 형편이었어요. 제대로 된 텔레비전 하나 없었다고요. 저한테 충분히 해주기는커녕 말이죠."

마티아스를 사랑했었느냐는 질문에 아니라고 딱 잘라 대답했다. 그녀는 여태까지 그 누구도 사랑해본 적이 없었다. 마티아스는 성적인 측면에서 에밀보다 나았지만, 큰 의미가 있는 건 아니었다. 욕구를 느낄 때면 그저 몸을 맡겼을 뿐 그 외에는 아무것도 느끼지 못했다.

마티아스는 "나의 모니카"에게 진료를 받게 해주겠다는 약속을 들은 뒤에야 비로소 입을 열었다. 그는 모든 것을 자신이 덮어쓰려 했다. 심지어는 빗자루 건도 자신의 소행이라고 주장했다. 모니카가 이미 범행을 시인했다는 이야기를 해줬는데도 자신의 주장을 굽히지 않았다. "모니카는 아무 짓도 안 했습니다. 모두 다 제가 했습니다." 마티아스가 모니카에게 완전히 빠져 있다는 말을 모니카에게서 들을 수 있었다. 그리고 모니카는 마티아스의 모든 행동이 자신에게는 아무런 의미도 없었다고 덧붙였다.

법의학 연구소에서 부검을 실시하는 동안 이미 둘의 자백이 나왔다. 모니카의 수사를 담당했던 동료는 부검의들과 마찬가지로 그토록 빠른 자백에 매우 놀라워했다. 연구소 측은 남자가 아직 살아 있을 때 빗자루의 자루 부분이 목에 박힌 것이라고 확신했다. 엄청나게 피를 흘린 연부가 이를 증명한다고 했다. 결코 아름다운 죽음이 아니었다. 상당히 고통스러웠을 것이다.

모니카는 인상적인 범죄 전력이 있었다. 특수강도, 감금, 상해, 그리고 성폭행이라는 죄명이 한꺼번에 적용된 범죄였다. 여자 공범 두 명과 함께(모니카는 동성애 성향도 있었다) 시내의 레즈비언 바에 실수로 들어온 젊은 남자 대학생을 일명 'KO 약물'로 기절시켰다. 그런 다음 방으로 끌고 가 침대에 묶어놓은 뒤 사흘간 온갖 '기술'을 총동원해 성폭행했다. 남자가 당시 가지고 있던 물건들을 남김없이 빼앗은 것은 물론 계좌의 돈까지 모두 털었다.

세 여자는 차례로, 때로는 한꺼번에 남자를 그야말로 완전히 무너뜨렸다. 온갖 에로틱하고 변태적인 행위가 총망라된 범죄였다. 반듯한 가정에서 자란 그 젊은이는 죽음의 공포까지 느꼈고 남은 평생 정신적인 고통을 안고 살아가야 했다. 재판부는 이를 감안해 세 명의 여자에게 각각 몇 년씩 징역형을 선고했는데, 모니카는 그나마 3년형을 선고받아 가장 약한 처벌을 받았다. 모니카의 범죄 가담률이 가장 적었기 때문은 아니었다. 정신 능력이 가벼운 정신박약에 가깝다는 법원의 판단 때문이었다. 판결문에 따르면 "모니카는 매우 어리석지만 위험하게 교활하고, 완전히 자아도취에 빠져 있으며, 감정적으로 냉혹하고, 경우에 따라서는 세간에서 흔히 말하는 '이웃집의 룸피'(스피츠라는 독일 개 품종의 하나로, 똑똑하면서도 종족 번식에만 관심이 있는 개를 일컫는 말—옮긴이)처럼 날카롭기도 하다."

* * *

지루한 재판 끝에 마침내 개별적인 범죄 참여도와 정확한 범행 과정이 확정되었다. 마티아스의 변호사가 준 도움도 컸다. 그는 모니카가 자신의 의뢰인을 사랑하지 않았고 그저 이용하기만 했을 뿐이며, 자신의 의뢰인이 그녀를 위해 희생한 것도 그녀는 전혀 인정하지 않는다고 확신했다. 마티아스도 끝내는 이 점을 알아차렸다. 결국 순교자적 역할을 포기하고 진술을 바로잡았다. 물론 자신의 범행 내용도 순순히 인정했다.

마티아스는 사건 당일 모니카가 스탠드바에서 만취하도록 술을 마신 뒤 시간이 꽤 늦었음에도 굳이 "그 노친네"(모니카는 그 호칭 대신 에밀이라고 부르라고 했다)에게 가겠다고 고집을 부렸다고 진술했다. 마티아스를 알기 전까지 그녀는 에밀의 집에서 동거 생활을 했다. 연금을 받으며 지내는 에밀은 마지못해 둘을 집 안으로 들어오게 했고, 둘은 들어가자마자 알아서 냉장고를 뒤져 술을 꺼내왔다. 맥주 세 병을 더 마신 뒤 마티아스는 화장실에 갔고, 모니카는 그의 '연적'과 단 둘이 거실에 남게 되었다. 마티아스는 둘의 대화를 엿듣기 위해 화장실 문을 닫지 않았다. 모니카가 그날 저녁 내내 말도 안 되는 암시를 지껄여댔기 때문이었다.

마티아스가 좁은 복도에서 막 거실로 들어가려는 순간 모니카가 에밀에게 하는 말소리가 들렸다. "나, 다시 이 집에 들어와 살고 싶어요." 그것으로 충분했다. 에밀이 거절하는 말은 마티아스의 귀에 들리지 않았다. 질투심과 회의감이 치솟았다. 자신의 연적을 공격할 만한 그 무엇도 손에 없었던 마티아스는 주머니에서 스위스제 만능 맥가이버 칼을 꺼내 가장 큰 칼을 펼쳤다. 그러고는 거실로 뛰어들어가 어안이 벙벙해하는 에밀을 덮쳤다. 마티아스는 주먹으로 에밀의 머리를 후려치면서 칼날이 어디를 향해 있는지 신경도 쓰지 않고 칼을 그의 몸에 깊숙이 찔러넣었다 뺐다. 분노에 휩싸인 그는 칼날이 접히면서 자신의 주먹과 새끼손가락에 깊은 상처가 난 것도 몰랐다. 말 그대로 아무것도 느끼지 못했다.

에밀은 소파 위로 넘어졌고 도움을 청했지만 아무 소리도 나지 않았다. 에밀은 바닥으로 굴러 떨어진 채 공기를 들이마시기 위해 숨을 헐떡이면서 저항하듯 두 손을 위로 들어올렸다. 하지만 아무 소용이 없었다. 마티아스는 이미 장식용으로 벽에 걸려 있던 오래된 공기총을 꺼내왔다. 마티아스는 두 손으로 총을 들고 바닥에 쓰러져 있는 에밀을 향해 개머리판을 힘껏 휘둘렀다. 마치 기쁨의 춤이라도 추는 것처럼 큰 소리로 웃으며 주변에서 뛰어다니고 있는 모니카 때문에 더욱 자극을 받았다.

"죽도록 때려! 더러운 놈, 죽여버려!" 모니카는 이렇게 소리치며 소파 위로 뛰어올랐다 다시 내려왔다를 반복했다. 에밀은 열려 있는 발코니 문을 향해 조금씩 기어가다가 마침내 힘이 소진된 듯했다. 에밀의 머리는 핏덩어리가 되었고, 목에서는 아직 꾸륵꾸륵 하는 소리가 들렸다. 마티아스도 힘이 빠지면서 개머리판을 내리치는 횟수와 강도가 줄어들었다.

바로 그때 모니카가 행동을 개시했다. 모니카는 구석에 세워져 있던 나무 빗자루를 가져와 자루 부분이 위쪽으로 향하도록 거꾸로 들었다. 그러고는 바닥에 쓰러져 있는 에밀의 목에 온 힘을 다해 자루를 쑤셔 박았다. 그 힘이 얼마나 셌던지 자루 끝부분이 둥글게 처리되었음에도 자루가 후두를 관통해 목을 뚫고 나와 경추에 구멍이 생기고, 경추의 파편들이 목 안에 박혔다. 그러고는 자루가 쓰러지지 않도록 하기 위해 빗자루를 발코니 문으로 죄어 고정시키고 빗자루가 에밀의 목에 잘 박혀 있도록 다시 손을 봤다. 에밀이 얼마나 더 살아 있었는지는 밝혀내지 못했다. 개머리판으로 여러 차례 맞는 순간 생긴 심한 부상으로 숨졌을 수도 있지만, 그때까지 살아 있다가 빗자루 때문에 숨을 거뒀을 가능성도 배제할 수 없었다. 마티아스와 모니카의 범행 동기는 완전히 달랐지만 둘의 합작품임에는 분명했다.

죽은 피해자가 서서히 피를 쏟아내는 동안 둘은 훔쳐갈 만한 것들을 챙기느라 바빴다. “저 늙어빠진 놈은 저 물건 더 이상 필요 없겠네. 저 놈이 내 몸을 그렇게 오래 가질 수 있었던 것도 바로 저것 덕분이지." 모니카는 큰 소리로 웃으며 에밀의 집에 살 때 밤낮을 가리지 않고 온종일 켜놓던 소형 컬러텔레비전을 챙겼다. 심지어 에밀이 그녀의 몸에 잠깐 들어갔다 나오기 위해 매일같이 오럴 서비스를 하는 동안에도 텔레비전은 늘 켜져 있었다. 모니카는 "늙어빠진 영감탱이"가 그녀의 몸 안에 들어와 점점 더 내달리고 있는 동안에도 아무것도 느끼지 못했다. 그 대가로 모니카는 그의 집에 공짜로 얹혀살면서 보살핌을 받고 원하는 만큼 마음대로 텔레비전을 볼 수 있었다. 둘의 암묵적인 합의였다. 에밀이 컬러텔레비전을 산 것도 모니카 때문이었다.

* * *

모니카와 마티아스는 살인 혐의로 종신형을 선고받았다. 법원은 모니카의 경우 모살의 잔혹성을 인정했다. 재판부는 형법전을 인용해 "아무런 감정도 없이 무자비하게, 무엇보다도 그토록 커다란 고통과 괴로움 속에 피해자를 방치하는 것은 잔혹하게 사람을 죽이는 것이다"라고 판시했다. 잔혹성의 요건이 충족됐다는 점에는 그 누구도 이의를 제기하지 못했다. 심지어 모니카의 변호사조차 그랬다. 모니카는 공범의 반응을 두려워해 빗자루를 피해자의 목에 찔러넣은 것이 아니라, 다시 피해자의 집에 들어와 사는 것을 거부한 피해자에 대한 분노와 증오 때문에 그렇게 한 것이다. 그리고 범행 후 값나가는 물건들까지 훔쳐가기로 한 것은 마티아스의 바람이 아니라 모니카의 에고이즘 때문이라고 재판부는 확신했다. 텔레비전에 중독되어 있으나 텔레비전이 없었던 바로 그 사람이 텔레비전을 가져가고자 한 것이 아니냐는 것이 재판부의 판단이었다.

마티아스의 경우 질투심이라는 비열한 동기에 의한 모살 특성이 충족되었으며, 아무것도 모른 채 저항조차 하지 않은 피해자를 공격했다는 점에서 간악성도 인정되었다. 반면 값나가는 물건들을 절도하기로 결정한 시점이 살인을 저지른 후였고, 그것도 모니카가 주도했기 때문에 탐욕이라는 모살 특성은 인정되지 않았다.

# 4
# 여자는 왜 살인을 하는가

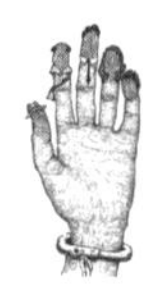

"여성은 누군가에게서 벗어나기 위해 살인하고, 남성은 누군가를 잡기 위해 살인한다." 텔레비전에 출연한 어느 젊은 여성 범죄학자가 한 말이다. 그녀는 아내와 두 아이를 손도끼로 죽인 끔찍하고 비극적인 한 가정사에 대해 이야기했다. 아내가 자신과 헤어지려 한다는 사실에 대한 분노와 회의, 실망에서 비롯된 사건이었다. 이 범죄학자의 이론에 따르면 남자는 "내가 너를 가질 수 없으면 다른 누구도 너를 가져서는 안 된다. 내 아이들도 마찬가지다"라는 모토에 따라 행동한 것이다.

나는 그녀의 말에 공감했다. 지난날을 떠올려보면, 적어도 살인에 관한 한 남자와 여자 사이에는 커다란 차이가 있다. 대부분 살인 동기에서 차이가 난다. 범행을 실행하는 방법이나 방식은 크게 다르지 않다. 살인을 저지르는 대다수는 남성이며, 버림받는다는 사실을 견디지 못해 가장 가까운 사람을 죽이는 경우가 많다. 이 가운데 상당수는 범행 이후 자살을 기도했다.

내가 수사를 맡았던 100여 건의 살인사건 중에 여성이 범인인 경우는 약 15건이었다. 내 경험에 국한된 15퍼센트라는 비율은 독일 전역의 통계 수치와도 상응하는 것이다. 이 자료에 따르면, 전체 살인 범죄(모살, 고살, 폭행치사)의 10~15퍼센트 정도가 여성에 의해 자행되었다. 이는 반대로 전체 살인 범죄의 85~90퍼센트는 남성에 의해 발생한다는 뜻이다. 여성해방이니 남녀평등이니 해도 공격과 폭력은 여전히 남성의 전유물이나 마찬가지인 셈이다.

그렇다면 여성은 남성보다 덜 폭력적이고, 덜 공격적이고, 덜 위험할까? 모든 여성들이? 그렇지는 않다. 여기에도 당연히 예외는 있다. '예외'라고 굳이 밝히는 것은 다른 사람에게 육체적으로 폭력을 가하는 일이 여성의 본성과는 거리가 멀기 때문이다. 그러나 여기에도 다시 예외가 있다. 유아 고살이 바로 그것이다. 유아 살인의 경우에는 대부분 여성이 범인이다. 독일 형법 제217조(유아 고살)가 형법 제211조(모살)와 제212조(고살)에 통합됨으로써 유아 고살이라는 죄목이 더 이상 존재하지 않긴 해도 유아 고살과 유아 모살은 구분해야 한다.

앞에서 이야기한 여성 살인자 열다섯 명 가운데 다섯 명은 친자를 살해하거나 살해를 기도한 경우였다. 왜 어머니가 아이를 죽이는지가 궁금하다면, 전쟁 이후를 회상해보는 것이 도움이 될 것이다. 1945년 5월에서 1950년 12월 사이 뮌헨에서만 375건에 달하는 살인사건과 약 170건의 살인기도 사건이 벌어졌다. 살인기도 사건보다는 실제 살인사건이 훨씬 더 많았는데, 이는 매우 이례적인 것으로 피해자의 대다수가 어린아이였다는 것과도 관련이 있다. 어린아이는 손쉽게 희생자가 될 수 있으며, 일단 부상을 입으면 생존할 가능성이 매우 낮다. 저항조차 하지 못하는 신생아는 약간의 폭력만으로도 죽음에 이를 수 있다. 과거에 유아 살인은 자신의 아이가 극심한 궁핍으로 굶어죽거나 다른 고통을 겪으며 죽어가는 것을 지켜보기 힘들 때 일어나는 경우가 많았다.

이와는 달리 탈출구가 없어 보인다는 것이 살인 동기가 되는 사례도 있다. 1950년을 예로 들면 당시에는 고살 희생자 수가 불과 30명에 지나지 않았는데, 역시 희생자의 절반은 어린아이였다. 그러나 살인 동기는 아이가 굶어죽는 것을 지켜보기 괴로워서가 아니라, 완전히 다른 '필요'에서였다. 아이를 죽인 많은 여성들은 남편의 구속에서 벗어나기를 원했고, 자신에게 다른 남자가 생긴 사실을 남편이 눈치 채고 있다고 생각한 경우도 적지 않았다. 말하자면 이들은 냉혹한 살인녀라고나 할까?

이렇게 끔찍한 우리의 과거를 소름끼쳐 하지 않을 사람이 과연 얼마나 되겠는가. 하지만 오늘날 유아에 대한 폭력 양상이 과거보다 더 나아졌다고 감히 말할 수 있을까? 아니 사실은 정반대다! 전쟁 직후에는 사람들이 '급성' 공황 상태에 빠져 있었다. 하지만 현재 우리는 복지사회에 살고 있다. 이제 우리는 2008년 한 해에만 해도 1만 9,000명에 이르는 14세 미만 아이들이 괴롭힘을 당하고, 구타당하고, 폭력으로 억압받고 있다는 독일경찰연맹BDK의 통계수치에 대해 다시 한 번 곰곰이 생각해봐야 할 것이다. 지난 10년 사이 무려 두 배나 증가한 수치다. 여기에는 성적으로 학대당하고 있는 수천 명의 아이들은 포함되지도 않았다. 어린이 포르노그래피 사진 한 장 한 장은 성폭력을 당한 어린이의 숫자를 의미한다. 소아성애자들과 소년을 상대로 한 남색자들, '네트워크 상의 자유'를 부르짖으며 거리로 나서는 이른바 데이터 보호론자들은 이런 사실을 잘 기억해 두어야 할 것이다.

2008년 독일에서는 어린이 188명이 폭력에 노출되어 목숨을 잃었는데, 이 가운데 120명이 6세 미만이었다. 대부분 머리를 구타당해 숨졌고, 부모가 방치하여 아사로 죽은 경우도 있다. 독일처럼 문명화됐다고 하는 국가에서 매주 평균 두세 명의 아이가 폭력으로 죽음을 맞고 있다는 사실은 부끄러운 일이 아닐 수 없다. 그렇다면 아이들은 어디에서 죽음을 맞이하는 것일까? 가장 평화롭고 안전하다고 느껴야 할 곳, 바로 가족이나 가까운 주변인들의 곁이다. 전체 사건의 99퍼센트는 '교육과는 담을 쌓은 불안정한 가정'에서 벌어지고 있다. 이런 비극을 막기 위해 무엇을 해야 하는지를 두고 이미 오래 전부터 격렬한 토론과 공방이 있어왔다. 하지만 사건이 일어날 때마다 우리는 이를 막을 수 있는 방법이 아무것도 없다는 사실을 뼈저리게 실감한다.

* * *

모성애는 우리가 알고 있는 사랑 가운데 가장 강력한 형태다. 그래서 자기가 낳은 아이를 사랑 없이 냉혹하게 대하는 엄마가 존재한다는 사실은 언제나 세상을 떠들썩하게 한다. 모성애를 발휘하는 '여성의 본성'에 반하는 것이기 때문이다. 그러나 다행히도(이 사실을 잊어서는 안 된다) 이런 태도를 보이는 여성은 절대적으로 예외에 속한다. 내가 직접 담당했던 사건들 가운데 왜 여성이 자신의 친자를 죽이는지 그 동기를 다각도로 보여줄 수 있는 사례 몇 가지를 제시해보도록 하겠다.

이제 막 두 번째 임신을 한 젊디젊은 터키 여성이 있었다. 그녀는 뮌헨 기징 지역 한가운데에 있는 커다란 임대주택의 작은 방 안에 2년 동안이나 죄수같이 갇혀 지냈다. 폭력적인 남편이 한 짓이었다. 어느 누구와도 접촉할 수 없어서였을까. 그녀는 한 살 된 자신의 아이를 욕조에 빠뜨려 익사시켜버렸다. 그리고 헤어드라이어를 이용해 자신도 목숨을 끊으려 했지만 다행인지 불행인지 살아남았다. 그녀는 과연 살인자일까? 아이의 아버지이자 그녀의 남편은 겉으로 얼핏 보기에도 매우 폭력적이었다. 내게 고래고래 소리를 지르며 자신의 가정사니 경찰이 끼어들 문제가 아니라고 했다. 나는 구속돼야 할 사람은 회의감에 빠진 그녀가 아니라 바로 이 남자라고 생각했다. 그녀는 결국 정신병원에 입원했다.

한 젊은 여성이 세 살짜리 아들과 목숨을 끊으려 했다. 다른 여자가 생긴 남편에게 버림받은 그녀는 더 이상 아무런 희망이 없었다. 작지만 신성했던 그녀의 세상은 하루아침에 무너져버렸다. 욕조에 물을 받은 뒤 헤어드라이어로 감전을 시켜 아들을 살해한 그녀는 그 과정에서 자신도 중상을 입었지만 가까스로 살아남았다. 나중에 그녀는 이야기를 나눌 대상이 단 한 사람도 없었다고 말했다. 자신은 버려진 쓸모없는 존재였으며, 그래서 부끄럽고 죄스러웠다고 했다. 그녀는 과연 살인자일까?

한 의대생이 아무도 모르게 임신을 했고 그 사실을 누구에게도 알리지 않았다. 10개월 동안 임신 사실을 숨겨왔던 그녀는 홀로 욕조에서 아이를 낳았다. 그러고는 사산을 했다고 주장했다. 그녀는 그 작은 시신을 트렁크에 넣어 튀링겐 주에 있는 부모님 댁 다락방에 버려두었고, 석 달 뒤 그녀의 아버지가 우연히 시신을 발견했다. 그것이 자신의 친손자인 줄은 꿈에도 모른 채 말이다. 아버지가 경찰에 신고하면서 이 사실이 세상에 알려졌다. 그녀는 범행을 자백했지만, 사산했다는 주장만큼은 굽히지 않았다. 그 말이 거짓이라는 사실을 증명할 수 없어서 조사가 중단되었다. 시신을 왜 부모님 댁에 갖다놨는지는 그녀 자신도 설명하지 못했다.

손자가 태어났음에 기뻐하고 손자를 끔찍이도 아껴줬을 그녀의 부모는 세상이 무너져내리는 것 같았다. 태어나자마자 죽은 아이는 이른바 '원 나잇 스탠드'로 생겼고, 아이의 아버지가 누구인지조차 알지 못했다. 그녀는 임신 사실을 왜 비밀로 했는지, 왜 낙태를 하지 않았는지도 정확히 설명하려 하지 않았다.

그녀는 살인자일까? 그리고 그 아이는 정말로 살아 있었을까?

아무런 근심 걱정 없는 환경에서 살아온 젊은 여성이 온 가족의 축복 속에 아이를 낳았다. 그런데 병원에서 퇴원해 집으로 돌아와서는 아이를 이불로 둘둘 말아 숨을 쉬지 못하게 했다. 아이가 쉬지 않고 울어댔기 때문이라는 이유였다. 모든 것이 완벽하기를 바랐던 이 젊은 여성은 엄마로서 해야 할 자신의 임무가 제대로 수행되지 않자 스스로를 실패자로 여기게 되었다. 불안정한 감정 상태에서 순간적으로 생각해낸 대책이 아이의 얼굴을 이불로 덮어 우는 것을 중단시키는 것이었다. 하지만 그녀는 이내 정신을 차렸고 즉시 구급차를 불렀다. 다행히 아이는 아무런 후유증 없이 생존했다. 재판부는 그녀가 임신성 정신병이라 판단했고, 사법적 경고를 내리는 것으로 사건을 마무리 지었다. 이 젊은 여성은 이후 좋은 엄마, 무엇보다 아이의 양육에 최선을 다하는 엄마가 되기 위해 애썼고 아이는 축복받은 삶을 누릴 수 있었다.

약물 중독자인 열일곱 살 소녀가 간이음식점 화장실에서 아이를 출산했다. 그러고는 신생아를 비닐봉지에 넣어 쓰레기통에 버린 후 열차를 타고 뮌헨에서 뉘른베르크로 갔다. 얼마 안가 아이가 발견됐지만 안타깝게도 이미 죽은 뒤였다. 나중에 아이의 폐를 살펴본 결과, 아이가 태어날 당시에는 살아 있었고 건강했음이 드러났다. 그녀는 아무런 도움 없이 둔위분만(태아의 머리보다 엉덩이 쪽이 먼저 나오는 분만으로, 정상적인 분만에 비해 산모나 태아에 미치는 위험이 매우 높다—옮긴이)을 했고, 그 어떤 산후 조리도 하지 못했다. 그녀의 생활 환경은 너무 끔찍해서 도움을 받을 생각은 꿈에도 하지 못했다. 행여나 어떤 시설로 끌려가지 않을까 하는 두려움만 가득했다. 그녀가 과연 살인자일까?

아이의 아빠 또는 엄마의 (새로운) 연인이 아이를 학대하고 살해한 경우는 특별히 별도의 주제로 언급하지 않겠다. 물론 이런 엄마들 중 일부는 연인과의 관계를 친자식보다 더 중요하게 여겼다는 죄책감을 느끼고 있다. 하지만 우리를 분노하게 하고 뻣뻣한 범죄학자, 법률가, 법의학자까지도 눈물을 쏟게 하는 사건도 있다. 두 살밖에 되지 않은 한 여아가 엄마의 젊은 애인에게 상상조차 할 수 없는 끔찍한 방법으로 괴롭힘을 당하다가 고통스럽게 죽음을 맞은 사건이다. 애인이라는 자는 자신이 본 적도 없는 아이의 생부에게 질투심을 느꼈다.

자그마한 아이의 몸은 성한 구석이라고는 없을 정도로 상처투성이였다. 사방에 담뱃불로 지진 흔적이 있었고, 시신을 부검한 결과 뱃속에서 딱딱하게 굳은 꽁초가 수도 없이 나왔다. 아이가 병원 화장실에 버려진 채 마지막 가쁜 숨을 몰아쉬다가 마침내 눈을 감기까지 얼마나 고통스러웠을지 짐작이 간다. 범인에게 상해치사 혐의로 징역 6년이라는 비교적 가벼운 처벌이 내려지자 많은 사람들이 우리 사회에 정의가 존재하는지 의심하기 시작했다. 다행히 연방법원은 독일 전역을 발칵 뒤집어놓은 이 판결을 파기했고, 뮌헨 법원이 범인과 아이의 엄마에게 종신형을 선고했다.

* * *

모자관계에서 벗어난 살인 동기를 가진 사례도 있다. 다음에 나오는 사례들은 여성의 전형적인 범행이 아니라는 점을 염두에 두기 바란다. 나는 이 사건들 가운데 어느 하나도 남성이 똑같은 동기로 그렇게 할 수 있으리라고 생각하지 않는다.

한 여성이 자식 여섯을 버리고 새로운 연인과 함께 사라졌다. 이 여성은 연인에게 성적으로 사로잡힌 상태였다. 남자는 그녀의 아이들에게는 눈곱만치도 관심이 없었지만, 그녀의 남편이 가진 결코 적지 않은 재산에는 흥미가 있었다. 그래서 여자는 자신의 목적을 달성하기 위해 선량하기 그지없는 남편을 유혹해 시내의 한 식당으로 불러내 쥐약을 듬뿍 섞은 밀크셰이크를 마시도록 했다. 쥐약은 그녀의 연인이 터키에서 밀수해온 것이었다. 남편은 아무런 의심 없이 음료를 쭉 들이켰고 지하철역까지 걸어갔다. 쥐약을 마신 남편은 갑자기 구토를 하기 시작했는데, 운 좋게도 그곳이 막스베버 광장이었다. 국립 뮌헨의대 부속병원이자 세계적으로 유명한 독물학 부서가 있는 '이자르 강변 우측 병원(Klinikum Rechts der Isar)'이 있는 바로 그곳 말이다. 남편은 고통스러운 죽음을 가까스로 면했다. 그녀와 그녀의 연인은 종신형을 선고받았다. 연인과 홍청망청 살기 위함이 그녀의 범행 동기였다. 그녀는 살인자였다.

터키 국적을 가진 한 남자는 30년 동안 근면성실하게 일하고 절약하며 생활해왔다. 그는 걸핏하면 싸우려드는 아내와 이혼을 하려 했고, 물론 그에게는 새로운 연인이 있었다. 남자는 오랜 세월 어마어마한 재산을 모았는데, 상당 부분을 터키에 투자한 상태였다. 남자는 이 재산을 열두 살 된 딸과 열네 살 된 아들에게 양도하려 했다. 욕심 많기로는 지지 않는 아내는 여기에 동의하지 않았다. 그녀는 남편의 애인이 이 재산을 가질 수도 있다고 의심했다. 그래서 터키에 살고 있는 친정아버지를 통해 살인청부업자 두 명을 고용했다. 이들은 뮌헨으로 와서 그녀가 이미 구워삶아놓은 '목표물'의 친한 친구에게 목표물을 정해진 장소로 유인하도록 했다.

범행 당일 밤, 이 못된 친구는 자신의 집에 아무것도 모르는 남자를 불러들여 술을 권했다. 남자의 저항을 줄이기 위한 것이었다. 그리고 자정 무렵 남자를 집으로 돌려보냈다. 그곳에는 이미 살인청부업자들이 그를 기다리고 있었다. 이들은 자신들의 임무를 수행했다. 말 그대로 '프로'였다. 이들은 희생자의 거실에서 그가 들어오기만을 기다리고 있었다. 열쇠는 여자에게 이미 받아놓았다. 보다 효과적인 '깜짝 선물'을 위해 복도의 백열전구는 돌려서 빼놓았고, 남자가 도망가지 못하도록 거실 문도 잠가둔 상태였다. 남자가 들어섰을 때 이들 중 한 명이 남자를 흉기로 찔렀다. 다른 한 명은 뒤에서 망치로 두개골을 가격했다.

수사관의 격려로 열네 살 아들이 엄마의 품에서 벗어나 사실을 밝힘에 따라 남자의 아내가 경찰서로 연행되었다. 터키 국적의 여성이 독일에서 종신형을 선고받은 최초의 사례이자 유일무이한 사건이다. 그녀의 '조력자의 조력자'인 남편 친구는 방조죄로 징역 14년을 선고받았다. 그는 고작 8만 마르크 때문에 절친한 친구를 말 그대로 흉기에 내맡겼다. 터키에서 온 살인청부업자들은 끝내 조사를 할 수 없었다. 살인을 청부한 여자의 동기는 바로 탐욕이었다. 그녀는 남편의 돈을 취하고자 남편을 놓아주려 하지 않았다.

믿기지 않을 정도로 '구닥다리'인 부유한 여성이 있었다. 승마장을 상속받은 이 여성은 지독하게 게으르고 무위도식만 하는 연인과 늘 싸우며 지냈다. 여느 때처럼 또다시 대판 싸움이 붙은 날, 남자는 불같이 화가 난 상태에서 자전거를 타고 승마장에서 나갔다. 남자 못지않게 화가 난 여자는 벤츠 S500을 시속 80킬로미터의 속도로 몰고 쫓아가 그를 받아버렸다. 남자는 산길에서 굴러 떨어졌고, 심각한 부상을 입은 채 가문비나무에 부딪쳤다.

사건 직후 그녀는 인맥을 동원해 사건을 조작해서 교통사고인 것처럼 위장하려 했다. 그러나 이를 의심한 사고조사반이 형사들에게 연락을 하면서 사건의 전말이 밝혀졌다. 여자에게는 살해기도 혐의가 적용돼 징역 4년이 선고되었다. 그녀는 범행 당시 만취한 상태였다. 나중에 그녀는 그 '놈팡이'와 결혼을 했는데, 자신이 죽이려고까지 했던 남자와 결혼한 여자가 행복했는지는 모르겠다. 여자의 범행 동기는 이기주의, 사리사욕, 분노였다.

네 살 때부터 친부의 성폭행을 견디며 자란 젊은 여성이 있었다. 그녀의 어머니도 이 사실을 알고 있었고, 그녀에게는 믿을 수 없이 끔찍한 생활의 연속이었다. 그녀가 열여섯 살이 되던 해 아버지가 죽으면서 마침내 '순교자적 삶'에서 벗어날 수 있었다. 이후 그녀는 나이 많은 남자와 결혼했는데, 착하긴 했지만 권위적인 동시에 마조히즘 성향을 가진 사람이었다. 견디다 못한 여자는 주말만 이곳에서 보내게 해달라며 어머니에게로 도망쳐갔다. 그런데 어머니가 딸을 받아주려 하지 않으면서 싸움이 일어났다. 말다툼 끝에 딸은 당신도 오랜 세월 아버지의 성폭행 사실을 알고 있지 않았느냐는 말을 하게 됐고, 이에 대해 어머니는 이렇게 반박했다. "너도 그걸 원했었잖아!"

분노가 머리끝까지 치민 딸은 목욕가운의 허리띠를 이용해 어머니를 질식사시켰다. 그녀는 징역 1년 6개월을 선고받고 수감생활을 하면서 정신 치료와 함께 따뜻한 보살핌을 받았다. 그녀의 인생에서 처음으로 행복한 시간이었다. 그녀의 범행 동기는 '블랙아웃'이었다. 그녀는 이제껏 내가 만나본 피의자 가운데 가장 솔직한 사람이었다. 아무것도 미화하려 하지 않았고 자신의 행동을 뼈저리게 후회했다. 그녀 역시 피해자였음에도 불구하고 말이다.

그녀는 일종의 '노예'였다. 청소부이자 요리사, 베이비시터, 급사의 역할을 동시에 도맡아 해야 했던 그녀는 폴란드에서 건너왔다. 일주일에 7일, 하루 24시간을 일했다. 건강보험에도 가입돼 있지 않은 불법 체류자였다. 그녀의 '여주인님' 역시 폴란드 출신이었다. 젊고 매우 이국적인 미모를 자랑했던 여주인은 열여섯 살에 마흔 살이 넘은 남자와 결혼했다. 남자는 오스트리아 빈의 명문가에 입양된 '찌질이'였다. 그녀는 자식 두 명을 낳아줬는데, 둘 다 심각한 행동장애가 있었다. 그리 놀라운 일은 아니었다. 그러던 어느 날 스무 살밖에 되지 않은 이 백작부인이 서른네 살이나 된 폴란드 출신의 이 '신데렐라'에게 도둑질을 했다고 뒤집어씌우며 경찰에 신고해버리겠다고 위협했다. 그동안 뼈 빠지게 일한 노동의 대가로 돌아온 이런 협박에 그녀는 커다란 부엌칼을 손에 쥐었다. 그러고는 백작 부인을 대략 마흔 번 정도 찌르고 도망쳤다.

(많은 빚을 지고 있는) 백작은 벤틀리를 타고 빌라 앞에 당도했는데, 교통 통제를 하는 경찰에게 자신의 집 안에서 여자 한 명이 흉기에 찔려 사망했다는 이야기를 듣고는 피해자가 어떻게 생겼는지부터 물었다. 경찰의 대답을 들은 그는 별일 아니라는 듯 "그렇다면 아마 내 부인인 것 같군요" 하고 말했다. 집에는 여자가 두 명밖에 없는데 한 명은 금발, 즉 베이비시터고 나머

지 한 명은 검은색 머리이기 때문이라는 설명이었다. 후자가 바로 자신의 아내라고 했다. 그는 마치 현관 열쇠와 창고 열쇠의 차이를 설명하듯 무미건조하게 말했다. 범인은 마이크로버스를 타고 독일을 떠나기 직전에 붙잡혔다. 그녀는 여주인을 죽였다는 사실은 자백했지만, 정말로 물건을 훔쳤는지는 말하지 않았다. 그녀에게 종신형이 선고됐다. 살인 동기는 범죄 행위의 은폐, 그리고 심한 굴욕감으로 인한 뿌리 깊은 증오심이었다.

* * *

행위의 결과만을 놓고 볼 때, 살인범의 성별에 따른 차이는 거의 없다고 할 수 있다. 어떤 사람이 여성에게 목 졸려 숨졌든 남성에게 목 졸려 숨졌든 그 결과는 다르지 않다. 물론 그 행위를 어떻게 이행했는지에는 차이가 있겠지만 말이다. 입법부는 사람을 죽이는 방식 가운데 특히 잔혹성과 간악성이라는 두 가지 특성을 더 무겁게 다룬다. 여성이 남성보다 더 잔혹한지, 반대로 남성이 여성보다 더 잔혹한지에 대해서는 그 어떤 통계 자료도 내 개인적인 경험 자료도 없다. 고작해야 추측이나 일반화만 가능할 뿐인데, 여성들이 더 잔혹하게 행동할 수 있다고 일반화하여 결론을 내리는 사례가 많다. 물론 말도 안 되는 이야기다!

간악성이라는 모살 특성을 이야기할 때 자연스레 여성을 떠올리기 쉬운데, 여기에는 나름대로 이유가 있다. 독극물을 이용한 살인은 오래 전부터 내려오는 방법으로, 여성들은 이 방법을 매우 사랑했다. 그렇다고 여성들이 아무 생각 없는 '이판사판식' 남성들보다 훨씬 더 교활하고, 살인 아이디어가 풍부하며, 음험하다는 뜻은 아니다. 그저 독극물을 이용해 사람을 죽이는 것이 굳이 힘을 사용하지 않고도 가능하기 때문일 뿐이다. 남성들은 범행 수단으로 간악한 독극물을 선택하는 경우가 적은 데 비해(남성들은 옛날에도 그랬지만 지금도 칼을 이용하는 경우가 압도적으로 많다) 여성들은 대부분 독극물, 그중에서도 쥐약이나 E605(살충제의 일종—옮긴이)를 많이 선택한다.

사실 독극물을 이용한 살인은 현저하게 감소하는 추세다. 독극물은 19세기 중반까지만 해도 인체에서 증명해내기가 거의 불가능했지만, 의료기술이 발달하면서 이제는 상세한 성분 분석까지 가능해졌기 때문이다. 어떤 독극물이 아직까지도 식별 불가능한지는 함구하도록 하겠다. 괜한 '추천'을 해주고 싶지 않으니까 말이다. 독극물에 노출되면 피해자는 매우 고통스러운 죽음을 맞게 되며, 범인의 모살 특성은 단순히 '간악성'에 그치지 않고 '잔혹성'도 충족하게 된다. 이러한 범죄의 대상으로는 귀찮고 성가시기만 한, 그래서 버리고 싶은 남편인 경우가 대부분이다. 부부 사이의 폭력, 질투심, 또는 새로 생긴 연인, 상속 재산 등이 직접적으로 범행을 유발하는 원인이 된다. 여성 살인자와 관련해 흔히 간과하는 것은 이른바 배후조종형 살인이다. 여성들이 뒤에서 살인을 지시하는 경우가 우리에게 알려진 것 이상으로 많다. 이러한 살인 유형이 많이 알려지지 않은 것은 살인을 지시하거나 조종한 여성이 아예 밝혀지지 않거나 이를 증명할 길이 없기 때문이다. 남성들은 여성에게 예속되어 있을 경우 쉽게 여성의 도구로 전락하기 쉽다. 내 개인적인 통계자료에서는 독극물 살인범으로 여성이 체포된 경우는 한 건인데 비해, '더러운 일'은 남성이 처리하고 여성이 일을 계획하거나 뒤에 물러나 조종한 경우는 수없이 많았다. 이런 남성들의 상당수는 자신이 이용당했다는 사실을 받아들이지 않으려 했다. 우리끼리는 이런 남성들을 가리켜 '여성의 손아귀에서 놀아나는 멍청이'라고 부른다.

이런 남성들 대부분은 모든 죄를 혼자 뒤집어쓰려고 했으며, 이들의 눈과 귀를 열어놓기까지 오랜 시간 설득을 해야 했다. 대표적인 사례는 바로 배우인 귄터 카우프만 사건이다. 그는 자신의 담당 세무사이자 출자자를 살해한 범인이 자신의 아내가 보낸 사람이라는 사실에 대해 끝까지 모른다고 주장했다. 그는 아내를 보호하기 위해 15년이나 되는 세월을 감옥에서 보냈다. 사건의 배후에 아내가 있다는 사실을 그가 정말 알지 못했다면 그는 도대체 무엇으로부터 아내를 보호하려 했던 것일까? 아내가 죽고 나서까지 그녀를 보호하려 했던 이유도 그만의 비밀로 남아 있다.

간악성이라는 모살 특성이 여성 적대적이라고까지 표현되는 또 다른 이유는 우리에게 충동 행위라고 알려져 있는 범행 방식 때문이다. 냉혹하게 철저히 미리 계산한 모살이 아니라, '현장에서 순간적으로 범행을 저지르게 된' 우연한 사건이기 때문에 감정이 상황을 악화시켰다는 것이다. 이런 사건을 고살 기도로 기소할 것인지 완료된 고살로 기소할 것인지는 지금도 논란이 되고 있다. 일반적으로는 언쟁이 발생해 몸싸움으로 이어지고 심각한 부상이 발생한다. 가장 많이 사용되는 범행 도구는 부엌칼이다. 두 번째로 많이 볼 수 있는 범행 방법은 목에 물리적인 힘을 가하는 것이다(교살). 세 번째는 물건을 사용해 가격하고 짓밟는 것이다.

자연은 남성에게 육체적으로 여성보다 강한 힘을 허락함으로써 남성이 늘 '전면'에 나서도록 해놓았다. 남성들은 상대 여성이 뒤돌아설 때까지 기다릴 필요가 없다. 거의 대부분 전면에서 공격한다. 이들이 술에 취해 있었거나 충동적으로 행동했다고 하면, 대부분은 모살이 아닌 고살 혐의로 형을 선고받는다. 반대로 여성은 물리적인 힘에서 자신들보다 우위에 있는 남성이 등을 돌렸을 때에야 비로소 공격을 가하게 되고, 이로써 상대가 저항할 수 없는 상황을 악용했다고 판단해 간악성이라는 모살 특성의 정황을 충족시킨다. 모살 특성이 충족된 경우에는 종신형을 선고받을 가능성이 높다. 불공정하다고 생각하는가? 사법부도 이런 사실을 이미 잘 알고 있을 테니 공정하게 판단하리라 믿을 수밖에 없다. 그래도 신중을 기하기 위해 나는 강연을 할 기회가 있을 때면 참석한 여성들에게 만에 하나 그런 일이 생기면 꼭 정면에서 공격하라고 조언한다. 이 조언은 언제나 감사와 열렬한 환영을 받는다. 나도 여성들을 좋아한다.

모든 폭력 범죄의 약 80퍼센트는 알코올 섭취에 의해서 일어난다. 술이 없다면 경찰의 일도 절반으로 줄어들 것이다. 단순한 교통사고부터 살인 범죄에 이르기까지 여러 분야에 적용된다. 남성들뿐 아니라 (점점 더 많은) 여성들에게도 해당되며, 유감스럽게도 청소년과 어린이까지도 포함된다.

I HATE LOVE
LOVE HATE ME
GIVE ANY MORE
I WANNA KNOW WHAT'S INSIDE YOU
Going to HELL
THE hurt in side is fading
BRING IT DOWN
Break it down
LAST DAY
HERO
MASSACRE
BLIND
GUILTY
EAT YOU AL
gonna break it
SUCK
SMELL
Feeling

# 5
# 살인 욕구

하루 종일 고된 업무에 시달린 만프레드 박사는 퇴근 후 사우나에 들러 피로를 풀기로 했다. 이비인후과 의사인 그는 사우나를 마치고 밤 열한 시가 조금 넘은 시각에 집으로 향했다. 딱히 산책을 즐길 만한 쾌청한 날씨는 아니었지만 걸어서 가보기로 했다. 쌀쌀하고 부슬비가 내리는 영락없는 가을 날씨였다. 운동 가방을 어깨에 메고 넓은 보행자 길을 따라 도심 반대 방향으로 걸어가는 동안 거리는 쥐죽은 듯 조용했다. 그는 미하엘리바트 지하철역을 지나 오스트 공원 초입으로 연결되는 작은 정원으로 향했다.

보행자용 지하도의 가로등은 형광등이 나간 곳이 많아 어두침침했다. 대략 50미터 정도 되는 터널 속은 유령이라도 나올 것처럼 을씨년스러웠다. 하얀 타일을 붙인 터널은 벽 곳곳이 그라피티로 장식되어 있었고, 부서진 타일 조각들이 많았음에도 마치 영안실 같은 느낌이 들게 했다. 불쾌한 기분이 드는 그곳은 오줌 냄새가 진동했다. 만프레드 박사는 위로 올라가는 출구 쪽 계단에 다다랐다. 그는 분명 뒤에서 다가오는 빠른 발소리를 들었을 것이다. 어쩌면 그는 자신을 외투로 감싼 뒤 흉기로 찌른 남자의 얼굴을 보았을지도 모른다. 바닥에 쓰러진 만프레드 박사는 15분에서 20분 내에 사망했을 것이다. 정확한 사망 시각은 누구도 알지 못했다.

* * *

젊은 부인은 걱정에 휩싸여 있었다. 시계바늘은 새벽 한 시를 가리키고, 사우나는 이미 문을 닫은 지 오래였다. 남편이 집에 돌아오지 않고 있었다. 너무나 이상한 일이었다. 아무 말도 없이 늦은 시간까지 외출하는 남편이 아니었기 때문이다. 그가 이 시간까지 집에 돌아오지 않을 이유가 없었다. 남편은 휴대전화를 가져가지 않았고, 친구나 지인의 집에 전화를 해봐도 그의 행방을 아는 사람은 없었다. 결국 그녀는 집 주변에 있는 경찰서에 전화를 걸었다.

전화를 받은 경찰은 매우 친절하고 이해심이 많았다. 그는 경찰차를 출동시키겠다고 했다. 경찰은 30분 만에 만프레드의 변사체를 발견했다. 시신은 넓은 지상 도로로 연결되는 보행자 지하도의 북쪽 계단 아래에 있었다. 시신 아래 흥건히 고인 피는 이미 상당 부분 응고되어 있었으며, 지문의 흔적은 전혀 찾아볼 수 없었다. 다행히 경찰 두 명이 개인 휴대전화를 이용해 즉시 사진을 몇 장 찍었다. 사진의 질이 수사에 적당한 수준은 아니었으나 시신의 위치와 피가 고인 본래 위치를 기록해둘 정도는 되었다.

응급의는 사망 사실을 확인하고 사망의 종류를 '비자연사'로 기록했다. 그는 사망 원인을 "단도를 이용한 여러 번의 흉부 가격으로 인한 신체 내외부 출혈"이라고 기재했다. 응급의는 그가 죽은 지 그리 오래 되지 않았을 거라고, 길어야 두 시간에서 네 시간 이내일 것으로 추정했다. 수색대가 출동했다.

목격자는 없었다. 지역적 특성을 고려하면 당연한 일인지도 모른다. 그러나 수색대는 지하도에서 구조를 요청하는 외침이 지하도 출구부터 주변의 주택가에까지 들렸을 수도 있다는 가정으로 주변의 집을 모조리 방문해 현장조사를 벌였다. 조사를 받게 된 사람들은 사건 정황을 설명하자 한밤중의 방문에도 큰 거부감을 보이지 않았다. 하지만 그 누구도 무언가를 듣거나 보지 못했다. 경찰 수사대는 시신 발견 후 사건 발생지 주변에 있는 사람을 대상으로 검문을 하는 일반적인 범인 추적을 개시했다. 하지만 결과는 매우 초라했다. 현장 근처의 아파트 뒤뜰의 쓰레기장에서 자고 있던 노숙자 외에는 아무것도 발견하지 못했다. 잠에 취해 있던 그를 깨우자 그는 알아들을 수 없는 말을 지껄였다. 개인 신상을 조회해보니 이름은 프란츠였고, 62세의 나이에 거주지는 일정하지 않았다. 그는 누군가를 습격해 살해할 만한 사람으로 보이지 않았다.

수색대는 지하도의 낮은 조도 때문에 대형 조명차를 요청했다. 그날 밤 수색대는 범행에 사용된 칼을 찾아 현장 주변을 뒤졌다. 이러한 수색 작업은 한시도 지체해서는 안 된다. 범행 후 버려진 칼을 찾을 경우 추가적인 증거를 확보할 수 있을 뿐더러, 다른 사람이 우연히 그 흉기를 찾으면 중요한 단서를 놓치게 되기 때문이다. 범인이 범행 후 범죄의 증거(Corpus Delicti)를 찾기 위해 범행 현장으로 되돌아오는 일도 종종 발생한다. 하지만 역시 흉기도 지문도 그 무엇도 발견되지 않았다.

이러한 상황에서 제기할 수 있는 첫 번째 질문은 그는 우연한 희생자였을까, 관계성 범행일까 하는 것이다. 나의 멘토는 늘 이렇게 말했다. "우리는 어떤 상황도 배제할 수 없다. 내일 세계가 멸망한다는 사실조차도." 노련한 수사관들은 추정이나 억측을 피하고 결론을 이끌어내는 데 필요한 사실들만을 추려낸다. 우리가 찾아야 할 사람이 남자인지 여자인지, 한 명인지 여러 명인지만이라도 알 수 있었다면 수사에 큰 도움이 되었을 것이다. 그러나 이번 수사는 극히 제한적이었다. 우리가 알고 있는 사실은 단지 한 남자가 사우나에 들렀다 집에 가는 도중에 칼에 찔려 사망했으며, 발견 장소와 범행 장소가 육안으로는 동일하다는 점이었다.

적막이 흐르는 지하도의 더러운 바닥에 쓰러져 있는 시신 앞에서 우리는 모든 걸 원점에서 시작할 수밖에 없었다. 희생자에 대해 아는 것이 없었고, 희생자나 범인에 대한 증거도 갖고 있지 않았다. 그러니 우선은 일반적으로 사용되는 통상적인 조치에서부터 시작해야 했다. 그 무엇도 잊어버리거나 간과해서는 안 된다는 것. 수사 초반에 하게 되는 실수는 대부분 회복이 불가능하다. 파기되거나 제때 확보되지 못한 증거물 역시 복구할 수 없는 상태로 유실되며, 경우에 따라 수색 실패라는 결과를 초래할 수 있다. 그렇기 때문에 이런 사건에서는 현장 작업이 가장 우선시되어야 한다.

현장 감식반이 즉시 업무에 착수했다. 사체를 외부에서부터 내부까지 조사하는 작업을 진행했고 이후에는 부검을 위해 법의학 연구소로 옮겼다. 사망 시점을 계산하는 작업은 매우 복잡하며, 위 내용물을 통해서만 대부분 정확하게 알 수 있다. 그렇다 해도 완전히 정확한 시점을 얻어낼 수 있는 것은 아니다. 대략 몇 시간 이내라는 수치만 산출해낼 수 있다. 결국 수사관에게 중요한 것은 범죄 조사가 의학 전문가들의 산출과 들어맞는가 하는 점이다. 이번 사건이 관계성 범행인지, 우연한 희생자를 낳은 사건인지에 대한 질문의 답은 이른바 '배제 과정'을 통해서만 좁혀질 수 있다.

처음에는 강도형 살인이 의심되었다. 남자의 스포츠 가방이 사라졌기 때문이다. 그러나 수백 유로가 담긴 지갑은 단추가 채워져 있는 바지 오른쪽 뒷주머니에 그대로 꽂혀 있었다. 지갑을 빼내려는 시도조차 이뤄지지 않은 게 분명했다. 왼쪽 손목에 채워진 눈에 잘 띄는 고가의 손목시계 역시 그대로였다. 체크카드와 신분증, 운전면허증 등이 들어 있는 작은 가죽 케이스도 우의 안쪽의 왼쪽 가슴 주머니에 꽂혀 있었다.

우의는 왼쪽 어깨와 왼쪽 팔 부분이 약간 찢어져 있었다. 그의 왼쪽 어깨와 팔을 붙잡고 가격을 하거나 칼을 찔렀던 것 같다. 그렇다면 범인은 스포츠 가방에 만족한 것일까. 희생자의 부인이 진술한 바에 따르면 작은 남색 스포츠 가방에는 목욕 가운과 수건, 샤워 젤 등이 들어 있었다. 말하자면 범인이 스포츠 가방에 어떤 증거를 남겼기 때문에 가방을 가져갔을 가능성도 있다는 뜻이다.

만약 절도형 살인이 아니라면, 다음으로 의심해볼 수 있는 유형은 미치광이의 범행이다. 아무런 의미도 없어 보이는 이러한 공격을 무동기(無動機) 공격이라 부른다. 아무 이유도 없이 한밤중에 지하도에서 낯선 남자를 칼로 찌를 만한 사람이 미치광이 말고 또 누가 있겠는가? 그렇다면 범인으로 꼽을 만한 사람은 정신병자뿐일까? 변태적인 정신 착란에 시달리거나 희생자에게서 이유 없는 적대감을 느꼈던 걸까? 마약에 취해 환각 상태에 빠졌던 걸까?

성폭행 살인의 가능성은 제외시켰다. 어떤 증거나 흔적도 발견할 수 없었기 때문이다. 마약을 거래하던 마약상 두 명이 만프레드 박사가 지나가는 것을 보고 놀란 것은 아니었을까? 하지만 그럴 가능성은 매우 희박했다. 보통 마약상들은 발각되면 도망가는 쪽을 택하기 때문이다.

물론 관계성 범행을 간과해서는 안 된다. 살인사건의 80퍼센트는 가해자와 희생자가 서로를 잘 알고 있거나 매우 밀접한 관계를 맺고 있는 경우라는 점을 고려하면 더더욱 그렇다. 가족이나 친척, 지인, 친구, 동료, 혹은 환자에 이르기까지 그를 살인할 이유가 있었던 사람이 있는지를 체크해봐야 한다. 광적인 환자나 그 가족에 살해당한 의사가 꽤 있었기 때문이다. 결과적으로 미리 말하자면 이 사건의 살인 동기는 너무나도 드문 케이스였기 때문에 우리는 그 동기를 생각해낼 수 없었다. 그것은 바로 살인 욕구였다.

범죄 수사관의 99.9퍼센트는 근무 기간 동안 살인 욕구가 완전한 범행 동기인 사건을 단 한 번도 경험해보지 못한다. 살인 욕구는 가장 드물고 가장 이해하기 힘든 범행 동기다. 살인 욕구란 인간의 삶을 파괴하는 데 기쁨을 느끼거나 누군가를 죽여야 한다는 강제성을 느끼는 것이다. 이런 욕구의 원인은 다양하다. 대부분은 사디스트적인 기질이 강해 그 욕구를 억누르지 못하는 사람들인 경우가 많다. 이런 종류의 인간들은 마약 중독이나 정신질환으로 살인을 저지르는 이들과 혼동되어서는 안 된다.

살인 욕구는 지루함이나 호기심, 과시욕에서 유발되는 경우도 있다. 분노나 증오, 복수심도 원인이 될 수 있다. 이러한 살인 동기의 특징은 희생자들이 완전 교체가 가능하다는 점이다. 중요한 것은 살인이지 희생자가 아니기 때문이다. 그러나 우리는 가장 불편한 의무에 직면해 있었다. 희생자의 가족을 심문하는 것. 담당 경찰 조사단 팀장은 가장 어려운 임무인 가족들을 이해시키는 일을 맡았다. 동시에 아주 오래 전부터 중요한 역할을 해온 범죄중재팀(보통 KIT라고 불린다)이 가족들을 돌보는 일을 맡았다.

새벽 1시 45분 사체를 발견한 후로 이미 두 시간이 흘렀다. 조용한 주택단지에 위치한 아름다운 단독주택에는 불이 환하게 켜져 있었다. 나와 동료가 현관문을 두드리자 희생자의 어머니인 중년 부인이 문을 열어주었다. 그녀의 얼굴은 눈물로 뒤범벅되어 있었다. 젊은 부인이 위층 계단에서 세 아이들 중 가장 어린 두 살배기 사내아이를 안고 내려왔다. 네 살, 여섯 살이 된 딸 둘은 잠을 자고 있었다. 부인은 창백한 얼굴이었지만 이성을 잃지 않으려 애썼다.

우리는 34세의 부인과 두 시간 가량 이야기를 나누었다. 이야기를 나누는 동안 나는 그녀가 매우 명석한 두뇌와 강인한 성품을 가졌다는 사실을 금세 알아차릴 수 있었다. 그녀가 자기 자신을 다스리고 침착하게 대처하려 노력하는 모습은 놀라울 정도였다. 내적인 고통이 얼마나 심할지 직접적으로 느껴졌다. "앞으로 어떻게 해야 할지 잘 모르겠어요." 그녀의 눈에는 그제야 눈물이 고이기 시작했다.

나는 그녀에게 침착한 말투로 남편이 칼에 찔려 살해당했으며, 그 이상에 대해서는 우리도 아직 아는 바가 없다고 말했다. 남편의 스포츠 가방이 사라진 것만 빼고 말이다. 우리는 그녀에게 가방과 그 안에 들어 있었을 물건에 대해 자세한 설명을 부탁했다. 그리고 관계성 범행의 정황이 존재하는지 확인해봐야 한다고 하자 그녀가 보인 반응 역시 나를 안도시켰다. 이는 차후에 우리가 일방적으로 수사를 했다는 비난을 받지 않기 위해서라도 중요한 것이었다. 그녀도 사건의 전말이 밝혀지기를 원한다고 했다. 그것이 그녀에게 가장 중요한 일이라고 했다. 그녀는 우리가 중요하다고 생각하는 모든 것을 물어봐도 된다고 허락했고, 우리는 살인 전담부서에서 세부 심리를 진행하기로 약속했다.

* * *

법의학 연구소는 다음 날 아침부터 부검을 시작했다. 칼에 찔린 횟수는 총 열다섯 번이었으며, 이로 인해 왼쪽 흉곽 여러 곳에 구멍이 나 있었다. 갈비뼈 하나는 구멍이 나 부러졌다. 오른쪽 심장에 네 번의 난도질이 가해졌으며, 왼쪽 폐 역시 네 번에 걸쳐 가격되었다. 복부도 칼에 찔려 복막이 찢어졌으며, 오른쪽 어깨에서 흉부 쪽으로 칼에 찔려 찢어진 흔적이 있었다.

부검의에 말에 따르면 가격된 칼의 방향은 모두 심장을 향하고 있었으며, 희생자는 서 있었을 거라고 판단했다. 그는 갈비뼈가 부러진 걸 보면 범인이 희생자를 찌를 때 엄청난 힘을 가했다는 사실을 알 수 있다고 했다. 이상한 것은 일반적으로 공격을 방어하면서 아래쪽 팔에 생기는 상처를 전혀 찾아볼 수 없다는 점이었다. 상처에서 뿜어져 나온 피가 희생자의 옷에 스며들어, 범인의 손이나 옷에는 피가 전혀 묻지 않았을 가능성도 다분하다고 밝혔다.

왼쪽 뺨에 깊게 난 상처는 공격이 어떻게 시작됐는지를 잘 말해주었다. 만프레드 박사는 본능적으로 자신의 얼굴을 보호하기 위해 팔을 위로 들어 올렸을 것이다. 그로 인해 범인이 칼을 꽂으려고 한 목표 지점인 흉부를 완전히 개방해버렸다. 모든 일은 순식간에 벌어졌다. 그런 일은 칼을 능숙하게 다룰 줄 아는 사람만이 할 수 있다. 범인이 완전한 살인 욕구에 휩싸였을 거라는 데 추호의 의심도 없었다.

범행 무기로는 접이식칼이나 버터플라이 나이프 종류로 한쪽 면만 연삭된 길이가 최소한 12센티미터 이상인 얇은 칼이 의심되었다. 둘 중 유력한 칼은 버터플라이 나이프였다. 칼에 찔린 피부 표면 바로 위로 펀치 마크가 나 있는 것을 보면 알 수 있다. 펀치 마크가 나 있다는 것은 몸에 칼을 꽂을 때 엄청난 힘이 들어갔으며, 손잡이 전까지의 칼날 전체가 몸속에 꽂혔다는 것을 의미했다.

관계성 범행에 관한 문제는 신속히 해결됐다. 희생자 가족의

사업이나 사생활, 은밀한 개인생활까지 속속들이 조사했다. 정말로 모든 것을 조사했다. 그들 주변의 지인과 친구, 동료들까지도 조사를 받았다. 그간의 경험을 뒤돌아보면 누구든 감추고 싶은 비밀이 있기 마련이다. 그것도 아니라면 최소한 인간적인 결함이 존재한다. 하지만 만프레드 박사는 예외였다. 그는 매우 친절한 사람이었고 인기도 많았다. 만프레드 박사에게 복수를 해야 할 이유를 갖고 있는 환자 역시 찾을 수 없었다. 의료사고로 분쟁이 있었던 적도 없고 협박이나 고소를 당한 적도 없다. 만프레드 박사는 이중생활을 하지도 않았다. 만약 그랬다면 수사를 통해 들통 났을 것이 뻔하다.

신문들은 거듭 그의 사진을 싣고 목격자를 찾는다는 글을 올렸다. "이 남성을 보신 분 또는 그의 습관에 관해 이야기해주실 분이 계십니까? 범인 검거 시 1만 5,000유로의 현상금을 드립니다." 그 결과 희생자에 대한 제보는 많았으나 범행 배경과 관련된 제보는 단 한 건도 접수되지 않았다. 만프레드 박사는 애인도 없었고, 그 어떤 것에도 중독되지 않았으며, 빚도 없었고, 특별한 관심이나 취미도 갖고 있지 않았다. 이를 통해 우리는 확신할 수 있었다. 만프레드 박사는 잘못된 시간에 잘못된 장소에 있었을 뿐이었다. 그는 우연한 희생자였던 것이다.

부인 역시 이중생활을 하지 않았다. 하지만 한 가지 양심의 가책을 느끼는 비밀을 갖고 있었다. 그녀는 아무도 몰래 흡연을 즐겼다. 그녀는 그 사실마저도 우리에게 고백했다. 수사에 집중하기 위해 그녀가 자신의 사생활을 낱낱이 공개하는 모습은 참으로 놀라웠다. 희생자 가족들은 대부분 범죄 수사관이 자신들의 사생활을 캐는 것을 무례한 행위로 받아들이기 때문이다. 나는 희생자 가족에게 추후 진행 상황을 모두 전달할 것을 약속했다. 내가 해줄 수 있는 최소한의 것이었다. 젊은 부인은 앞으로 세 아이를 홀로 키워야 한다. 하지만 그녀가 맞이하게 될 최악의 상황은 아직 닥치지 않았다. 당시만 해도 그녀와 우리 모두는 그 사실에 대해 알지 못했다.

* * *

나를 포함해 다섯 명의 동료들은 가능하면 빨리 이 사건의 실마리를 찾으려 사력을 다했다. 그 결과 지금까지 발견한 모든 흔적과 수사 방향을 하나하나 실로 엮듯이 이어갈 수 있었다. 우리는 이를 흔히 '유기체 작업' 이라 부른다. 모든 수사는 내부에서 시작해 외부로 한발 한발 나아가야 하기에 우리가 이미 가지고 있는 것들부터 조사하기 시작했다. 현실에서 얻어낸 사실들이 순서대로 차근차근 연결되는 것이 아니라 뒤죽박죽 섞여 있고 자기들끼리 각각 연결되는 경우가 많기 때문에 전체적인 그림을 그리는 일은 많은 시간과 노력, 인내심을 필요로 한다.

먼저 우리가 한 일은 이번 사건을 공개적으로 밝혀 주변 사람들, 목격자들에게서 증거를 수집하는 것이었다. 이런 방식으로 사건 현장 주변에 있는 남성 숙소와 보호시설에 대한 정보를 얻을 수 있었다. 우리는 거의 700명이 넘는 이 시설 거주자들을 여러 차례 조사했다. 문제는 그들 중 범인이 있다고 해도 우리에게 그의 범행을 증명할 아무런 증거가 없다는 사실이었다. 우리는 이들 한 명 한 명을 불러다 놓고 알리바이를 확인하고, 심문하고, 개인 프로파일을 조사하고, 환경을 조사하고, 과거사를 듣고, 범죄 경력 여부 등을 조사했다. 그러나 용의자의 특징과 일치하는 사람을 찾을 수 없었고, 의심되는 사람조차 발견하지 못했다.

여성 살인자에 대해서는 아예 생각하지도 않았다. 여성이 이렇게 강한 힘으로 칼을 휘두를 수는 없기 때문이다. 물론 항상 예외가 있긴 하지만 이번 사건에서는 여성 범죄자를 가리키는 어떤 증거도 발견되지 않았다. 범인이 뚜렷한 목적 없이 공격한 것으로 미루어 수사 경험상 청소년이거나 사춘기의 남자아이일 것으로 추정되었다. 사용한 흉기는 버터플라이 나이프가 유력했다. 10대들이 가장 많이 사용하는 칼이기 때문이다.

범인이 골랐던 범행 장소로 비추어 볼 때 용의자가 이 지역에 대해 잘 알고 있다고 확신했다. 살인 동기로는 '살인 욕구'를 골랐다. 보통 이런 종류의 남자는 항상 이 무기를 소유하고 있으며 남에게 과시하는 경향이 있기 때문에 용의자의 특징에 '칼을 소지함' 항목을 추가했다. 이제 범인의 특징을 네 가지로 압축했다. 첫째 범행 장소와 연관됨, 둘째 마약을 할 가능성이 높음, 셋째 칼을 소지함, 넷째 폭력적인 성향이 있음.

사건 당일 밤 근처에서 친구들과 모임을 하고 밤 11시 30분쯤 집에 가던 고등학교 교사 두 명도 취조를 받았다. 이들은 굴다리 아래에서 만프레드가 마지막으로 삶을 놓치지 않으려 애쓰고 있던 찰나에 굴다리 옆의 계단으로 내려와 만프레드를 보았다. 한 남자가 쓰러져 있었지만 그냥 지나쳐서 걸어갔다고 했다. 술에 취했거나 비가 오는 날 바닥에서 뒹굴기를 좋아하는 노숙자라고 단순하게 판단했던 것이다. 이들이 타고 가야 하는 지하철 막차가 밤 11시 36분에 있었는데 시간이 채 5분도 남지 않아 마음이 급했다. 몸을 굽혀서 그 남자를 살펴봤지만 피 같은 것은 발견하지 못했다. 이들은 걸음을 재촉해 200미터 정도 떨어진 지하철역으로 걸어갔고 바로 막차를 탈 수 있었다. 남자 옆에 가방 같은 것이 있었는지도 확실히 보지 못했다.

요즘은 최첨단 기술을 이용해 사건 당일 밤에 막차가 언제

도착하고 출발했는지 확인할 수 있다. 확인 결과 마지막 지하철이 30초 일찍 출발했고, 두 명의 교사가 교통카드를 정확히 밤 11시 35분에 찍었다는 것까지 밝혀졌다. 이를 통해 피해자 만프레드가 밤 11시 32분까지 살아 있었다는 사실을 알게 되었다. 그는 얼마나 더 거기서 죽음과 맞닥뜨리고 있었을까.

사람이 공격을 받은 뒤 살아 있을 수 있는 시간을 최대 15분 정도로 전제하고, 목격 시간을 마지막으로 몸부림치던 시간으로 가정하면, 범행 시각은 밤 11시 32분에서 15분 전인 11시 17분 사이로 볼 수 있다. 목격자가 없고, 두 사람도 근처로 오면서 어떤 소리를 듣지 못했기 때문에 범행 시각이 두 사람이 지나가기 바로 직전은 아니라는 것은 확실하다. 그리고 그 교사들이 북쪽 입구 측면의 계단으로 내려오면서 아무도 보지 못했기 때문에 범인은 반대편 출구로 도망쳤을 것이다. 우리는 범행 시각을 밤 11시 15분에서 11시 30분 사이로 가늠하기로 했다. 범행 시각이 정확하진 않지만 이 정도의 시간 범위라면 우리에게 좋은 기준을 제시해줄 터였다.

범행 시각에 유일하게 그 근처에서 모습을 비췄던 한 사람이 있었다. 그는 아파트 쓰레기장에서 경찰에 발견되어 검문을 당했는데, 경찰 중에 프란츠라는 이 노숙자를 모르는 사람이 없었다. 그는 자잘한 좀도둑질로 종종 신고를 당했고, 늘 마트에서 술을 훔치려다 붙잡혔다. 매번 붙잡혔다 풀려나는 것이 일상이었다. 비가 오면 프란츠는 아파트 옆에 있는 그나마 물기가 닿지 않는 자리로 몸을 피했다. 쓰레기장의 나쁜 악취는 아무 문제도 아니었다.

경찰은 이번 사건에 대한 단서라도 얻을까 하고 프란츠를 찾아갔지만 어쩐 일인지 그의 모습이 보이지 않았다. 사건이 벌어진 후 그도 사라진 것이다. 시민 경찰과 경관들이 그를 찾기 위해 밤낮으로 수색 작업을 벌였지만 아무 성과가 없었다. 노숙자 숙소도 찾아봤지만 소용없었다. 그가 구역을 변경했을 가능성이 높아 보였다. 혹시 그의 신변에 무슨 위협이라도 닥친 것일까?

프란츠가 하필 만프레드 박사가 살해당한 후 사라진 데는 이유가 있을 것이다. 그의 구역은 그에게 마지막으로 남은 값진 것이기 때문이다. 그가 종적을 감춘 것은 이번 사건과 연관이 있는 게 분명했다. 우리는 그가 제발 살아 있길 바랐다. 알아보니 그를 찾을 수 있는 절호의 기회가 남아 있었다. 그는 매달 초 생계보조금을 받으러 사회복지청에 들렀다. 동료 하나가 사회복지청에 전화를 걸어 프란츠가 생계보조금을 지급 받는 날짜를 알려달라고 했다. 그러나 정보 보호라는 이유로 정보를 얻어내지 못했다. 우리가 프란츠에 대한 체포영장을 가지고 간다고 해도 그 어떤 정보도 줄 수 없다고 했다.

우리는 프란츠가 언제 어디서 생계보조금을 받게 될지 알아내기 위해 자력 구제할 수밖에 없었다. 엄청난 시간과 인력이 소요된다 해도 말이다. 뮌헨에 위치한 모든 지급 기관 앞에 경찰 공무원을 한 명씩 배치했다. 프란츠의 사진은 확보된 상태였다. 이미 여러 번 경찰의 조사를 받았기 때문이다. 그는 정확히 한 달이 되는 날 오전 여덟 시 프란치스카너 거리에 위치한 사회복지청에 나타났다. 결국 그는 체포되었다. 그는 먼저 돈을 찾기를 원했고 이후에는 자발적으로 경찰서로 향했다.

이른 아침이어서 프란츠가 비교적 정신이 멀쩡한 것은 우리로서는 큰 행운이 아닐 수 없었다. 그는 커다란 배낭에 잡동사니 소지품을 넣어두었고 여러 개의 비닐봉투에 그걸 싸두었다. 그중에는 타월지로 된 질 좋은 목욕 가운과 작은 남색 스포츠 가방도 들어 있었다. 결정적인 증거품이었다. 우리는 그것이 만프레드 박사의 가방과 목욕 가운이라는 사실을 알 수 있었다. 사건은 과연 해결된 것일까?

프란츠는 훔친 물건들을 갖고 있었기 때문에 폭행범이 아니었음에도 피의자로 등록되었다. 그를 계속 증인으로 취급한다면 검찰 측과 문제가 발생할 게 분명했다. 그러나 프란츠는 160센티미터의 키에 마른 체구여서 이번 사건을 저지를 만한 형편이 못되었다. 누구도 이마에 카인의 표식을 달고 다니지는 않지만, 프란츠가 그런 끔찍한 범죄를 저질렀을 거라고는 생각되지 않았다.

그는 '겁쟁이'였다. 우리는 그가 거짓말을 할 인물조차 되지 못한다는 걸 확실히 느낄 수 있었다. 그는 자신이 지금까지 해온 모든 절도 행위를 빠짐없이 보고했다. 스포츠 가방을 훔친 사실도 있는 그대로 자백했다. 가방은 지하도에서 만난 술에 취한 남자 옆에 놓여 있었다. 그는 그 남자 옆을 지나며 가방을 훔쳐 달아났다. 하지만 그 남자에게는 아무 짓도 하지 않았다고 했다. 그러다가 그 남자가 살해되었다는 사실을 신문에서 읽고는 그 주변에서 사라져야겠다고 마음을 먹었다는 것이다.

프란츠를 심문하는 데는 몇 시간이 걸렸다. 심문을 하면서 우리는 그를 피의자가 아닌 중요한 목격자로 여기기 시작했다. 그가 범인일 가능성이 매우 높은 누군가를 보았기 때문이다. '이상한 헤어스타일' 때문에 칭기즈칸처럼 보이던, 키가 아주 큰 젊은 남자였다. 프란츠는 예전에 몽고인들의 지배자였던 칭기즈칸에 관한 영화를 봤고, 그 영화에서 칭기즈칸은 말의 꼬리를 머리에 두르고 있었다. 프란츠가 지하도로 내려가려 할 때 밖으로 도망치던 젊은 남자가 바로 그런 긴 머리를 하고 있었다.

그는 오스트 공원에서 지하도를 건너 자신의 잠자리인 북쪽 방향으로 향하는 중이었다. 그가 지하도 입구에서 10~20미터 떨어진 곳에 있었을 즈음, 젊은 남자는 지하도 아래에서 뛰어 올라온 후 지하철역 방향으로 뛰어갔다. 그 젊은 남자는 꽤나 어렸으며, 키가 매우 크고 살집이 없었다. 프란츠는 그 남자가 말의 꼬리처럼 머리를 하나로 묶고 있었다는 것만은 확실하다고 말했다. 하지만 정확한 시간은 기억하지 못했다. 시계를 차고 다니지 않을 뿐더러 시간에 맞춰 사는 사람이 아니라 더더욱 그랬다. 그가 잠자리로 돌아가던 시간이 자정은 넘지 않았던 것 같다고 짐작만 할 뿐이었다. 범인을 알아볼 수 있겠느냐는 질문에 프란츠는 아주 명확하게 대답했다. "아니오!"

프란츠는 경찰청 본부의 철창에서 하룻밤을 보내야 했다. 만프레드 박사의 스포츠 가방과 목욕 가운에서는 피가 묻은 흔적을 전혀 발견할 수 없었다. 그렇다면 피가 밖으로 흘러나오거나 피 웅덩이가 생기기 전에 가방을 훔쳤을 거라는 추론이 가능했다. 이는 프란츠가 박사를 칼로 찌르지 않았다는 것을 증명해주지는 않지만 그가 진술한 내용과 맞아떨어지는 데가 있었다. 그가 젊은이가 도망치는 것을 본 시점부터 가방을 훔친 시점까지는 2~3분 가량의 시간차가 존재했을 것이다. 그래서 그 짧은 시간 동안에는 피 웅덩이가 생기지 않았을 것이다. 프란츠의 진술에 따르면 가방은 쓰러져 있던 남자에게서 약 30센티미터 정도 떨어진 곳에 있었다. 범인의 몽타주를 작성하고 수사 일지를 마무리하기 위해서는 프란츠의 세부적인 설명이 매우 중요했다. 가장 최악은 잘못 그려진 몽타주다. 몽타주를 토대로 범인을 추적해야 하기 때문에 그의 정확한 진술에 의존할 수밖에 없었다.

나는 범행 현장 근처에 살고 있고, 살인 전담부서로 옮겨 오기 전까지 청소년 담당이어서 특히 까다롭기로 유명한 청소년 집단을 다루는 데 능숙한 동료 한 명을 전문가로 지정했다. 매일 저녁마다 때로는 늦은 밤까지 동료는 공원과 그 주변을 돌아다니며 눈에 띄는 10대들을 만나 이야기를 나누었고, 특히 공격적으로 보이는 아이가 누구인지를 알아내려 애썼다. 청소년 범죄의 경우 대부분 단독 범행이 아닌 집단 범행인 경우가 많아서 범행에 참여한 또 다른 아이가 있을지도 모르는 일이었다.

동료는 시간이 지날수록 모든 아이들이 터놓고 이야기하기를 꺼려하는 '한 녀석'이 있다는 사실을 깨달았다. 그 지역 전체를(특히 그 주변을 맴도는 청소년들을) 지배하는 녀석에 대해 모두 비밀리에 이야기하길 원했다. 모든 아이들이 그 녀석을 두려워했다. 그 패거리에 끼기 위해서는 무조건 녀석에게 복종해야 한다고 몇몇 아이들이 말했다. 녀석은 자신이 원하는 건 무엇이든 손에 넣었다. 아이들은 녀석이 요구하는 것을 모두 내놓았다. 돈과 재킷, 칼, 구두, 마약, 심지어는 여자친구까지. 녀석의 특징은 머리를 뒤로 묶는 것이었다!

오스트 공원 청소년들 사이에서 왕 노릇을 하는 그 녀석에 대해 모은 정보는 우리가 모은 용의자 프로필과 그대로 맞아떨어졌다. 냉정하고 폭력적이며 이기적이고 쉽게 흥분하며 화를 잘 내는 동시에 잘난척이 심한 타입인 그 녀석의 이름은 제다였다. 열여덟 살의 터키인인 제다는 뮌헨에서 태어나 터키식 생활 방식과 언어를 습득했다. 신앙심이 매우 두터운 이슬람인인 아버지의 결정이었다. 그는 졸업장 없이 직업학교를 마쳤고, 마땅한 인턴십 자리나 일자리를 구하지 못해 결국 오스트 공원을 맴돌며 빈둥빈둥 시간을 보내야 했다.

그는 대마초 흡연자인 데다 버터플라이 나이프를 여러 개 갖고 있었다. 버터플라이 나이프를 다루는 솜씨가 보통이 아니어서 그의 추종자들은 그를 우상으로 삼았다. 제다는 이미 수사기록에 올라 있었다. 그뿐만이 아니었다. 경찰서에서 그를 모르는 사람이 없었다. 그는 폭력적인 것으로 유명했으며, 두 번이나 칼싸움에 연루된 적이 있었다. 하지만 두 사건에서 모두 무죄로 풀려났다. 그가 용의자 물망에 오른 것은 모두 동료의 끈질긴 노력과 청소년들을 능숙히 다룰 줄 아는 솜씨 덕분이었다.

* * *

살인 전담부서 소속 형사 두 명이 제다의 부모님 집 초인종을 누른 시각은 새벽 여섯 시였다. 수심에 가득 찬 얼굴을 한 어머니가 현관문을 열었다. 아버지는 이미 출근한 상태였다. 제다가 태어났을 때 그녀의 나이는 마흔 살이 훨씬 넘었다. 그녀는 독일어를 할 줄 몰랐으며, 아들이 집에 있느냐는 질문에 방문을 손가락으로 가리킬 뿐이었다. 동료들은 방으로 들어가 그를 깨웠다. 제다가 눈을 뜨는 데까지 한참이 걸렸다. 그리고 그가 '경찰' 이라는 단어를 들었을 때 두 명의 형사를 쏘아 보는 눈빛은 악의로 가득 차 있었다. 그는 반항하듯 일어나 공격적인 목소리로 말했다.

"대체 원하는 게 뭐야?" 동료들은 그의 반응에 전혀 동요하지 않았다. 동료 한 명이 "일어나서 옷 입고 따라 와"라고 말하며 검찰의 구속영장을 코앞에 내밀었다. 제다는 그제야 일어나 동료들 앞에 섰다. 키가 190센티미터에 달했고, 몸은 군살 하나 찾아 볼 수 없을 정도로 전체가 근육으로 뒤덮여 있었다. 그는 거친 욕을 하며 분노하다가 곧 옷을 입었다. "어떻게 할까. 수갑을 찰 생각이 있나?" 동료 한 명이 이렇게 물으며 수갑을 흔들었다. 제다는 아무 말 없이 고개를 저었다. 이것이 '괴물' 과의 첫 번째 만남이었다.

상황은 사무실에서 더욱 극적으로 치달았다. 처음에 제다는 비교적 차분하게 자신의 연락처와 주변 환경, 생활에 대해 이야기했다. 그러다가 갑자기 지하 터널 살인사건 이야기가 나오자 흥분하기 시작했다. 그는 자리에서 뛰어올라 동료들을 덮치려 했다. 옆에 있던 동료가 달려가 그를 붙잡았다. 제다는 조롱하듯 낮은 목소리로 말했다. "〈양들의 침묵〉이란 영화 알지? 내가 당신 배를 갈라놓을 거야! 잡히기만 하면 내 손에 죽을 줄 알아!" 조사는 중단됐다. 더 이상의 대화는 불가능했다. 이제는 내가 나설 차례였다. 따지고 보면 제다는 아들뻘이었다. 그는 나이 어린 동료들보다 나를 더 신뢰하는 듯했다. 그는 내가 말을 놓는 것에 반대하지 않았고, 자신은 계속 존칭을 사용했다. 나는 단 한 번도 목격자나 용의자와 말을 놓은 적이 없었다. 사람들은 이를 '전문적인 거리두기'라고 한다.

나는 제다에게 신뢰를 얻는 데 성공했다. 그가 지금까지 자신이 저지른 모든 범행들에 대해서 입을 열었다. 두 번의 살인미수, 여러 번에 걸친 신체 훼손, 두 번의 도난 습격 그리고 열여섯 살짜리 여자아이를 성폭행한 일까지도. 그는 상상하기 힘들 정도로 솔직하게 이야기를 풀어갔고, 자신의 행동을 조금도 미화하려 하지 않는 듯했다. 참으로 이상한 일이었다. 범인들은 대부분 자신의 행동을 미화하고, 정당화하고, 잘못을 타인에게 떠넘기려는 경향이 있다. 그렇기 때문에 특히나 공격적인 제다가 모든 일을 속죄하는 죄인처럼 구는 것은 너무나 이상한 일이었다.

제다의 이력은 전형적으로 시작되었다. 백화점이나 상점을 터는 단순 절도에서 시작해서 점점 과격해져 상점이나 집을 무단 침입하는 것으로 확대되었다. 시간이 지날수록 범죄의 수위가 점점 높아졌다. 제다와 관련된 형사소송은 25건에 달했다. 소송까지 간 사건이 이 정도라면 그가 저지른 나머지 범죄는 최소한 열 배 이상일 것이다. 제다에게 '구타를 당한' 사람의 숫자만 해도 거의 100여 명에 달했고, 여기에는 성인뿐 아니라 청소년까지 포함되어 있었다. 경찰서에 끌려가는 일이 늘어날수록 그는 점점 더 심각한 처벌을 두려워하지 않게 되었다. 언제나 청소년재판법 제45조에 따라 소추가 취소되거나 청소년재판법 제47조에 의거해 재판이 중단되었기 때문이다.

그의 범죄 에너지는 거세져갔고, 범죄 행위는 더욱 심각한 형태로 나타났다. 이는 성폭행과 두 번에 걸쳐 시도된 살인미수에서 정점을 이뤘다. 나는 한참 전부터 제다가 모든 걸 쉽게 자백하는 데에는 다른 이유가 있을 거라고 생각했다. 내가 이미 알고 있는 이유 때문이었다. 사람들은 이를 '관심 분산 요법', '부차적인 문제의 부각' 또는 '작은 해악'이라고 말한다. 피의자들은 주요 문제에서 관심을 분산시키기 위해 이런 방법을 사용하곤 한다. 자신의 인생에서 단 한 번도 무엇에 동의하거나 인정한 적이 없던 그가 자신이 저지른 모든 범죄를 자백할 뿐 아니라, 의식적으로 원해서 그런 행동을 했다고 인정한 것이다. 어쩌면 그는 청소년을 대상으로 한 재판이 매우 너그럽다는 사실을 잘 알고 있었는지 모른다. 하지만 그것만으로는 그의 진술 태도에 대한 의심은 해명될 수 없었다.

제다는 자신이 오스트 공원의 놀이터에 자주 나타났다는 사실을 인정했다. 하지만 그 의사가 살해된 날 밤에는 그곳에 없었다고 말했다. 그 사실을 확실히 기억하는 이유는 바로 그날 여자친구인 니나의 아버지에게 쫓겨났기 때문이라고 했다. 그는 여자친구에게 부모님 집에서 나오라고 설득하고 있었다. 니나는 대학입학시험을 앞둔 상태였고, 부모님들은 뮌헨에서 잘나가는 펜션을 운영하고 있었다. 그는 니나의 아버지가 자신을 무자비하게 끌어낸 것은 너무 '심한' 행동이었지만, 이해가 가기도 한다고 말했다. 그가 니나를 때렸기 때문이었다.

제다는 전날 밤 빈 보드카 병으로 니나를 심하게 때린 후 그녀를 성폭행했다. 그리고 다음 날 아침 니나가 부모님 집에서 나오는 것을 거부하자 그녀에게 손찌검을 했다. 니나의 얼굴에서 피가 났고, 그녀는 도움을 요청하며 소리쳤다. 그 소리를 들은 종업원이 니나의 부모를 불러왔다. 아버지와 어머니, 요리사와 웨이터가 방으로 들어가 상처 난 니나의 모습을 확인했다. 아버지는 즉시 그에게 달려들었고, 키가 크고 힘이 센 요리사가 옆에서 도왔다. 제다는 두 사람의 힘에 눌려 방어할 틈이 없었다. 그렇지 않았다면 짧은 칼을 꺼내들었을 것이다.

두 남자는 함께 그를 들어 집 밖으로 내동댕이쳤다. 제다는 분노가 끓어올라 어쩔 줄을 몰랐다. 단 한 번도 느껴보지 못한 굴욕감이었다. 두 남자는 그를 '지상 최후의 쓰레기'로 취급했다. 하지만 그는 성인 남자 두 사람을 이겨낼 자신이 없었다. 니나의 아버지는 밖으로 나와 그의 허벅지를 발로 세게 밟아댔다. "다시 한 번만 내 눈에 띄기만 해봐라!" 웨이터는 제다에게 재킷을 던진 후 대문을 닫아버렸다. 제다는 덩그러니 대문 앞에서 있었다. 그는 분노가 치밀어올랐다. 그는 눈을 부릅뜨며 복수를 다짐했다. 니나의 아버지를 생각하며 "당신은 내 손에 죽었어!"라고 소리쳤다.

니나의 집에서 쫓겨난 후 그는 친구 로베르트와 시내에서 만나 술과 대마초에 취한 또 다른 친구의 집으로 갔다. 하지만 더는 친구들과 어울릴 기분이 들지 않아 밤 열 시쯤 지하철을 타고 집으로 돌아왔다. 그가 지하철을 탄 역은 친구의 집 바로 앞에 있었다. 친구 로베르트가 동행했고, 로베르트가 한 시간 가량 그와 함께 있어주었다. 로베르트는 그가 침대에 누운 후에야 집에 돌아갔다. 그의 부모님은 그때까지도 돌아오지 않았고, 그가 아는 한 밤 늦게 돌아왔다고 했다. 그것은 나중에 밝혀진 것처럼 사실이었다. 그의 부모님은 그날 저녁 터키문화협회 행사에 참석했었다.

제다는 체포되었다. 그가 자백한 두 번의 살인미수와 그 밖의 범죄로 체포영장이 발부되었다. 그러나 만프레드 박사에 대한 살인은 입증되지 않았다. 그러기엔 증거가 불충분했다. 우리가 확보한 목격자인 노숙자와의 대질에서 목격자는 제다를 명확히 알아보지 못했다. 무엇보다 증인 프란츠는 처음부터 우리에게 제다의 옆얼굴만 보았다고 말했었다. 나이, 키, 머리를 길게 뒤로 묶는 것을 보면 그날 밤 지하도에서 뛰어나온 사람과 제다가 유사했지만 그것만으로는 체포영장을 발부받을 수 없었다. 제다에게는 알리바이를 제공한 친구가 있었다. 우리는 피고인에게 유리한 진술을 한 그 친구가 '진실의 빛' 쪽으로 마음을 바꾸기만을 바랄 수밖에 없었다. 그는 분명 더 이상 제다가 자신에게 영향력을 미치지 못할 때 진실을 털어놓을 것이다.

제다의 친구 로베르트는 만화책에나 나올 법한 마약 중독자였다. 항상 정신이 혼미하고, 무기력하며, 끊임없이 마약을 찾아 동분서주했다. 일반적으로 마약 중독자에게 진실을 끌어내는 일은 그리 어렵지 않다. 이들은 정신적으로나 육체적으로 오랜 기간 저항할 상황이 못된다. 하지만 독일 법은 바로 그런 약점을 이용하는 것을 금지하고 있다. 로베르트는 제다가 구금된 상태였음에도 분명 거짓인 게 뻔한 진술을 번복하려 하지 않았다. 두 사람이 입을 맞추었을 것이다.

로베르트가 보여준 완고한 저항은 매우 이례적인 것으로 그동안 내가 경험해온 것과는 전혀 달랐다. 우리는 로베르트가 마음을 바꾸지 않는 이유를 알아내기 위해 노력했고, 결국 그 이유를 알아냈다. 그것은 바로 두려움이었다. 로베르트는 다른 사람들과 마찬가지로 '괴물'에 대해 엄청난 공포심을 갖고 있었다. 그래서 제다에게 알리바이를 제공한 것이다.

로베르트는 두 번째 조사에서 그날 제다의 기분이 매우 좋지 않았다고 인정했다. 그날 저녁 제다와 함께 다른 친구들이 네 명 더 있었기 때문에 그 사실을 인정할 수밖에 없었다. 그 집은 범행 현장에서 그리 멀지 않은 수영장 근처였다. 모든 진술은 자세한 내용까지 정확히 맞아떨어져 그 진실성을 의심할 여지가 없었다. 제다는 그날 저녁 여자친구의 아버지 때문에 "심하게 공격적"이었다고 했다. 제다는 계속해서 버터플라이 나이프를 돌려가며 내장이 튀어나오도록 아무라도 찔러버리고 싶다고 말했다. 그는 대마초를 한 대 피우고 로베르트와 함께 밤 열 시에 집으로 돌아갔다. 어디로 갔는지는 나머지 네 명도 알지 못했다.

결정적이면서도 충분히 공감할 수 있는 이러한 진술을 바탕으로 하면 만프레드 박사는 니나의 아버지 때문에 죽었다고 할 수 있었다. 그는 한마디로 대체 희생자였으며, 그의 잘못은 단지 잘못된 시간에 잘못된 장소에 있었던 것뿐이었다. 다른 어떤 이가 지나갔다고 해도 같은 일을 당했을 테다. 제다는 그날 밤 누군가를 죽이려 했고, 목격자는 로베르트뿐이었다.

로베르트는 제다와는 전혀 어울리지 않는 아이였다. 그는 제다보다 훨씬 연약하고 민감하며 근본적으로 나쁜 인간이 아니었다. 그는 누군가에게 폭력을 가할 만한 유형이 아니었다. 폭력을 쓸 줄 몰랐고, 부드러운 성품을 가졌다. 그래서 패거리들에게 왕따를 당해야 했다. 열심히 노력해서 구한 마약을 다른 아이들에게 빼앗기곤 했다. 어쩌면 이것이 로베르트가 제다와 친해진 이유인지도 모른다. 제다와 함께 있으면 아무도 그를 건드릴 수 없었기 때문이다.

로베르트도 자주 절도 사건이나 마약 소지로 적발되었다. 구금된 적도 몇 번 있었지만 기간은 길지 않았다. 저지른 범죄의 횟수는 많았지만 모두 경범죄에 불과했다. 우리는 로베르트를 주시하기로 했다. 갑자기 그가 마음을 바꿔 진실을 이야기할지 모르는 일이기 때문이다. 우리는 한 가지만은 확실히 알고 있었다. 제다가 범죄를 저지를 당시 절대로 혼자 있지 않았다는 사실이다. 제다는 누군가에게 폭력을 행사할 때조차 자신의 패거리를 옆에 두고 있어야 했다. 제다의 주변에는 공범자 친구들이 존재했다. 자신의 권력을 과시하는 성향이 강하기 때문이다.

목격자들의 진술로는 제다를 더 이상 잡아둘 수 없었다. 제다에게는 오래 전부터 변호사가 따라붙었고, 그는 못된 경찰들이 자신의 의뢰인을 공격하는 것을 그냥 두고 보지 않았다. 변호사는 형사들이 '뜨면' 절대로 철창 밖으로 나오지 말라고 제다에게 경고했다. 때문에 우리는 제다와 접촉할 기회가 전혀 없었다.

그의 집을 수색하면서 두 개의 버터플라이 나이프를 발견했다. 세 번째 칼은 찾을 수 없었다. 여러 번에 걸친 목격자 진술을 통해 제다가 범행 전날까지 칼 세 개를 갖고 있었다는 사실을 확인했다. 우리는 그가 갖고 다니는 칼에 대한 세부 진술을 확보한 상태였기 때문에 그가 자신의 칼에 붙인 이름까지 알고 있었다. 각각 잭, 한니발, 프레디였다. 영화 속 살인자 '잭 더 리퍼Jack the Ripper'와 '한니발 렉터Hannibal Lector', 공포영화 〈나이트메어Nightmare〉에 등장하는 '프레디 크루거Freddy Krueger'

를 본떠 붙인 것이었다. 제다가 범행 당일 입었던 가죽 재킷도 확인할 수 있었다. 그러나 그가 어떤 바지와 셔츠를 입고 신발을 신었는지는 확인하지 못했다. 그가 갖고 있던 옷을 모두 집중적으로 조사했음에도 어떤 옷에서도 범행과 관련된 흔적을 발견할 수 없었다. 가죽 재킷에서조차 말이다.

만프레드 박사를 살해한 혐의로 그를 기소하는 것은 불가능했다. 제다에 대한 알리바이가 번복되지 않았기 때문이다. 법조인들은 결정적인 증거를 필요로 한다. 증거 사슬은 확보된 상태였지만 결정적인 의무 사항이 부족했다. 이런 이유로 체포영장은 발부되지 않았고, 두 건의 살인미수와 또 다른 두 건의 성폭행, 그리고 절도 같은 다수의 범죄에 대한 기소만이 성립되었다.

* * *

제다가 체포된 지 3개월이 지나서야 재판이 시작되었다. 제다는 징역 5년형을 선고받았다. 범행을 저지른 시점이 18세였기 때문에 청소년으로 분류되었고, 원래대로라면 적용되어야 할 성인법에 따라 기소되지 않았다. 정신과 감정인은 제다가 사회부적응 및 감정적 불안이라는 성격 결함을 갖고 있으며, 중독까지는 아니지만 만성적인 마약 오남용 행태가 발견되었다고 평가했다. 이러한 태도는 학교를 졸업한 후 나타나기 시작했으며, 체포 전까지도 지속됐다. 이는 자식을 사랑해줄 시간을 내지 않고 일만 했던 부모 탓이라고 했다. 또 다른 심각한 정신이상이 발견됐지만, 조절 능력에 이상이 생긴 것은 이 때문이 아니라고 했다. 뿐만 아니라 충동적 행동과 내적 긴장, 분노 조절 능력 부족, 공격성 등이 점점 심해지고 있어서 성장이 지연되는 결과를 낳았다. 그래서 그에게는 청소년법이 적용되어야 한다는 주장이었다.

재판은 신속히 진행되었고, 우리 중 그 누구도 목격자로 배석하지 않았다. 결국 그는 재판 과정만큼이나 조용하게 1년 만에 터키로 추방되었다. 검찰조차 그 사실을 우리에게 알리지 않았다. 그를 제어하는 일이 너무나도 어려웠기 때문에 사건을 가능한 한 빨리 간단한 방법으로 처리하고 싶었던 것이다. 소년원에서도 그는 공포의 대상이었다. 교도관들은 그가 "언제 터질지 모르는 시한폭탄이었다"고 말했다. 그는 교도소장 앞에서조차 막무가내였다. 그가 소년원을 나간 후 바이에른 주의 교도관들은 안도의 한숨을 쉬었다.

결국 제다는 터키로 추방되었고, 이즈미르 근처에 있는 친척에게 보내졌다. 우리는 이 조치에 분노하지 않을 수 없었다. 터키인인 그는 터키에서 독일로 이송되지 않을 것이다. 독일인이 외국으로 이송되지 않는 것처럼 말이다. 이에 대해서는 원칙적으로 이의를 제기할 수 없다. 그래서 유죄를 입증할 일이 남아 있는 우리의 용의자는 이제 어떤 책임도 질 필요가 없어졌다. 이론적으로는 터키에서 그에 대한 재판을 진행할 수 있지만, 실제로는 가망이 없는 게임이었다.

제다가 터키로 추방되면서 그에 대한 공포가 줄어들었다. 시간이 지날수록 점점 더 그랬다. 한마디로 전선이 무너진 것이다. 칼잡이가 추방되었다는 뉴스가 언론에서 끊임없이 보도되었고, 그가 그렇게 짧은 형량을 지내야 하는 이유를 묻는 비난도 점점 거세졌다. 언론을 통해 크게 보도된 그의 추방은 좋은 결과를 가져오기도 했다. 언론 보도가 로베르트를 괴롭히던 양심의 가책을 폭발시켰기 때문이다.

친구의 집에서 열린 파티에서 로베르트는 그와 비슷한 이름을 가진 로베르타라는 여자아이와 친해졌다. 두 사람은 금세 서로에게 호감을 느꼈고, 그녀는 그를 자신의 아파트로 데려갔다. 그곳에서 두 사람은 잠자리를 가졌다. 로베르트는 그녀와의 잠자리 후 너무나 큰 행복감을 느꼈고, 그녀에게 자기를 억누르고 있던 이야기를 전부 털어놓았다. 로베르타는 아무 말 없이 그의 말을 들어주었다. 다음 날 아침 그녀가 그 이야기에 대해 묻자 그는 갑자기 자신이 어제 한 말은 모두 헛소리였다고 주장했다. 하지만 로베르타는 그가 진실을 이야기했다는 것을 알고 있었다. 함께 경찰서에 가자는 그녀의 부탁을 그가 들을 리 없었다. 그는 그녀가 침묵해주기만을 바랐다. 하지만 로베르타는 자신이 비밀을 아는 사람이 되었다는 생각에 침묵하고 있을 수만은 없었다. 결국 그녀는 경찰서로 향했다.

로베르트가 진실을 이야기하기까지는 한참이 걸렸다. 두 시간 동안 경찰 두 명이 사전 작업을 하며 제다에 대한 공포를 없애려 노력했다. 로베르트는 내면의 사투를 벌이고 있었다. 특히 미망인과 아이들이 겪고 있을 고통에 대해 들었을 때는 더욱 그랬다. 이번만큼은 그들에 대한 동정심이, 제다에 대한 공포와 절대로 친구를 경찰에 신고해서는 안 된다는 충성의 서약보다 강했다.

잠시 후 두 명의 조사관이 조사실을 떠나자 숙련된 기록 담당자는 로베르트가 담배를 피우고 싶어 컴퓨터 모니터 옆에 놓인 담배 상자를 바라보는 것을 눈치 챘다. 그녀는 그 순간이 걱정에 휩싸인 아들에게 말을 거는 엄마처럼 다가갈 수 있는 기회라고 생각했다. 그녀는 그에게 담배를 건네고 불을 붙여주고는 물끄러미 쳐다보면서 그가 원하면 이야기를 들어줄 준비가 되어 있다고 말했다. 로베르트는 그녀의 손을 잡고 잠시 눈물을 보인 후 마침내 입을 열었다.

로베르트는 모든 사실을 말했다. 친구의 집에서 나와 제다의 집으로 간 것이 아니라, 늘 두 사람이 만나던 장소로 갔다고 정정했다. 두 사람은 그곳에서 대마초를 한 대 더 피웠다. 제다는 여전히 공격적인 행동을 보였다. 두 사람은 약 20분간 그곳에 앉아 있었다. 울타리에 난 구멍을 통해 불이 환하게 켜져 있는 보행자 도로를 볼 수 있었지만, 반대로 그곳에서는 그들이 앉아 있는 어두운 놀이터가 보이지 않았다.

그리고 일이 터졌다. 한 남자가 보행자 도로를 지나갔다. 그는 왼쪽에서 걸어왔고 지하도 쪽으로 걸어갔다. 로베르트는 그 남자가 어깨에 가방을 메고 있었다는 것만 기억난다고 했다. 제다 역시 그 남자를 보았고 곧 그에게 욕을 퍼부었다. 1분쯤 지난 후 그는 갑자기 밤새도록 기다린 누군가가 지나갔다는 사실을 깨달은 것처럼 자리에서 튀어 올랐다. 그러고는 보행자 도로 쪽으로 달려가 그 남자를 쫓아갔다. 그가 저녁 내내 휘두른 칼은 여전히 그의 손에 쥐어 있었다.

로베르트는 여전히 그 자리에 앉아 있었다. 그는 제다가 그 남자를 몇 대 때리고 말기를 바랐지만, 그건 단지 자신의 마음을 안정시키기 위한 최면에 불과했다. 실제로는 제다가 그 남자에게 칼을 꽂을 거라는 사실을 정확히 알고 있었다. 제다가 돌아오는 데까지는 5분 정도가 걸렸다. 그는 숨을 헐떡이며 아주 끔찍한 일을 당한 사람처럼 굴었다. 잠깐 동안 그는 제다가 제대로 임자를 만나 싸움에서 진 것은 아닌가 하는 생각을 했다. 하지만 그는 곧 이렇게 말했다. “자, 어서 튀어, 빨리!” 대체 무슨 일이냐는 그의 질문에 제다는 대답했다. “내가 엄청난 일을 해냈어. 그 녀석을 완전히 쓰러뜨렸지. 아직 저쪽에 있다고!”

두 사람은 재빨리 제다의 집이 있는 길 쪽으로 사라졌다. 제다의 부모님은 그 시간까지 집에 돌아오지 않은 상태였다. 제다는 자기가 한 남자를 칼로 찔렀다고 했다. 제다가 아직 그 칼을 갖고 있었지만 로베르트는 제다와 칼 모두에서 핏자국을 보지 못했다. 중요한 것은 그 칼의 손잡이가 닫혀 있었다는 것이다. 제다는 칼을 로베르트에게 건네며 없애버리라고 했다. 제다는 침대에 누웠고 로베르트는 집으로 돌아갔다. 그는 다음날 그 칼을 오스트 공원의 호수에 버렸다. 제다가 특별히 전날 밤의 사건에 대해 입을 다물라고 말한 적은 없지만, 로베르트에게 침묵은 너무 당연한 일로 느껴졌다.

담당 검사는 국제 체포영장을 발부했다. 제다가 터키를 떠나려 할 수도 있었기 때문이다. 그가 어떤 나라로 가든 우리는 그를 다시 찾을 수 있다. 독일은 지구 상의 국가 대부분과 이송조

약을 맺고 있다. 하지만 제다도 그 사실을 알고 있을 것이 분명했으므로 그리 큰 희망을 걸 수 없었다.

바이에른 주 기동경찰 잠수부는 엄청난 과제를 부여받았다. 무릎까지밖에 오지 않는 깊이, 축구장 두 개만 한 넓이의 오스트 공원 호수는 잠수를 하기에는 부적합했다. 호수에 빠진 수많은 물건들 중 칼이 남아 있는지를 살펴보기 위해서는 호수의 물을 완전히 뺀 후 수십 톤에 달하는 진흙을 걸러내야 했다. 칼에 아직 DNA의 흔적이 남아 있을 가능성이 희박하기 때문에 그다지 큰 성과를 기대할 수 없는 엄청난 작업이었다. 우리는 범행에 사용된 칼이 어디에 있는지 알게 되었지만, 수사에는 아무런 도움도 되지 않았다.

1년간 바이에른 주의 여러 교도소를 돌며 제다가 남긴 폭력의 흔적은 제다에게는 부정적이나 우리에게는 큰 도움이 되는 결과를 가져왔다. 소년원 정신과 병동의 제다 옆방에 수감되었던 난민 출신의 아르민은 방 사이로 난 창문을 통해 그와 자주 이야기를 나누었다고 했다. 아르민은 제다가 터키로 추방되기 직전에 자신이 저지른 살인사건에 대해 자백했다고 말했다. 제다는 그에게 자신이 유고슬라비아인 두 명을 죽이려 한 죄로 수감되었지만, 사실은 의사 한 명을 더 죽였다고 했다. 그러면서 그 사건에 대한 신문 기사를 보여주기까지 했다. 제다는 자신을 '묻지 마 살인자'라고 칭하며, 마지막 여자친구에게도 그랬던 것처럼 여자들에게 굴욕감을 안겨주는 것이 재미있다고 했다. 제다는 자신의 여자친구는 자기 때문에 정신과 치료까지 받았다고 낄낄댔다.

북독일 출신이어서 단 한 번도 관련 신문 기사를 읽은 적도 없고, 뮌헨에서 일어난 터널 살인사건에 대해 전혀 들은 바 없는 아르민은 제다가 범행 당일 밤 친구와 함께 있었으며, 자신에게 굴욕감을 안겨준 여자친구의 아버지 때문에 분노에 휩싸여 있었다는 사실까지 알고 있었다. 증인이 그 모든 세부적인 내용들을 제다에게서만 들었을 것이라는 데 추호의 의심도 없었다. 특히 검사와 우리는 제다 자신만이 '묻지 마 살인자'라는 표현을 쓸 수 있다고 확신했다. 살인 욕구라는 법적 개념을 그렇게 정확히 바꿔 쓸 수 있는 건 스스로 살인 욕구를 느껴봤을 때에만 가능하기 때문이다.

아르민의 진술은 절대적으로 신뢰할 만했다. 확실한 것은 제다가 아르민에게 만프레드 박사를 살해한 사실을 고백했다는 사실이었다. 모든 살인사건의 99퍼센트는 그 사실을 알고 있는 또 다른 사람이 있고, 아무리 냉혈한인 살인자라도 언젠가는 누군가에게 사실을 털어놓기 마련이라는 나의 이론은 이번 사건을 통해 거듭 확인되었다.

* * *

2년이라는 시간이 흘렀고, 우리는 제다에 대해 아무런 소식도 듣지 못했다. 우리는 줄곧 우리가 확보해둔 증인이나 제다의 주변인들과 접촉해왔지만, 그들 중 누구도 제다의 소식을 아는 사람은 없었다. 그런데 어느 날 아침 제다의 여자친구였던 니나에게 좋은 소식이 도착했다. 함부르크에서 제다로 추정되는 남자가 체포됐다는 소식을 바이에른주 범죄청으로부터 받게 된 것이다. 나이트클럽에서 패싸움을 하던 그는 자신의 신분을 증명하지 못해 임시 체포되었고, 지문 감식을 하자 뮌헨 제1검찰청의 체포영장이 발부되어 있던 사실이 금세 드러났다. 드디어 우리는 그를 체포하는 데 성공했다. 그가 뮌헨까지 이송되는 데는 사흘밖에 걸리지 않았다.

그가 도착하자마자 나는 슈타델하임의 교도소로 그를 방문했다. 그런데 거기서 나는 엄청난 실수를 저지르고 말았다. 교도소 문을 나서면서 내가 저지른 실수를 땅을 치고 후회했다. 이성이 아닌 감정에 치우쳐 스스로를 제어하지 못한 건 단 한 순간일 뿐이었는데 일은 이미 벌어지고 말았다. 과연 내가 저지른 실수는 무엇이었을까. 조사실로 불려 들어온 제다는 나를 보고 살짝 웃기까지 했다. 그러면서 나에게 악수를 청했다. 그는 어떤 증언과 증거물 때문에 유죄가 입증됐는지 알 수 있는 체포영장과 기타 서류가 들어 있는 파일을 갖고 있었다.

"체포영장을 보니 어때?" 나는 그에게 물었다.

"여기 있는 내용은 다 거짓이에요. 내가 한 짓이 아니라고요!" 그는 총알을 내뱉듯 소리쳤다.

"말도 안 되는 소리 하지 마! 거기 쓰여 있는 것처럼 네가 한 짓이라는 게 다 입증됐다. 우리는 그 사실을 추호도 의심하지 않아. 유죄와 무죄에 대해선 더 이상 이야기하지 말자고."

그러자 제다는 내 말이 끝나기가 무섭게 자리에서 일어나 파일을 닫은 후 황소처럼 거친 숨을 내쉬더니 아무 말 없이 조사실을 떠났다. 그 순간 나는 정말이지 아차 싶었다. 내가 그에게 기정사실을 들이미는 바람에 그에게 변명을 들을 기회를 놓쳐버렸다. 해명하려는 그의 의지를 꺾어놓은 것이다. 아마추어나 저지를 최악의 실수였다. 나는 그가 몇 시간이고 거짓말을 하도록 놔두는 대신 감정적으로 반응해버렸다. 나는 그가 인쇄된 증거자료들을 보면 곧 자백할 수밖에 없을 거라고 내심 바라고 있었던 것 같다. 하지만 실제로 그렇지 않자 약이 오르고 실망스러워서 초보자나 저지르는 실수를 범한 것이다.

나는 잠시 동안 그것이 나의 진실이 아닌 그의 진실에 관한 것이라는 사실을 잊고 있었다. 만약 그의 진실이 그가 가진 권리이기도 한 거짓말로 이루어졌다면, 나는 그 거짓말을 기꺼이 받아들여야 했다. 노련한 심문 전문가는 종종 거짓말이 반쪽짜리 진실보다 훨씬 낫다는 사실을 잊지 말아야 한다. 거짓말은 정확히 누군가가 자신의 범행을 감추려 한다는 사실이 드러날 때 부메랑처럼 돌아오기 때문이다. 제다가 여러 증언이 확보되었음에도 '프레디'라는 이름의 칼을 소지한 것을 부정했다면, 그것은 곧 그 칼이 범행에 사용되었다는 결정적인 증거가 되었을 것이다.

6개월이 지난 후 재판이 시작되었다. 미망인은 부대 소송 원고로 재판에 참석했다. 사건의 내용을 속속들이 알고자 했던 그녀에게조차 엄청난 부담이었다. 이는 그녀에게 진실 규명을 위한 과정의 일부였으며, 이 과정은 범인이 유죄 판결을 받는 것으로 종결될 수 있었다. 자녀들을 위해서라도 그녀는 재판 과정을 지켜보는 것을 의무라고 여겼다. 그녀는 언젠가 아이들이 아버지를 살인한 범인에 대한 재판이 어떻게 진행되었는지 알고 싶어 할 때 정확한 내용을 전달하고 싶었다.

하지만 그녀는 재판 과정이 얼마나 끔찍하게 장기간 이어질 수 있는지 전혀 알지 못했다. 실제로 이번 사건은 성인에게 청소년 형법을 적용하는 것이 적절한지, 그것이 이 사건에서 정당화될 수 있는지에 대해 엄청난 찬반 논란을 불러일으켰다. 제다에게 두 명의 변호사가 붙었다. 두 변호사는 재판 초기 검찰이나 경찰 수사를 담당한 우리 쪽 수사관들과 집중적인 논쟁을 벌였다. 변호사 두 명에 대한 수임료는 제다의 아버지가 준비했고, 이를 위해 그는 평생 동안 저축한 돈을 모두 써야 했다.

로베르트가 진술을 해야 하는 날이 왔다. 며칠 전부터 나는 그를 찾아다녔지만 도무지 찾을 수가 없었다. 당시만 해도 나와 자주 연락하던 그의 어머니도 그가 어디에 숨어 있는지 알지 못했다. 자신이 경찰에 고백한 내용을 제다가 참석한 곳에서 반복한다는 것이 얼마나 두려울지 나는 잘 알고 있었으며, 그런 로베르트를 충분히 이해할 수 있었다. 때문에 나는 그를 재판장까지 데려가겠다고 약속했었다. 하지만 그를 찾는 것이 급선무였다. 그에게 모든 것이 달려 있기 때문이다. 만약 그가 진술을 거부하거나 자신의 진실을 판사 앞에서 신빙성 있게 밝히지 못하면, 제다에게 무죄가 선고될 수도 있었다. 우리 모두는 그 사실을 잘 알고 있었다. 그리고 약속 전날 다행히도 나는 그를 찾아냈다. 마약 중독자들이 마약을 거래하는 중앙역에서였다

우리는 그를 어머니의 집으로 데려갔고, 집에 돌아온 아들을 보고 어머니는 뛸 듯이 기뻐했다. 다행히도 그는 매우 피곤한 상태여서 곧바로 침대로 가 잠이 들었다. 밤 아홉 시가 조금 넘

은 시간이었다. 나는 새벽 여섯 시에 다시 그를 찾아갔다. 그가 막 집을 나서려던 찰나였다. 나는 그를 데리고 사무실로 갔고, 그곳에는 이미 그가 만난 적이 있는 금단현상을 막아줬던 의사가 기다리고 있었다. 오래 걸리기는 하나 성공적일 치료의 시작이었다. 우리 측 검사와 판사, 변호사들은 모든 조치에 관한 정보를 제공받았다.

재판관 앞에서 로베르트는 침착한 모습을 보였다. 매우 진실하게 진술에 임했고, 변호사들의 강력한 추궁에도 진술을 번복하지도 않았다. 결국 정직함과 진실함에는 정교한 질문을 통한 함정도 당할 재간이 없는 것이다. 로베르트는 자신의 상태를 전혀 미화하지 않았다. 그는 자신이 왜 그렇게 오랫동안 거짓말을 했고 그럼에도 불구하고 지금 와서 진실을 이야기하는지 매우 신빙성 있게 설명해나갔다. 그는 제다가 국외로 추방당하고 교도소에 있는 동안 어려운 마음의 결정을 내려야 했다고 말했다. 희생된 의사의 가족을 생각하면 너무 큰 죄책감이 들었고, 죄책감은 점점 더 커져갔다. 제다는 그날 밤 누군가를 죽이고 싶다는 생각에 그 의사를 죽였다. 그것이 누구든 상관없이 말이다. 그는 누군가를 죽이고 싶어 하는 제다가 너무나 두려웠다고 말했다.

누군가의 눈빛에 사람이 쓰러질 수 있다면, 로베르트는 그 순간 증인석에서 기절했을 것이다. 증인석에서 몇 걸음 떨어지지 않은 곳에 있던 제다가 매서운 눈으로 그를 뚫어져라 쳐다보았기 때문이다. 나는 재판장의 허락을 받아 배심원석 맨 앞줄에 앉아 있었는데, 제다가 갑자기 튀어 올라 로베르트를 덮치지는 않을지 걱정했다. 로베르트는 약 두 시간 가량 증인석에 앉아 있었다. 그의 진술은 판사들에게 절대적으로 신빙성이 있는 것으로 채택되었다. 변호사들마저도 정직하고 순진한 구석까지 있는 그 증인을 더 이상 흔들어놓을 수 없다는 사실을 깨달았다.

나는 그 어떤 모순도 허락하지 않는 진실의 이론이 다시 한 번 확인된 사실에 뛸 듯이 기뻤다. 로베르트가 재판장에서 나왔을 때 그의 몸은 땀으로 흠뻑 젖어 있었다. 나는 아주 자랑스럽게 그의 어깨를 두드렸고, 검찰 역시 그의 정직하고 확고한 진술을 칭찬했다. 로베르트는 자신의 인생에서 처음으로 진정으로 어려운 일을 해낸 것이다. 이번만큼은 도망가지 않았고, 덕분에 사람들에게 인정받을 수 있었다. 그는 이 사실을 매우 자랑스럽게 여겼다. 모든 것은 앞으로 그가 훌륭히 발전해나갈 시작에 불과했다.

하지만 우리 모두는 뒤통수를 맞은 듯 실망하지 않을 수 없었다. 재판장이 살인의 책임이 피고에게 있다고 판결했을 때만 해도 법정에 있던 모든 사람들이 안도의 한숨을 내쉬었다. 하지만 곧 충격적인 실망이 이어졌다. 제다에게 6년형이라는 청소년형이 내려졌기 때문이다. 눈물로 뒤범벅이 되어 재판장을 나선 젊은 미망인에겐 너무나 큰 충격이 아닐 수 없었다.

판결문에서는 제다의 범행 사실에 대해서는 그 어떤 의심도 없다고 했다. 그럼에도 형량이 줄어든 이유는 판사들이 4년 전 살인미수로 기소된 피고인을 감정한 정신과 전문가의 진술을 따랐기 때문이다. 정신과 전문가는 제다의 상태가 당시 어땠는지 잘 알고 있으며, 그렇기 때문에 '현재 상태'와 비교할 수 있다고 했다. 정신과 전문가는 그의 현재 상태를 재판 과정을 통해 지켜보았고, 그 결과 제다가 과거보다 훨씬 더 성숙해졌다는 결론에 도달했다. 만약 그가 당시보다 성숙해졌다면 그것은 곧 당시에는 그가 미숙했다는 것을 뜻하며, 그 사실은 당시에도 정신과 전문가가 확인할 수 있는 내용이었다고 했다. 그래서 '뒤늦은 성숙'은 제다가 당시만 해도 청소년 단계에 머물러 있었으며 미성숙했다는 것을 확인해주는 단서가 되었다. 이 경우 청소년 형법을 적용하는 것이 옳다는 판결이었다.

뮌헨 제1검찰은 판결에 불복해 항소했고, 항소심은 이후 한참 동안 여론의 반발에 부딪혔다. 판사는 살인 협박을 받았고 연방법원은 해당 판결을 무효화했다. 최고형법재판소는 성인법 적용에 관한 문제가 충분히 검토되지 않았기 때문이라고 판결을 무효화한 이유를 설명했다. 이후 두 번의 재판이 더 있었다. 결국 제다는 징역 10년형을 선고받았다. 하지만 이번에도 판사는 정신과 전문가의 진술을 받아들여 최고 무기징역까지 선고할 수 있는 성인형법을 적용하지 않았다. 판결 이유 가운데 특히 기억에 남는 것은 제다가 교도소에서도 충분히 사람을 죽일 수 있었지만 더는 아무도 죽이지 않았다고 한 점이었다. 이는 그가 성숙했다는 사실을 입증해준다고 했다. 나는 갑자기 속이 울렁거렸다.

한 가지 위안이 되는 것은 석방 후 제다가 추방될 예정이라는 사실이었다. 하지만 이상하게도 그 사실을 듣고도 우리 가운데 완전히 마음을 푹 놓은 사람은 없었다. 그건 대체 왜일까?

I HATE LOVE
LOVE HATE ME
GIVE ANY MORE
I WANNA KNOW WHAT'S INSIDE YOU
GOING to HELL
THE hurt in side is fading
BRING IT DOWN
Break it down
LAST DAY
HERO
MASSACRE
BLIND
GUILTY
EAT YOU AL
SUCK
SMELL
Feeling

# 6
# 변태의 재구성

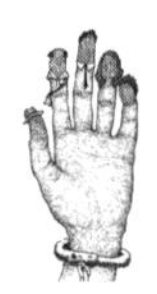

여자가 내 앞에서 계단을 올라가는데 어딘가에서 종소리가 들렸다. 좀 더 자세히 말하면 어린 시절 크리스마스트리에서 나던 소리와 비슷한 여러 개로 추측되는 작은 종이 울리는 소리였다. 그러나 마흔 살쯤 되어 보이는 뚱뚱한 아주머니는 크리스마스트리 같지 않아 보였다. 그럼에도 그녀의 넓고 긴 치마 아래에서는 끊임없이 딸랑딸랑 종소리가 들렸다. 그녀의 '허벅지 사이'에 무엇이 칭칭 감겨 있을지 상상이 갔다. 한때 풍기문란 전담부서에서 근무하면서 나 같은 정상적인 사람은 도저히 이해할 수 없는 것들을 아름답다고 여기는 사람들이 있다는 것을 일찌감치 배웠기 때문이다.

당시 우리는 도시 외곽에 사는 한 부부를 체포했다. 이들은 성적인 자유와 스스로의 만족을 위해서 일반적인 한계를 넘어섰으며, 다른 사람에게까지 피해를 줄 수 있다는 의혹이 제기되었다. 체포 당시만 해도 나는 이들 부부가 내가 지금껏 보고 듣고 체험했던 모든 것들을 의문시하도록 만들리라고는 꿈에도 생각지 못했다.

'여성의 몸 안 깊숙한 곳' 을 치장하는 장식물을 좋아하는 사람이 있고, 음순에 매다는 종의 형태와 크기, 무게가 각양각색이라는 사실쯤은 거대 전자기업 엔지니어의 컴퓨터를 수색하는 과정에서 이미 알게 되었다. 이 종을 달고 있는 여성들은 걸을 때마다 마치 초원 위에서 뛰노는 젖소들처럼 소리를 낸다고 했다. 이 엔지니어는 아내를 익사시킨 혐의를 받았지만 증거 불충분으로 풀려났다. 사건은 결국 그의 아내가 자살한 것으로 종결됐다. 나는 당시 남자를 조사하는 과정에서 사무실을 수색했고, 사무실 컴퓨터에서 수백 개의 사진을 발견했다. 하나같이 '살아있는 대상' 에 믿을 수 없는 장식물을 해놓은 것들이었다.

아무리 시간이 남아돈다고 해도(남자는 매월 6,000유로 가까이 되는 월급을 꼬박꼬박 받고 있었다) 어떻게 그런 사진을 회사 컴퓨터에 저장해놓을 수 있는지, 사진 속 사람들은 어떻게 그런 일을 자발적으로 할 수 있는지 지금도 의문이다. 그런 행동을 하면서 얼마나 고통을 느꼈을지 생각하면 정말 메스껍다. 하지만

'가학 피학성 변태 성욕자 부부' 사건을 수사하는 과정에서 나온 사진이며 비디오에 비하면 그 엔지니어의 사진들은 아무것도 아니었다. 부부의 사진은 수많은 살인사건보다 더 충격적이었다. 나는 이들 부부의 사건에서 본 것을 지금까지도 믿지 못하고 있다. 아마 평생 내 머릿속에서 지워지지 않을 것이다.

이들 부부는 경찰에 신고된 한 인터넷 광고를 통해 알려졌다. 이 광고에서는 적당한 '피의 욕조'와 더불어 '도살을 원하는' 사람을 찾고 있었다. 확인해보니 '로텐부르크의 식인종'이라는 자극적인 문구와 함께 이 광고를 인터넷에 올린 것이 바로 이 부부였다.

남편은 인터넷을 통해 실제로 파트너를 찾아냈다. 파트너는 자신의 페니스를 잘라 불에 구운 뒤 이 남자 식인종에게 기꺼이 제공했다. 둘은 함께 페니스를 먹었는데 (이제는 어느 정도 알려져 있듯이) 그다지 맛은 없었다고 한다. 상상을 초월할 정도로 역겹고 잔혹한 변태 행위가 인터넷 채팅방에 버젓이 나돌고 있었다. 정보교환의 자유라는 미명 하에!

이 사건은 우리에게 우연찮게 걸려들었다. 부부는 특별한 피의 욕조를 만들어놓고, 인터넷을 통해 '도살당하고 싶은 사람들'을 모집하는 일명 '로텐부르크 사건'으로 주목을 끌었다. 부부는 이 아이디어를 그 누구보다 선점하고 싶은 생각에 가장 먼저 광고를 냈다. 이 광고를 보고 자신들을 도살해달라며 동참하고 싶다는 뜻을 밝혀온 사람들이 있었다. 이 사람들은 이 일에 왜 경찰이 개입하는지 이해하지 못했다.

부부는 열 살짜리 아들과 뮌헨 문 앞의 작은 단독주택에 살았다. 지하실에는 방음벽을 설치해 부부 둘이서 혹은 손님들과 함께 '그 일'을 할 때만큼은 아들이 아무것도 들을 수 없도록 해두었다. 그 일은 매우 시끄러웠다. 고통스러운 부르짖음과 괴성은 연출의 일부이기도 했다. 수많은 비디오에서 주인 남자가 아내를 도르래를 이용해 위로 끌어올리는 장면이 나왔다. 그것도 여자의 가슴을 도르래에 묶어서 말이다! 여자의 가슴이 유난히 봉긋하게 솟아 있어서 비교적 쉽게 끈으로 감을 수 있었던 것 같았다. 가슴을 제외하고는 다른 어느 곳에도 체중이 실리지 않은 채 여자의 몸이 위로 끌어올려졌다. 여자의 고통스러운 얼굴은 실제인지 연기인지 구분이 가지 않았다.

흥미로운 것은 모든 영상에서 남자는 고문관으로서만 역할한다는 점이었다. 남자는 어떤 성적 행위도 하지 않았다. 그는 다양한 가죽끈을 엉덩이 사이로 빼내 몸의 여러 부분에 감고 있을 뿐 그 외에는 언제나 아무것도 걸치지 않았다. 또 어떤 사진에서도 흥분한 모습을 보이지 않아 마치 자신이 직접 성행위를 할 때도 흥분하지 않을 사람처럼 보였다.

예상이 틀리지 않았다는 것은 다른 비디오 영상을 보는 과정에서 입증되었다. 우리 가운데 누구도 그런 것을 본 적이 없었다. 오랜 기간 풍기문란을 단속해온 조사관들조차 비슷한 것도 보지 못했다고 했다. 그야말로 충격적이고, 구역질나고, 이해할 수 없는 동시에 매혹적이었다. 동영상의 내용은 다음과 같았다. 여자가 커다란 가슴을 펼쳐 보인 채 나무로 된 발코니 위에 누워 있다. 잠시 후 남자가 다가오더니 커다란 대못을 박아 여자의 가슴을 발코니에 고정시킨다. 이 장면은 매우 선명하게 볼 수 있었다. 남자가 망치를 있는 힘껏 내려치자 대못이 여자의 살과 지방조직을 뚫고 삐져나왔다. 카메라를 들고 이 장면을 찍은 사람이 누구인지는 밝혀지지 않았다. 나는 이 장면을 보고는 재생해가면서 시간을 들여 조사하는 것을 포기해버렸다.

어떻게 이런 일이 가능할까? 체포된 남자나 그의 아내나 이에 대해 아무런 말도 하지 않았다. 여자는 '하찮은 것'에 신경을 쓰는 우리를 욕했다. 이는 순전히 자신들만의 사생활이며, 수사관의 조사는 사생활을 침해하는 것이었다. 그녀의 말이 틀렸다고는 할 수 없었다. 이들이 다른 사람을 게임에 억지로 끌어들였음을 증명하지 못하는 한 우리는 모든 고문 기구와 혐오스러운 사진을 이들의 손에 다시 건네주고, 이들이 멈췄던 바로 그곳에서 그 짓을 다시 시작할 수 있도록 해야 했다.

우리는 혹시 이들이 부모로서 자녀를 양육하기에 적합하지 않은 건 아닌지 검토해달라고 청소년청에 자문을 구했다. 그런데 놀랍게도 이들은 적합한 부모였다! 성적 변태성은 양육권을 제한할 수 있는 이유가 되지 못한다. 자녀에게 피해를 초래하거나 자녀의 발달에 영향을 주지 않는 한 말이다. 변태적인 성생활을 한다는 이유만으로 부모의 양육권을 제한한다면 아마 수백 명, 아니 수천 명에게 자식을 빼앗아야 할 것이다. 그리고 변태 행위가 무엇인지를 누가 정확하게 정의하겠는가?

이들 부부는 연출 때문인지 몰라도 진짜 의사와도 알고 지내는 사이였다. 뮌헨 외곽에 있는 병원의 외과의사였는데, 부부에게 응급 상황이 발생할 경우 치료를 해주기도 했지만 평상시에는 이들 부부와 사진이나 소중한 팁을 교환했다. 참고로 이 의사는 가슴 사건을 '획기적'이라고 말했다.

의사가 살고 있는 빌라를 수색하자 수천 장의 사진이 나왔다. 상당수는 전라의 여성들이 외설적인 포즈를 취하고 있는 것이었다. 대부분 숲 속 나무에 묶여 있었으며, 일부 여성들에게 외과의사가 성적인 행위를 하고 있는 장면도 있었다. 이에 대한 상세한 묘사는 윤리적인 이유로 생략하겠다. 사진 속의 여성들이 대부분 이 의사가 일하는 병원의 간호사와 동료 여의사라는 사실이 수사를 통해 밝혀졌다. 남자는 여성들에게 어마어마한 매력을 발산했던 것 같다. 의사라는 직업 때문이었을까? 아니면 가문의 든든한 배경에서 비롯된 막대한 재산 때문이었을까? 그것도 아니면 너무나 잘생긴 외모? 아마도 이것들이 조금씩은 다 영향을 주었을 것이다.

남자는 조사를 받는 과정에서 매우 쿨 하면서도 쉽게 모든 것을 털어놓았다. 그는 비호감인 사람은 아니었으며 놀랄 만큼 협조적이었다. 수사관의 조사가 도를 넘어섰다고 여기면서도 우리 입장을 이해한다고 했다. 하지만 자신은 처벌받을 행동은 하지 않았다고 주장했다. 모든 여성들이 자발적으로 행위에 동참했다는 것이다. 자신은 성적 취향에 특별히 제한을 두지 않으며, 그저 남들과는 조금 다른 자신만의 개별적인 성행위를 시도했을 뿐이라고 설명했다. 참가자들이 모두 자신의 생각에 동의했고 어떤 강요나 억압, 착취도 없었다는 사실이 자신의 주장을 뒷받침한다고 했다.

그는 자신의 행동은 물론 동참한 다른 참가자들 역시 병리학적으로 문제될 것이 없다고 주장했다. 여성들이 그에게 스스로를 내어주고 바쳤다는 것이다. 육체적인 사랑은 우리가 일반적으로 이해하고 있는 것 이상의 의미가 있다. 자발적으로 나무에 묶여서 스스로를 내어준 여성들은 이런 행위를 통해 그에게 커다란 신뢰와 사랑을 입증해 보였으며, 절대적인 충족을 선사했다.

나는 직장에서 일어난 일을 집에서 절대로 이야기하지 않지만, 이날 저녁은 예외적으로 다음과 같은 대화를 나눴다.

"당신, 나 사랑해?" 나는 아내에게 물었다.

"그럼, 당연하죠. 당신도 알잖아요." 아내는 이렇게 대답하고는 내가 몇 년 동안 하지 않던 질문을 새삼 하는 이유를 궁금해했다.

"그래? 그럼 지금 당장 근처 숲으로 가지."

"이 시간에 거기 가서 뭐 하게요?"

"나는 당신이 거기서 옷을 다 벗고 나체로 나무에 묶였으면 해."

"말해봐요. 당신 오늘 모임에 갔었어요? 너무 많이 마신 것 같은데요?"

"아니, 오늘 모임에 가지 않았고 정신도 멀쩡해. 난 그저 당신에게 사랑에 대한 증거를 원할 뿐이야. 당신이 나무에 묶인 채 당신을 내게 전적으로 내어줄 때만이 당신이 나를 정말로 사랑하는 거라고 확신할 수 있어. 이건 어떤 의사의 확언이기도 해."

"뭐예요, 당신 오늘 모임에 갔었던 게 분명해요. 지금 바로 잠자리에 드는 게 좋겠어요."

물론 농담으로 한 이야기지만 나의 여성관은 완전히 산산조각 났다. 이 사건에서 내가 본 사진들과 외과의사가 한 이야기는 내게 오랜 생각거리를 남겼다. 그렇게 아름답고 똑똑한 젊은 여성들이, 그것도 상당수는 이미 연인이 있거나 심지어 결혼까지 한 여성들이 어떻게 그런 일을 할 수 있었을까?

우리는 십여 명의 숙녀들을 조사했는데, 그것만으로도 왜 외과의사가 이런 말도 안 되는 일을 성공할 수 있었는지 이해하는 데 충분했다. 조사받은 여자들은 하나같이 그에게 '미쳐 있었다' 고 시인했으며, 처음에는 외과의사와의 관계가 지극히 정상적이었다고 말했다. 남자에 대한 사랑이 점점 깊어갈수록 그의 성적 행위와 바람도 점점 기괴해져갔다. 그가 자신의 장난감(그에게 여자들은 그 이상이 아니었다)을 게임에 동참시키는 과정은 매우 은밀하게 진행되었다. 남자를 놓치고 싶지 않다는 생각에 거의 모든 여자들이 이 게임에 응했다. 극히 소수의 여자들만이 그의 진짜 모습을 꿰뚫어보고 게임을 거부했다.

숲 속 장면은 게임의 하이라이트였다. 동시에 이 하이라이트는 여자들에게 숙명적인 관계의 끝을 의미했다. 외과의사는 숲 속의 일이 끝나고 나면 어느새 새로운 도전거리를 물색하러 나섰기 때문이다. 절대로 이런 일을 하지 않을 것 같은 여자들을, 그것도 끊임없이 새로운 여성들을 자신의 바람대로 움직이도록 하는 것이 그에게는 중요한 것 같았다. 그리고 목표에 도달했다 싶으면 여자에 대한 흥미가 사라져버렸다. 일종의 중독과도 같았다. 기본적으로 그는 누군가를 결코 사랑할 수 없는 사람으로 보였다. 아마도 자기 자신은 예외겠지만. 적어도 우리 문외한들이 내린 결론은 그랬다. 아주 진지하게 내린 결론이라기보다는 매우 감정적인 판단이었다. 다른 여자 동료들은 자신들은 절대 그런 일을 할 수 없을 거라고 확신했다.

변태 부부에 대한 조사가 몇 주간 계속됐지만, 결국 아무런 소득도 없이 중단되었다. 그들의 행동을 형사처벌할 근거가 없었다. 결국 이들은 종과 고문기구, 욕조, 사슬, 가죽끈, 채찍을 모두 챙겨서 귀가했다. 하지만 스스로에 대한 살육을 기꺼이 허락하는 사람들이 실제로 존재한다는 사실은 지금도 우리를 기분 나쁘게 한다. 이것이 단순히 희열을 갈구하는 유희일까 아니면 이들은 병들어 있는 것일까?

자신의 성적 취향을 실행에 옮길 수 있는 자유는 타인의 권리가 침해되는 곳에서 끝이 나게 돼 있다. 이 경계가 분명하지 않고 법적으로 매우 복잡하기 때문에 검찰조차 사건을 제대로 분류하는 데 애를 먹는 경우가 적지 않다. 한 50대 남성이 생각난다. 이 남자는 극단적인 마조히스트로 행세했는데, 정작 경찰에 신고를 한 것은 그였고 아내가 자신을 상해했다는 죄목이었다. 남자는 자신과 헤어지려 한 아내에게 복수하고자 했다. 어떻게 된 거냐고? 남자는 오랜 세월 아내에게 자신을 학대하도록 강요했다. 고통을 느끼는 것이 좋았기 때문이다. 아내는 처음에는 반항했지만 결국 언제나 굴복할 수밖에 없었다. 하지만 남편의 요구가 갈수록 심해지자 더 이상 견딜 수 없게 되었다.

처음에는 채찍이나 그 비슷한 걸로 때리는 것으로 시작해 다음에는 옷핀을 남편의 젖꼭지에 피어싱해야 했다. 정말 역겨웠던 것은 자신의 대변으로 가득한 욕조에 들어가 있는 남편에게 그 대변을 숟가락으로 떠먹여야 했던 일이었다. 급기야 남편은 자신의 항문에 깔때기를 꽂고 이 깔때기를 통해 제도용 핀을 밀어 넣도록 시켰다. 상상도 할 수 없는 엄청난 고통을 즐기면서 그에 따른 심각한 부상과 염증은 부수적인 선물로 여겼다. 그런데 이런 환자들을 이해하고 정해진 면담시간 외에 따로 시간을 내서 이들과 '개별적인 만남'을 갖는 의사들도 있다. 응급수술에 들어간 의사들은 사람의 '구멍'에서 안 꺼내본 것이 없다고 한다.

검찰은 아내에 대해 기소 중지를 결정했다. 상해가 위법이 아니어서가 아니라, 부상당한 사람의 동의가 있었기 때문이다. 물론 항문에 깔때기를 삽입해 제도용 핀을 장 속으로 밀어 넣은 행위는 '매우 저속한 사고의 결정체'로, 행위 자체에 대해서는 처벌 여부를 미정으로 남겨놓았다. 당시 우리 수사팀은 그녀의 운명에 대해 정말로 유감스럽다고 기록해두었던 것으로 기억한다.

* * *

경찰이라면 경찰 업무에 처음 임하기 시작해 물러날 때까지 성적인 변태 행위를 계속해서 접하게 된다. 처벌할 수 있고 없음의 경계가 불분명한 경우가 많기 때문이다. 어느 정도 적응이 필요하다. 나의 세계관이 처음으로 흔들리게 된 것은 내가 아직 '경찰 초년병'이었을 때다. 당시 나는 뮌헨 슈바빙 제6지구대에 배치받은 상태였는데, 한 무선 순찰요원이 오더니 커다란 박스를 초소에 내려놓았다. 짙은 머리색의 키 작은 남성도 함께 연행해왔다. 가져온 박스 안에서 바스락거리는 소리가 났다. 그 안에 든 것이 뭐냐는 나의 질문에 순찰요원은 킥킥대더니 "성매매 여성 두 명이에요"라고 했다. 그런데 실제로 들어있는 것은 암탉이었다. 제대로 울음소리도 내지 못할 정도로 완전히 탈진한 상태의……. 무슨 일이 일어났던 것일까?

커다란 공원에서 순찰요원의 눈에 차량 한 대가 들어왔다. 차

안에 불이 비치고 있고 누군가 움직이는 것이 보였다. 요원들은 자동차 털이범이라 생각하고는 다가가 차문을 부쉈다. 그러나 한 '남국의 남자'가 하의를 벗은 채 허벅지 사이에 암탉을 끼고 '강간'하고 있는 것이 보였다. 다른 닭 한 마리는 보조석 발 놓는 자리에 움직임 없이 놓여 있었다. 죽은 것은 아니었다. 다만 꼼짝하지 못할 정도로 기운이 빠져 있었다. 남자의 다리 사이에서 닭을 빼내자 남자의 페니스에 닭똥이 잔뜩 묻어 있는 것이 보였다. 독실한 가톨릭 신자이자 당시만 해도 그 분야에 완전히 '초짜'였던 나로서는 세상이 무너지는 것 같았다. 남자는 닭 주인에게 두 '여인'의 사랑 노동에 대한 임금으로 10마르크를 지불했다고 했다. 윤락가에 가는 것보다 훨씬 싼 값이었다.

나중에 우리는 이러한 방식의 성적 만족 행위가 많은 나라에 상당히 확산돼 있으며, 그 중에서도 암탉이 특히 애용된다는 이야기를 들었다. 달걀을 낳는 암탉의 '구멍'이 매우 잘 늘어나기 때문이라는 이유였다. 이 이야기를 들으면서 나는 아침마다 먹는 달걀을 떠올리지 않을 수 없었다. 암탉은 작고, 휴대가 간편하고, 당나귀나 소나 낙타처럼 부피가 크지 않아 대도시의 섹스 파트너로 안성맞춤이라는 것이다. 한 윤리 전문가는 당나귀나 소, 낙타는 무엇보다 자동차에서 성폭행을 하기 매우 어렵다는 점에서 욕구 분출의 대상으로는 그다지 인기가 없다고 설명해주었다. 이 전문가는 근육 수축의 효과를 극대화하여 이를 최대한 즐기기 위해 암탉을 성폭행하는 동안 목을 돌려 꺾거나 목을 조르는 남자들도 있다고 덧붙였다. 그러고 난 뒤 이 닭은 닭고기 수프의 형태로 우리 식탁에 오른다.

내가 이 이야기를 사람들에게 해줄 때면 늘 같은 반응을 얻었다. 일단 이런 일이 실제로 존재한다는 것을 믿으려들지 않는다. 그런 다음 박장대소를 하고는 이와 동시에 토할 것 같은 얼굴을 한다. 그러면서도 정작 이 '작은 암탉 성교자'들을 경멸스러운 범죄자로 보는 사람은 별로 없다. 대부분 "굳이 그런 걸 좋아한다면야……"라고 말하면서 뭐가 문제냐고 반문한다. 성적인 욕구를 충족하기 위해 다른 '사람'에게 피해를 줬느냐는 것이다. 이런 일은 이렇게 간단하게 끝이 난다. 동물보호를 조금이라도 생각한다면 다른 '생명체'라고 표현하는 게 맞지 않을까? 문제의 암탉 두 마리는 육체적인 피해를 입지 않았다. 얼마 안 가서 다시 꼬꼬댁거리기 시작했으니 이들이 정신적인 피해를 입었는지, 동물 심리학자를 필요로 하는지의 여부는 섣불리 판단하고 싶지 않다.

'작은 암탉 성교자'는 형사처벌 없이 풀려났다. 1969년부터 수간(獸姦, 인간과 동물 사이에서 행해지는 성교—옮긴이)은 더 이상 형사처벌의 대상이 아니기 때문이다. 그래도 만약 암탉이 부상을 당했다면 그는 물적 피해 혐의로 기소됐을 것이다. 결국 두 '숙녀'는 '프로'한테 당한 것이다.

* * *

변태와 관련해서 재미있는 일화도 있다. 당시 나는 정년퇴직을 얼마 남겨두지 않고 있었다. 앞의 이야기와는 완전히 다른 케이스라서 인상을 찌푸릴 일도 없을 것이다. 혹시 커피 관장을 하며 희열을 느끼는 성도착 행위에 대해 들어봤는가? 커피는 매우 강한 배뇨작용을 하는 것으로 알려져 있다. 이와 관련해 한 의사가 자신이 겪은 이야기를 하나 해주었다. 실제로 우리 주변에서 가끔 일어나는 일이다. 경우에 따라서는 의사의 도움이 필요하기도 하다.

소변이 마려운 것을 참으면서 이로 인한 고통에 희열을 느끼는 사람들이 있다! 위장질환을 겪어본 사람이라면 이 고통이 어떨지 상상이 될 것이다. 소변을 참는 데 따르는 고통은 위장질환으로 인한 고통보다 결코 덜하지 않다. 그런데 이 생리적 충동을 가능한 한 오래 참고 있다가 화장실에서 폭발적으로 쏟아내면 이 사람은 같은 무리들 사이에서 영웅이 되는 것이다. 우리는 이렇게 영웅이 되기 위한 다양한 '설명서'를 이 의사에게 넘겨받고는 박장대소를 했다. 설명서에는 어떠한 재료가 특별히 효과가 있는지, 어떻게 하면 바지에 싸지 않고 최대한 버틸 수 있는지에 관한 다양한 팁이 제시되어 있었다.

인체의 '구멍'의 개수는 제한돼 있음에도 성행위와 변태성에는 언제나 새로운 아이디어가 등장한다. 이 제한된 구멍에 해볼 수 있는 것을 모두 다 해보고 나면 언젠가는 끝이 있지 않을까 하고 생각해보곤 했다. 그러나 수십 년을 풍기단속반으로 활동해온 동료들의 이야기를 들어보면, 이들은 끊임없이 새로운 것을 배우고 있다고 한다. 전문가들조차 새로운 변태 행위를 계속 접하고 있다.

가령 페니스를 진공청소기의 흡입 튜브에 꽂아넣고 만족을 느끼는 남성들이 있다는 생각을 누가 감히 해봤을까? '진공청소기와 섹스' 할 때 자신의 점점 커지는 '거시기'에 작은 쥐가 튜브의 내부에서 빙빙 돌면서 터치하도록 했다는 내부 보고서도 읽은 적이 있다. 남자는 심한 부상을 입었는데, 그 시각에 쇼핑을 나간 아내가 돌아왔을 때 뭐라고 설명해야 할지 몰라 끝내 화장실에서 목을 매달아 자살했고 비로소 사건이 경찰에 알려졌다. 이는 꼭 누군가 부상을 입거나 죽어야만 알려지는 수많은 변태적인 성행위의 한 사례일 뿐이다.

이 분야에서 알려지지 않은 사건의 양은 어마어마하다. 우리는 그저 잘못된 결과로 이어지는 수천 건의 자기색정적 autoerotic 사건들만 알고 있을 뿐이다. 이제부터 이야기할 한 변호사의 놀라운 죽음처럼 말이다. 그가 죽는 모든 과정이 장장 네 시간에 걸쳐 비디오카메라에 녹화되었고 우리 조사팀에 넘어오게 되었다. 동영상을 보다 참지 못하고 방에서 나가버린 동료들이 상당수였다. 이들은 사람이 죽는 과정을 지켜볼 수도 없었고, 지켜보기도 원치 않았다. 무엇보다 우리는 언제 일이 벌어질지, 어떤 모습으로 그 장면이 나오게 될지 전혀 몰랐다.

영상 속에는 사다리를 오르내리는 남자가 보였다. 남자는 가터가 달린 거들과 굽이 높은 하이힐만 착용하고 있었다. 여자처럼 화장을 하고 금발 가발까지 쓰고 있었다. 그래도 남자는 '남자' 처럼 보였다. 털이 난 몸과 상당히 돌출되어 있는 페니스에서 말이다. 남자의 페니스는 축 가라앉아 있다가 다시 솟아오르기를 반복했다. 사다리는 알루미늄으로 된 것이었다. 남자는 세워놓은 사다리의 중간쯤에 두 다리를 벌리고 섰다. 그러고는 천장에서 드리워져 대롱대롱 흔들거리는 올가미를 손으로 잡았다. 로프는 천장의 쇠고리에 고정되어 있었는데, 사무실에서 사람들이 근무하는 시간에는 램프에 가려져 보이지 않도록 돼 있었다.

남자는 올가미 안에 목을 넣었다. 그러고는 두 손으로 로프를 잡아당겨 목을 조인 다음 마치 〈타잔〉에서 나오는 것처럼 앞으로 몸을 밀어 공중에서 몸이 왔다갔다 흔들리도록 했다. 올가미가 목을 조이는 압박감을 즐기고 있었다. 다만 두 다리는 사다리 위에 있었고 양손으로는 로프를 꽉 잡아서 몸이 다시 계속 흔들리도록 했다. 그는 이런 과정을 여러 번 반복했다. 할 때마다 그는 짧지만 자위를 계속했다. 그러다 한 번은 사다리를 내려와 카메라가 제대로 작동하고 있는지 만진 다음 다시 사다리 위로 올라갔다.

이런 식으로 한 시간은 같은 장면이 반복됐던 것 같다. 화면 속에서 그는 또다시 몸을 앞으로 밀어 흔들리도록 했다. 그런데 이번에는 사다리에서 미끄러지면서 공중에 발을 헛디디게 되었다. 잠시 몸을 바둥거리더니 손에서 로프를 놓쳤다. 남자는 손을 목으로 가져가려다가 갑자기 아무런 움직임 없이 올가미에 매달려 있었다. 눈 뜨고 볼 장면이 못됐다. 이 과정은 매우 신속하게 진행되었다. 만약 그렇게 슬픈 광경이 아니었다면, 그리고 사람의 목숨에 관한 것이 아니었다면 좀 더 장면이 길었으면 하고 바랐을지도 모른다. 그러나 진짜 충격적인 장면은 그 이후에 나왔다. 영상뿐 아니라 소리도 같이 녹음된 상태로 카메라는 후에도 총 세 시간을 더 돌아갔다. 거리의 소음도 멀리 잡혔다.

드디어 문제의 장면이 나왔다. 갑자기 계단실에서 아이들이 시끄럽게 소리를 지르며 계단을 오르락내리락하는 소리가 들렸다. 그때 마치 유령이 그러기라도 한 듯 남자의 왼팔이 높이 들리더니 서서히 다시 아래로 쳐지는 광경이 똑똑히 보였다. 이미 적어도 두 시간을 미동도 없이 죽은 듯이 올가미에 매달려 있던 남자다! 그는 마치 세상에 마지막 키스를 보내는 듯했다. 그의 몸속에 아직 생명이 존재하는 듯했다. 남자가 죽는 광경보다도 이 장면이 훨씬 더 충격적이었다. 의사들은 소음으로 유발되었거나 마지막 경련으로 어떤 자연반사가 작용한 것이라고 설명했다. 아직까지도 나의 뇌리에서 잊히지 않는 신비롭기까지 한 장면이다. 남자는 이튿날 여비서가 발견하였다. 비서는 상사가 그런 모습으로 천장에 매달려 있는 모습에 적잖은 쇼크를 받았다. 이 가엾은 비서는 과연 이날의 체험을 극복했을까?

I HATE LOVE
LOVE HATE
GIVE ANY MORE
I WANNA KNOW WHAT'S INSIDE YOU
GOING to HELL
THE hurt inside is fading
BRING IT DOWN
Break it down
LAST DAY
HERO
MASSACRE
BLIND
GUILTY
REDSHOT IN HEAD
EAT YOU
SUCK
SMELL
Feeling

# 7
# 돈의 맛

"벌써 어두웠습니다. 우리가 가르미슈파르텐키르헨에서 출발했을 때는 밤 열 시가 조금 넘었으니까요. 고속도로에서 저는 그녀에게 코코아 음료를 한 모금 하겠냐고 물어봤습니다. 아직까지도 날씨가 후텁지근했거든요. 물론 음료를 건네기 전에 그녀의 애인인 토마스 외에 우리가 만나는 것을 아는 사람이 더 있는지 다시 한 번 확실하게 물었죠. 그녀는 토마스 외에 아무에게도 말하지 않았다고 대답했습니다. 그래서 저는 그 일을 실행하기로 했어요. 그녀를 먼저 죽이고 나서 토마스까지도 죽이기로 결심을 굳혔습니다. 그녀가 다음에는 저와 함께 가르미슈파르텐키르헨으로 가지 않을 것을 알고 있었기에 이번에는 꼭 성공해야 했습니다. 저는 그녀에게 잘리터Saliter 코코아 병을 건네주었고, 그녀는 단숨에 음료를 다 마셨습니다. 효과가 있었죠. 그녀는 1분 만에 깊은 잠에 빠졌습니다.

밤 11시 30분경 우리는 뮌헨에 도착했고, 저는 그녀의 차가 세워져 있는 본 광장으로 바로 차를 몰았습니다. 주차장은 어두웠고 사람도 없었어요. 전 엘리자베스를 안아서 차에서 꺼내 그녀의 차 보조석에 앉혔습니다. 그리고 안전벨트를 매주었죠. 그러고 나서 제 차 트렁크에서 도끼와 쓰레기봉투, 물병을 가져와 그녀의 차 트렁크로 옮겨 실었습니다. 우리는 출발했고 한 시간쯤 후에 다하우 뒤쪽에 있는 숲에 도착했습니다. 산길을 따라 운전하면서 제가 이미 오래 전에 봐두었던 곳으로 갔습니다.

그곳에 도착한 뒤 차에서 엘리자베스를 꺼냈습니다. 그녀는 여전히 깊은 잠에 빠진 채였죠. 그녀를 차 바로 앞 헤드라이트 불빛에 내려놓았습니다. 등이 땅에 닿도록 반듯하게 눕혔어요. 그리고 그녀의 옷을 모두 벗겼습니다. 도끼를 가져와 머리를 잘랐는데, 단 한 번에 성공했어요. 두 손도 잘라냈습니다. 손목 바로 위쪽을요. 잘라낸 머리와 두 손을 파란색 쓰레기봉투에 넣고 덤불 속에 감췄습니다. '토르소'는 잡초더미 속으로 끌고 가서 거기에 두었죠. 그런 다음 바로 집으로 운전해갔습니다.

집에서 몸을 씻고는 옷을 갈아입었습니다. 그리고 로힙놀

(Rohypnol, 강력한 수면 유도제—옮긴이) 몇 정을 가루로 빻아서 또 다른 잘리터 코코아 음료수 병에 섞었습니다. 그런 다음 엘리자베스의 차로 젠틀링에 있는 토마스의 집으로 가서 그를 불러냈죠. 그때가 새벽 두 시 조금 안 되었을 시간입니다. 그는 완전히 잠에 취해 있는 상태였습니다. 저는 엘리자베스가 제 차에 부딪쳐서 사고가 났고 지금 다하우에 있는 병원에 누워 있다고 이야기했습니다. 그가 부랴부랴 옷을 챙겨 입는 데는 5분이 채 걸리지 않았습니다. 다하우로 가는 길에 특별히 조제해 둔 코코아 음료를 그에게 주었습니다. 그는 감사하게 받아들고는 바로 마셨죠. 엘리자베스와 똑같이 그도 1분 후 깊은 잠에 빠졌습니다.

저는 같은 장소로 차를 몰았고, 그를 자동차에서 끌어내려 바닥에 눕혔습니다. 그에게서도 머리를 잘라냈는데, 이번에는 두 번 이상 도끼를 내리쳐야 했습니다. 엘리자베스 때처럼 간단하지 않았죠. 그의 두 손도 잘라냈는데, 마찬가지로 엘리자베스보다 더 어려웠습니다. 파란색 쓰레기봉투를 가져와 잘라낸 그의 몸 조각들을 엘리자베스의 것과 섞어 넣은 후 덤불 속에 다시 감춰놓았습니다. 머리와 두 손을 떼어낸 몸뚱이는 잡초 속에 놔두었던 엘리자베스 바로 옆에 내려놨습니다. 그런 다음 미네랄워터를 가져와 제 몸에 잔뜩 묻은 피를 씻어냈습니다. 핏물이 길에 고이더군요. 이미 새벽 세 시를 넘긴 시간이었고, 날이 새기까지 얼마 남지 않았죠. 전 서서히 패닉 상태가 됐습니다. 그녀의 차를 다시 가져다 놓아야 했거든요. 야유회에 가기로 한 동료들과 여덟 시에 만나기로 되어 있었으니까요."

클라우스가 자백을 하는 동안 완벽하게 냉정함을 유지한 채 앉아 있는 사람은 조사실에서 그 혼자였다. 지난 몇 주 동안 새빨간 거짓말을 늘어놓다가 마침내 불과 한 시간 전 울면서 무너져내리던 모습과는 완전 딴판이었다. 나도 동석한 검찰이나 뒷자리에 앉아 있는 두 변호사 못지않게 감정이 상한 상태였지만, 그가 내 얼굴을 똑바로 보고 있었기 때문에 평정을 잃은 모습을 보여선 안 되었다. 어쨌든 그토록 파악하기 힘들었던 사건 하나가 적어도 해명은 되는 순간이었다. 지난 30년간 경찰생활을 하면서 이런 일은 처음이었고, 앞으로도 이번 사건 같은 일은 두 번 다시 겪을 것 같지 않았다. 이 독특하고도 소름끼치는 사건은 한 커플의 실종으로 아주 평범하게 시작됐다.

* * *

무더웠던 7월의 어느 날, 서른두 살인 광고 카피라이터 엘리자베스의 부모와 전산학을 전공하는 스물일곱 살 대학생 토마스의 부모가 실종 신고를 내기 위해 뮌헨 슈바빙에 있는 제13지구대로 함께 찾아왔다. 엘리자베스의 부모는 카셀에서, 토마스의 부모는 뒤셀도르프에서 일부러 뮌헨까지 온 것이었다. 젊은 경관은 이들의 말을 듣고는 현행 규칙에 따라 실종신고를 받아들일 수 없다고 설명했다. 없어진 두 사람이 성인인 데다 자살 기도의 우려도 없고, 도움이 필요하거나 위험에 빠진 상황이라는 정황도 없기 때문이었다. 범죄에 얽혔을 것이라는 단서 또한 없었다. 경관은 아마 둘이서 여행을 떠났을 것이며, 곧 돌아올 거라고 말했다.

그러나 부모들은 물러나지 않았다. 엘리자베스의 부모도, 토마스의 부모도 경관이 언급한 가능성은 완전히 배제시켰다. 엘리자베스의 어머니는 엘리자베스와 거의 날마다 통화를 하는데 약 일주일 전부터, 정확하게는 7월 16일 화요일부터 아무런 소식이 없다고 했다. 일 때문에 어디를 간다는 말도 없었고 이런 일은 처음이라고 했다. 딸은 광고회사에서 중요한 직책을 맡고 있는데, 일을 사랑한다고 덧붙였다.

집에는 그녀가 그토록 애지중지하던 화분들이 그대로 있고, 차는 완전히 더러워진 채 지하주차장에 엔진 후드가 앞쪽을 보도록 후진 주차되어 있었다. 엘리자베스는 절대 후진 주차를 하지 않는다고 그녀의 어머니는 설명했다. 그리고 엘리자베스의 절친한 여자친구가 보조키를 가지고 있어서 문을 열고 들어가 봤더니, 물건도 몇 가지 없어진 것으로 드러났다. 일단 그녀의 어머니가 확인한 것은 카메라, CD플레이어, 비디오카메라였다. 옷과 화장품은 모두 그대로 있었다. 딸이 여행을 갔다면 이런 것들을 챙기지 않았을 리가 없다는 주장이었다.

토마스의 어머니도 엘리자베스와 토마스가 함께 즉흥적으로 여행을 떠났을 리 없다고 생각하는 이유를 설명했다. 마침 뮌헨에서 대학에 다니고 있는 딸이 보조키를 가지고 있어서 아들이 사는 작은 아파트를 살펴봤더니 아들이 급히 집에서 나간 것처럼 보였다는 것이다. 가지고 나간 것이 아무것도 없었다. 침대는 정리되어 있지 않았고 컴퓨터도 켜져 있었다.

토마스는 전산학 수업에도 아무런 이유 없이 결석하고 있었다. 마지막으로 화요일까지 사용했던 컴퓨터 프로그램에 아직 로그인이 되어 있는 상태였다. 학생들이 이렇게 하는 것은 다음 날 같은 프로그램으로 계속해서 작업할 생각이 있는 경우라고 했다. 게다가 토마스는 매우 재능 있는 학생으로 장학금을 받고 프랑크푸르트대학에서 공부할 예정이었다. 일생일대의 기회를 아들이 절대 놓칠 리 없다는 것이 부모의 생각이었다. 당장 내일이면 아들은 프랑크푸르트에서 공부를 시작해야 했다. 그런데 지난 화요일부터 아들에게도, 아들의 애인에게도 아무런 소식이 없는 상태였다. 틀림없이 무슨 일이 일어났다고, 다른 이유는 있을 수 없다고 부모는 주장했다.

결국 이들의 말이 통했고 젊은 경관은 마침내 실종자 접수를 받아주기로 결정했다. 불필요하긴 하지만 그래도 너무 늦는 것보단 낫다는 말을 덧붙이면서 말이다. 하지만 이미 너무 늦었다는 것을 그는 알지 못했다.

실종자 신고가 이루어지자 여느 때와 다름없이 신고 다음 날 형사사건으로 접수되었다. 이 사건은 정년퇴직을 1년 앞두고 있는 만프레드 경위가 담당하게 되었다. 그는 20년간 형사사건을 담당했으며, 2년 전부터 실종 전담반에서 비교적 편안하게 말년을 보내고 있었다. 그래도 실종사건 처리업무가 위험하지 않은 건 아니었다. 살인사건의 상당수가 피해자 실종에서부터 시작되기 때문이다. 잘못된 판단을 내리거나 뭔가 하나를 놓치기만 해도 그 불똥은 모두 담당 형사에게 튀었다.

주변 인물들이 알고 있는 사실을 모두 종합해봐도 어디 하나 실마리가 없는 이번 실종사건은 상당히 까다로워 보였다. 두 사람이 왜 그렇게 소리소문 없이 행방을 감췄는지가 관건이었다. 만프레드 경위는 자세한 경위를 듣기 위해 엘리자베스와 토마스의 부모와 전화통화를 했다. 대화를 나눈 결과 두 사람이 자발적으로 흔적도 없이 사라진 것은 아니라는 의혹이 더욱

짙어졌다. 그는 범죄사건이 발생한 게 틀림없다는 확신을 하게 됐다. 그렇다면 그들은 납치된 것일까? 그래 보이진 않았다. 아직까지 돈을 요구하는 전화도 없었고, 사라진 이들이 부자도 아니었다. 그렇다면 함께 자살한 것일까? 정황으로 보아 그럴 가능성도 낮아 보였다. 그렇다면 남은 것은 범죄뿐이다.

만프레드 경위는 엘리자베스의 집으로 갔다. 그곳에서 엘리자베스의 가장 친한 친구와 만나기로 되어 있었다. 이 젊은 여성이 엘리자베스의 집 열쇠를 갖고 있었다. 지난번에 그녀가 엘리자베스의 부모와 함께 집을 살펴보러 왔을 때, 육중한 현관문은 닫혀 있기만 한 게 아니라 이중으로 잠겨 있었다. 최근에 이 집에 있던 사람이 집 열쇠를 갖고 있다는 이야기였다. 무엇보다 외부에서 억지로 문을 따고 들어오려 했던 흔적이 전혀 없었다. 외부 침입의 가능성은 배제되었다. 그런데 범행 장소를 떠나면서 과연 어떤 범인이 문을 이중으로 잠그고 나갈까? 이 집이 범행 장소가 아니란 것일까? 그렇다면 없어진 물건은 도난당한 것이 아니란 말인가?

집안은 매우 아기자기하게 정돈되어 있었다. 어지럽혀신 흔적도 싸운 흔적도 핏자국도 수사할 만한 것이 아무것도 없었다. 화분에서 식물의 잎이 말라가고 있다는 점만 제외하고. 엘리자베스가 며칠 동안  물을 전혀 주지 않았다는 뜻이었다. 그건 매우 이상한 일이었다. 엘리자베스는 화분에 물주는 일을 절대로 잊지 않았고, 이틀 이상 집을 비울 때는 언제나 집을 비운다고 친구에게 알리고 나갔다. 그녀의 '신주단지'인 화분 때문에라도 말이다. 친구는 엘리자베스를 가장 마지막으로 만난 지난 화요일, 그녀가 여행을 간다는 말을 전혀 하지 않았다고 했다. 특별히 눈에 띄는 점도 없었다. 엘리자베스는 여느 때와 똑같이 에너지가 넘치고, 활달하고, 의욕적이고, 즐거워했다는 것이다.

만프레드 경위는 주변을 다시 둘러봤다. 실제로 비디오카메라가 사라졌다는 사실을 한눈에 알 수 있었다. 콘솔 위에는 비디오카메라가 있던 곳만 먼지가 쌓여 있지 않았다. 비디오카메라 외에도 사진기와 CD플레이어가 없어졌다. 모두 엘리자베스의 애인인 토마스가 선물한 것이었다. 토마스는 이별을 앞두고 자신이 선물한 물건을 모두 돌려달라고 했던 것일까? 아니면 엘리자베스가 그가 준 선물을 모두 돌려보낸 것일까? 그래서 둘이 싸운 것인가? 혹시 그가 그녀의 집에 들렀다가 선물을 돌려달라고 해서 싸움이 격화된 것일까? 질문이 꼬리를 물고 이어졌다.

대부분의 여성에게 어머니나 남편, 또는 애인에게 말할 수 없는 것조차 다 믿고 말할 수 있는 친한 여자친구가 있다는 사실은 얼마나 다행인지 모른다. 수사관에게는 여자친구야말로 '소중한 정보의 보고'나 다름없다. 만프레드 경위는 엘리자베스와 토마스의 관계에 대해 친구에게 자세히 들을 수 있었다.

그녀의 말에 따르면 토마스는 재능이 많고, 감수성이 풍부하고, 집에서 교육을 매우 잘 받은 미래가 촉망되는 청년이었다. 그는 엘리자베스를 많이 좋아했다. 이 사실을 엘리자베스도 알고 있었지만, 정말로 깊은 사랑인지는 엘리자베스도 판단할 수가 없었다. 그는 자기 명의로 된 작은 아파트에서 살았는데, 공부를 해야 하는 엘리자베스에게 방해가 되지 않으려고 동거까지는 하지 않았다. 둘은 상당히 오픈되어 있는, 상호 배려를 바탕으로 한 관계를 유지하고 있었지만 만남의 끝은 이미 예고되어 있는 상태였다.

토마스는 프랑크푸르트로 가서 삶의 기반을 다지려 했다. 이것은 뮌헨이라는 세상을 그 무엇과도 바꾸기 싫어한, 일을 절대 포기하지 않으려 했던 엘리자베스와 이별을 의미하는 것이었다. 예고된 이별이 과연 '범행에 앞선 특별한 점'이었을까? 여자친구와 부모의 이야기에 따르면 그건 아닌 것 같았다. 관계의 변화는 둘 다 오래 전부터 알고 있었고, 엘리자베스는 이미 감정적으로 마음의 준비를 한 상태였다. 몇 살이나 어린 토마스와 함께하는 미래에 대해 그녀는 확신이 서지 않았다.

사건은 더욱 복잡해졌다. 엘리자베스는 사라지기 3~4주 전, 그러니까 6월 말인가 7월 초에 이모로부터 선물을 받았다. 이모는 14만 유로를 엘리자베스에게 현금으로 물려주었다. 엘리자베스의 부모도 모르는 사실이었다. 엘리자베스는 이 사실을 그 누구에게도 발설하지 않기로 이모에게 맹세해야 했다. 처음엔 돈을 집에 놔두었다가 나중에는 은행에 보관하려고 했던 것으로 엘리자베스의 친구는 알고 있었다.

만프레드 경위는 엘리자베스의 친구가 있는 가운데 서랍과 옷장 문을 열어보면서 단서가 될 만한 것을 찾기 시작했다. 엘리자베스의 옷은 깨끗하게 정리된 채 옷장에 걸려 있었고, 특별히 없어진 옷은 눈에 띄지 않았다. 욕실에는 여자들이 여행을 갈 때면 가지고 갈 법한 화장품이며 기타 위생용품이 그대로 있었다.

만프레드 경위는 비디오카메라가 얹혀 있던 작은 장롱의 서랍을 열어보았다. 폴라로이드 사진이 몇 장 있었는데, 그의 관심을 끌기에 충분한 것이었다. 모두 이 거실에서 찍은 사진이라는 사실을 사진 속 카펫을 보고 알 수 있었다. 흥미로운 점은 카펫 위에 펼쳐져 있는 것이었다. 그건 바로 지폐였다. 가지고 있는 돈을 한 장의 사진에 모두 담으려는 듯 카펫 전체에 지폐를 가지런히 펼쳐놓고 찍은 장면이었다. 두 장의 근접 촬영 사진에는 지폐가 선명하게 나와 있어서 일련번호까지 식별할 수 있을 정도였다. 지폐는 500유로, 200유로, 100유로 세 가지 종류였다. 사진을 확대해보면 총 금액도 알 수 있을 것 같았다.

그런데 이 돈은 어디에 있는 것일까? 어쩌면 이 집 어딘가에 잘 숨겨져 있을지도 모른다. 정확한 수색 작업을 실시하기 위해 만프레드 경위는 경찰서에 추가 인력 파견을 요구했다. 엘리자베스의 '절친'은 엘리자베스가 사진기로 지폐를 찍은 사실은 전혀 몰랐지만, 폴라로이드 카메라가 있다는 것은 알고 있었다. 그리고 이 카메라가 사라진 상태였다. 엘리자베스는 친구에게 예전 애인이 소개해줬다면서 매우 수익성이 좋은 자산 투자에 대해 이야기했다. 엘리자베스는 예전 애인을 만났던 것 같았는데, 그게 언제였는지는 알 수 없었다. 토마스의 '전임자'는 엘리자베스의 '위대한 사랑'이었다고 했다. 그의 이름은 클라우스고 형사사건을 담당하는 경찰인데, 정확하게 어디에서 근무하는지는 친구도 몰랐다. 하지만 근처 어디에서 일하는 건 분명하다고 했다.

만프레드 경위는 추가 인력이 도착하기까지 엘리자베스의 보라색 푸조 컨버터블을 살펴보기로 결심했다. 차는 지하주차장의 임대 지정석에 후진 주차되어 있었다. 엘리자베스가 절대로 하지 않는다는 주차 방식이었다. 이 좁은 지정석은 후진으로 빠져나가는 것보다 후진으로 들어와 주차하는 것이 더 어렵기 때문이라는 설명이었다. 어두컴컴한 지하주차장 불빛에서도 이 차가 어려운 곳에 갔다왔음이 드러날 정도였다. 차 아랫부분과 머플러에는 풀잎파리가 치렁치렁 걸려 있어 숲길이나 들판을 달렸던 것으로 보였다. 자동차 키가 없으니 경찰의 견인차를 동원해 차고에서 차를 꺼내야 하는 상황이었다. 물론 그 전에 차량 내외부에 무슨 흔적은 없는지 감식반의 증거 보존 절차를 거쳐야 했다.

잠시 후 주차장 밖으로 차량이 견인되었다. 감식반원들은 보닛 전체에 걸쳐 보라색 페인트 위에 혈흔 비슷한 것이 잔뜩 묻어 있는 것을 발견했다. 미세하게 뿌려져 있는 자국이었는데, 보닛에서 시작해 피라미드 모양으로 차 앞 유리까지 튀어 있었다. 다른 곳에서도 혈흔이 발견되었다. 운전석 발 놓는 부분도 마찬가지였다. 특히 눈에 띄는 것은 트렁크 안에 상당량의 혈흔이 있다는 점이었다. 신속히 테스트한 결과, 이 모든 혈흔이 인혈이라는 것이 밝혀졌다. 문제는 누구의 피인가 하는 것이었다.

다섯 명이 넘는 실종 담당반 형사들은 엘리자베스의 집을 샅샅이 뒤졌다. 감식반원들도 실내 조사에 참여했다. 발견된 것은 아무것도 없었다. 집안에서는 단 1유로도 발견되지 않았다.

수사에 도움이 될 만한 그 무엇도 나오지 않았다. 만프레드 경위는 사무실로 돌아가 다시 한 번 엘리자베스의 부모와 통화를 하면서 딸이 상속받은 돈에 대해 이야기를 꺼냈다. 엘리자베스의 어머니는 곧바로 그것이 슈투트가르트에 살고 있는 자신의 언니에 관한 것임을 알아차렸다. 그녀는 언니와 통화를 하면서 딸이 실종됐다고 이야기를 했고, 언니는 놀라서 엘리자베스에게 돈을 준 사실을 털어놨다. 언니는 조카인 엘리자베스를 유독 끔찍이 아꼈으며 친딸처럼 생각했는데, 현재 상속 재산을 정리하는 중이라고 했다.

만프레드 경위는 곧 슈투트가르트에 사는 '씀씀이 큰' 이모와도 통화를 했는데, 그녀는 크게 걱정하고 있었다. 수없이 자책하면서 이 사건이 돈과 아무런 관련이 없기를 바란다고 했다. 그녀는 엘리자베스에게 14만 유로를 현금으로 준 사실을 단도직입적으로 말했다. 6월 30일에 엘리자베스가 슈투트가르트에 있는 자신의 집으로 찾아왔고, 그 자리에서 커다란 봉투에 넣어 건네주었다는 설명이었다. 모두 100유로짜리로만 주었으니까 현금 단위까지도 정확하게 기억하고 있었다.

만프레드 경위는 이해가 되지 않았다. 사진에는 분명히 500유로, 200유로, 100유로짜리를 볼 수 있었다. 엘리자베스는 돈의 부피를 줄이기 위해 돈을 바꾼 것일까? 100유로짜리 1,400

장을 카펫 위에 모두 펼쳐놓기는 힘들었을 테니 말이다. 만프레드 경위는 살인 전담부서가 개입할 때가 됐다고 생각했다. 그 전에 엘리자베스의 옛날 애인과도 이야기를 나눠볼 생각이었다. 같은 형사라고 하니 찾아내기는 그리 힘들 것 같지 않았다. 예상대로 경찰서로 돌아오자마자 금방 그를 찾아낼 수 있었고 통화를 시도했다.

클라우스, 36세, 이혼함, 뮌헨 거주, 직위는 경사. 현재 뮌헨 북부 지역에 배치받아 강도사건을 전담하고 있었는데 일종의 한직이었다. 그는 1년 반 전까지 엘리자베스와 친밀한 관계였음을 시인했다. 그는 그녀의 현재 애인도 알고 있으며 가끔 만나기도 했다고 말했다. "아니요, 엘리자베스와 토마스가 실종된 사실은 전혀 모르고 있었습니다." 혹시 상속건에 대해 알고 있었느냐는 질문에 그는 "정확하게는 모릅니다"라고 했다.

"그녀가 몇 마디 흘리기는 했나요?"

"네. 그 건으로 엘리자베스가 제게 전화를 해서 상속받은 돈이 있는데 수익이 나는 데에 투자하고 싶다고 하더군요. 자기가 투자에 대해서는 잘 모르니까 저더러 같이 가줄 수 없느냐고 물었습니다. 그래서 같이 가줬죠. 그런데 담당 은행직원이 오지 않아서 흐지부지되고 말았어요. 그녀는 완전히 실망했죠. 저는 그냥 잊어버리라고 충고했습니다. 그게 전부예요." 그 이후로 그는 그녀와 더 이상 접촉한 적이 없다고 했다. 마지막으로 만났을 때가 적어도 3~4주 전이니까 6월 말이나 7월 초쯤이라고 덧붙였다.

* * *

만프레드 경위는 내게 많이 설명할 필요가 없었다. 만프레드 경위 같은 사람이 어떤 사건을 범죄라고 판단했다면 심각하게 받아들여야 했다. 그는 '열을 뿜는 스타일'과는 거리가 멀었고 오히려 신중에 신중을 기하는 편이었다. 그가 자신이 맡은 사건을 직접 좀 더 조사하는 대신 사건일지를 살인 전담반에 건네준다면, 그건 바로 살인사건일 가능성이 상당히 높다는 뜻이다. 만프레드 경위의 사건 기록에서 어느 부분이 더 중요한지는 굳이 구분하지 않아도 되었다. 사건을 인계받고 나면 어차피 다 다시 살펴봐야 하니까.

지금까지의 증인 심문 조사에서는 별로 건질 게 없다고 그는 말했다. 아무도 그 커플이 사라진 이유를 설명하지 못했다. 친구와 지인, 직장 동료, 가족들 모두가 두 사람 사이에 어떤 식으로든 폭력이 일어났을 가능성은 완전히 배제했다. 만프레드 경위는 엘리자베스의 예전 애인이자 우리와 같은 형사인 클라우드에게는 전화로만 몇 가지 물어봤다는 이야기도 덧붙였다. 특별히 이상한 점은 없었다는 말과 함께. "유감스럽게도 그 역시 사건 해결에 도움을 주지 못했습니다. 가장 최근에 만난 것이 3~4주 전이었다고 하더군요. 그녀가 사라진 건 일주일 정도밖에 되지 않았고요."

이번 사건은 제5살인 전담부서로 인수인계됐고, 당시 내가 부서를 지휘하고 있었다. 잠깐 설명을 들은 우리는 곧바로 한 곳으로 의견이 모아졌다. 범죄가 일어났다는 것. 혈흔만으로도 이러한 추리가 가능했다. 지금까지의 모든 조사 내용은 관계성 범행을 가리키고 있었다. 현재로서는 일단 뜻하지 않은 재산 상속, 또는 예정된 둘의 이별과 관련된 정황이 포착되었다. 물론 둘 다 관련되었을 수도 있다. 그런데 그 돈은 지금 어디에 있으며, 왜 유독 현재 애인인 토마스와 관련된 물건만 없어진 것일까?

실종자들의 두 어머니가 지체 없이 바로 그날 혈액 샘플을 제출했다. 그것도 법의학 연구소에 직접 말이다. 그리고 벌써 첫 번째 결과가 나왔다. 차량의 보닛에서 발견된 혈흔은 차량 내부 발 놓는 곳에서 발견된 혈흔과 마찬가지로 모두 엘리자베스의 것으로 확인되었다. 그런데 트렁크 안에서 엘리자베스와 토마스의 DNA가 섞여 있는 혈흔도 나왔다. 이러한 혈액상을 어떻게 해석해야 할까? 혈흔의 대부분이 엘리자베스의 것이기 때문에 그녀가 이번 사건의 피해자일 가능성이 높았다. 그런데 트렁크에서 토마스의 혈흔도 소량 발견되었으니 그 역시 피해자로 볼 수 있는 것 아닐까?

아니면 혹시 그가 범행을 실행하는 과정에서 부상을 입었다거나, 엘리자베스의 사체를 트렁크에 밀어넣는 과정에서 피가 날 만한 다른 연장에 다친 것은 아닐까? 그것도 아니면 토마스가 엘리자베스를 살해하고 나서 자살했을까? 그러려면 그녀의 사체를 먼저 처리한 뒤 그녀의 차를 원래 자리에 갖다 놓은 다음 스스로 목숨을 끊었어야 말이 된다. 현실적으로 매우 가능성이 낮은 얘기다. 이런 상황에서 왜 그가 구태여 그녀의 차를 다시 갖다 놓았겠는가? 아니면 마지막 순간에 스스로 목숨을 끊을 용기가 없어서 종적을 감춘 것일까?

두 사람이 제삼의 인물에 의해 살해됐을 가능성도 제기됐지만 가능성이 없는 것으로 간주되었다. 이 커플이 차에 있다가 성범죄자의 공격을 받아 살해됐다고 하면 범인이 엘리자베스의 열쇠와 어딘가에 적혀 있는 집주소를 토대로 그녀의 집을 찾아냈을 수도 있겠으나 둘이 산속 어딘가에서 갑자기 욕구를 느껴 애정행각을 벌였을 가능성은 희박했다. 굳이 그런 곳이 아니라도 좀 더 편안하게 집에서 즐기면 되니까. 또 범인이 그

넓은 지하주차장에서 엘리자베스 차의 주차 위치를 어떻게 정확하게 알았느냐는 것이다. 왜 그는 차를 그곳에 다시 갖다 놓은 것일까? 낯선 범인이 굳이 감행하지 않아도 될 불필요한 위험이었다.

엘리자베스의 집에서 발견된 폴라로이드 사진을 확대한 결과는 우리에게 또 한 번 놀라움을 선사했다. 사진의 질이 좋아서 그만큼 많이 확대할 수 있었는데, 일부 지폐에서는 예상대로 일련번호를 확인할 수 있었다. 그런데 이야기는 이제부터다. 지폐는 가치의 크기에 따라 순서대로 분류되어 있었다. 이를 통해 각 지폐들의 개수를 재구성해볼 수 있었다. 그 결과 500유로짜리 100개, 200유로짜리 200개, 100유로짜리가 100개였다. 모두 더하면 정확하게 10만 유로! 여기에서 다음 수수께끼가 나온다. 나머지 4만 유로는 어디 있단 말인가?

계좌 추적 결과는 우리에게 혼란만 가중시켰다. 엘리자베스의 돈이 말 그대로 흔적도 없이 사라졌다! 그녀의 집과 직장, 애인의 집은 말할 것도 없고 그녀의 계좌에도 토마스의 계좌에도 들어 있지 않았다. 돈이 들어 있기는커녕 계좌는 완전히 텅텅 비어 있었고, 더욱이 마이너스 대출로 인출 가능한 금액까지 모조리 인출되어 있는 상태였다. 모두 6,000유로가 인출됐는데, 뮌헨 지역의 여러 현금인출기 중에서도 그녀의 집에서 그다지 멀지 않은 슈바빙 레오폴트 거리에 있는 기계를 주로 이용해 일주일 만에 빠져나갔다.

이게 전부가 아니었다. 인출해간 시점은 모두 그녀가 사라지고 난 이후였다. 처음 빠져나간 1,000유로는 수요일 아침 6시, 그러니까 7월 16일이었다. 이것이 무슨 뜻일까? 왜 그녀는 14만 유로를 현금으로 갖고 있으면서도 아침 6시에 또 돈을 인출한 것일까? 그녀는 도대체 어디에 있었단 말인가? 만일 다른 사람이 인출했다면 그 사람은 어떻게 그녀의 현금카드를 손에 넣게 되었으며, 비밀번호는 또 어떻게 알아냈단 말인가?

가능한 모든 방향으로 수사가 진행되면서 희망과 실망 사이를 오갔는데, 실망 쪽에 더 많은 무게가 실렸다. 이번 사건에 이용된 해당 현금인출기 가운데 감시카메라가 설치되어 있는 인출기는 단 한 개도 없었다. 이는 돈을 인출해간 사람이 의식적으로 신분이 노출되지 않도록 하는 데 신경을 썼다는 것 외에는 달리 해석할 수가 없었다. 그런데 왜 이 사람은 신분 노출을 꺼렸을까? 뭔가 켕기는 것이 있었기 때문이다. 그것 말고 무슨 다른 이유가 있겠는가.

가까운 이웃이자 엘리자베스의 가장 친한 친구를 다시 한 번 철저하게 심문함으로써 처음으로 수사에 진전이 있었다. 그녀는 그동안 엘리자베스의 직장 동료와 전화통화를 한 상태였다.

이 직장 동료는 엘리자베스가 7월 16일에 아무런 말도 없이 결근했으며 이후로도 전화 한 통 없었다고 했다. 그래서 직장 동료가 엘리자베스의 친구에게 전화를 한 것이었다. 그녀는 엘리자베스가 결근하기 하루 전날 저녁에 '돈 투자건'으로 예전 애인인 클라우스와 만나기로 했다는 사실까지도 정확하게 기억하고 있었다.

우리는 곧바로 엘리자베스의 직장 동료를 불러 상세하게 심문을 했다. 그녀는 엘리자베스의 친구와 통화를 한 사실을 인정했을 뿐 아니라 그 내용까지도 정확하게 다시 읊었다. 이로써 7월 16일, 엘리자베스와 토마스의 마지막 흔적이 있었던 날에 엘리자베스가 전 애인 클라우스와 만나려고 했던 사실이 거의 확실해졌다. 물론 그녀만 클라우스를 만나기로 했지 토마스는 아니었다. 약속을 했다고 해서 반드시 만났으리라는 보장도 없었다. 하지만 그녀가 그날 예전 애인을 만났다고 하면 클라우스는 일부러 이 사실을 숨긴 것이거나 기억력이 좋지 않은 것이다.

나는 사람이라면 누구나 살인자가 될 수 있다고 생각하는 편이다. 예외 없이 누구나! 살인 전담부서에서 근무하는 기간이 길어질수록 이런 생각은 점점 확고해졌다. 그럼에도 마음속에서 무언가가 반기를 들고 일어서려 했다. 나와 같은 '식구들 이야기'라는 것도 영향이 없지는 않았다. 나는 적어도 뮌헨 경찰은 일종의 대가족이라고 생각했다. 그러면서도 나를 사로잡고 있는 이 감정이 무엇 때문인지 정확하게 표현하기 힘들었다. 사건이 해결되는 쪽으로 불어오고 있는 '순풍'이 막연하지만 불길한 나의 예감과 뒤섞였다. 어쨌든 좋지 않은 기분임에는 분명했다.

즉흥적인 것과 혼동될 수 있는 어설픈 계획은 내 스타일이 아니기에 나는 좀 더 깊게 생각해본 후 라이문트를 이번 사건에 '특사'로 파견시키기로 결정했다. 클라우스가 어떻게 반응하는지 보고 싶었다. 라이문트 형사는 클라우스가 일하고 있는 경찰서에 예고 없이 방문해 클라우스에게 면담을 요청했다. 클라우스는 서장실로 들어오면서 라이문트를 보는 순간 이 흑인 형사가 뮌헨의 어느 부서에서 일하는지 곧바로 알아차렸다. 뮌헨에서 근무하는 경찰이라면 라이문트를 모르는 사람이 없었다.

살인 전담부서에서 근무하는 형사라고 소속을 밝힌 라이문트가 이야기를 나누고 싶다고 말했는데도 클라우스는 아무 말도 하지 않았다. 심지어 '그 실종건' 때문에 물어볼 게 있으니 함께 살인 전담부서로 갔으면 한다는 말을 듣고도 침묵을 지켰다. 살인 전담부서가 있는 건물은 중앙역 바로 건너편 바이어 거리에 위치해 있는데, 이곳까지 오는 동안에도 그는 내내 조용했다.

사무실에 도착한 라이문트 형사가 내게 이런 사실을 보고했을 때 사실 어느 정도는 혼란스러웠던 생각이 어느 한 방향으로 확실하게 굳어졌다. 클라우스가 자신이 왜 살인 전담부서에 불려왔는지 한마디도 묻지 않았다는 것만으로도 매우 이상한 일이었다. 내 오랜 경험으로 봤을 때 정말로 죄가 없는 사람이라면 그런 상황에서 절대로 하지 않을 행동이었다. 조심스럽게 결론을 내리자면, 그는 아마도 '죄가 없지는 않을 것' 이다. 클라우스는 나보다 키가 컸다. 185센티미터 정도 될 것 같았다. 날씬하고 다부진 몸매에 머리는 세련된 스타일로 다듬은 중간 길이의 숱 많은 금발이었다. 얼굴도 상당히 잘생겨서 요즘 유행하는 말로 딱 '바람둥이' 였다. 여자들에게 잘 어필할 것이 충분히 상상됐다. 옷차림도 세련되었고 고급스러운 옷을 입고 있었다.

* * *

그에 대한 심문은 오전 9시 30분에 시작됐다. 가장 어렵고 부담되는 심문 중 하나가 될 것이라는 사실을 그때는 미처 몰랐다. 그는 처음에는 증인의 자격으로 조사를 받겠지만, 열두 시간쯤 쉬지 않고 심문을 계속한 후에는 이중살인 혐의를 적용할 수 있을 것이었다. 이어서 담당 검찰이 모든 혐의점을 철저하게 검토할 것이고, 체포영장을 신청해 받아낼 것이 분명했다. 하지만 아무리 경험 많은 심문 전문가라 해도 심문이 어떻게 진행될지, 그리고 어떻게 끝이 날지는 절대 알 수 없는 법이다. 심문에 앞서 많은 것을 예감하고 있을지라도 말이다. 심문이란 질문하는 사람이 만족할 만한 답이 나올 때까지, 또는 질문자가 만족할 만한 대답이 더 이상 나오지 않을 때까지 계속된다. 조사를 받는 사람이 더는 기억하지 못하거나 (어떤 이유에서인지는 모르겠지만) 판에 박힌 거짓말을 할 때까지 말이다.

클라우스가 얼마나 긴장했는지 훤히 보였다. 그는 최고의 집중력을 보이고 있었다. 그 자리에서 긴장하지 않을 사람이 누가 있겠는가? 그 사람이 경찰이라고 해도 달라지지 않는다. 아니 오히려 그 반대다. 경찰은 사람이 얼마나 빨리 혐의를 받을 수 있고 형사소추기관이 얼마나 끈질기게 달라붙을지 가장 잘 알고 있다. 경찰은 허점을 보이지 않으면서 가능한 한 유연하게 행동해야 한다고 생각한다. 특히 살인사건 담당 형사가 사건의 핵심에 다다를 수 있다는 것을 알고 있을 때는 더더욱 그렇다. 이건 단순히 달걀 하나를 훔친 사건이 아니라 살인사건이었다.

나는 그에게 증인으로서의 권리와 의무에 대해 알려주면서 진실을 말하라고 경고했다. 정확한 것은 아직 모르지만 어떤 범죄가 발생했음을 전제로 하고 있다고도 이야기했다. 무엇보다 우리가 혈흔을 발견했기 때문이라고 덧붙였다. 나는 그가 어떤 질문을 해올 것이라고 생각하며 의도적으로 모호한 암시를 했다. 하지만 그는 극도로 집중해서 내 말을 들었으면서도 아무런 질문도 하지 않았다. 마치 그는 이미 모든 것을 알고 있는 것처럼 보였다. 그가 범인이기 때문일까?

그는 형사 업무 중에 엘리자베스를 알게 됐다고 했다. 그녀는 300유로의 현금과 체크카드, 여러 서류가 들어 있는 가방을 소매치기 당한 적이 있는데 그 사건을 담당한 사람이 바로 클라우스였다. 얼마 후 지갑이 발견되긴 했지만, 범인이 현금만 빼가고 지갑은 그냥 버린 것이었다. 그녀가 자신의 물건을 찾으러 사무실로 왔을 때 둘은 서로 호감을 느꼈고 식사 약속을 했다. 그래서 근사한 이탈리아 식당을 거쳐 결국 그녀의 침대로 가게 됐다. 그의 침대로는 갈 수 없었다. 그곳엔 아직 그의 아내가 있었기 때문이다. 얼마 안 있어 엘리자베스와의 관계는 클라우스 부부의 이혼으로 이어졌다. 그는 처음부터 둘은 맞지 않았다고 했다. '그렇지, 항상 그래.' 나는 생각했다. 남자에게 다른 여자가 생기면 갑자기 '우리 부부는 맞지 않았어'가 되는 스토리를 나는 이미 잘 알고 있었다.

엘리자베스와 그는 4년을 함께했다. 이 관계 역시 '우리는 더 이상 맞지 않아'가 됐고, 1년 반 전에 둘은 헤어졌다. 이후 엘리자베스는 토마스라는 대학생과 사귀게 되었고, 가끔씩 셋이 함께 만나기도 했다. 엘리자베스와 마지막으로 접촉한 것은 적어도 3주 전이라고 했다. 아마도 4주, 아니 그보다 더 오래된 것 같다고 했다. 기억력이 나빠서 정확하게는 생각나지 않는다고 했다. 느닷없이 그녀가 전화를 걸어와 상속건에 대해서 이야기했는데, 그때가 6월 말이나 7월 초였을 거라고 기억을 더듬었다. 혹시 그때가 7월 16일은 아니었느냐는 나의 질문에 그는 자신의 '나쁜 기억력'은 까마득히 잊어버린 듯했다. 나쁜 기억력과는 오히려 정반대였다. "아니요, 그날은 확실히 아닙니다." 이 대답이 총알처럼 빠르게 그의 입에서 튀어나왔다. 그러면서 수요일인 7월 17일에 부서에서 단체로 야유회를 갔기 때문에 그것만은 정확하게 기억한다고 말했다. 만약 야유회 하루 전날에 엘리자베스를 만났다면 분명히 생각이 났을 거라는 주장이었다. 이들은 3~4주 전에 '그 일정'이 유야무야되는 바람에 같이 가르미슈파르텐키르헨으로 식사를 하러 갔다.

"뭐라고요? 가르미슈파르텐키르헨으로요?" 나는 놀라서 물었다. "거긴 거의 100킬로미터나 떨어져 있는 곳이잖습니까."

"그게 뭐 어때서요?" 그가 말했다. "차만 안 막히면 제 차로

30분이면 갈 수 있는 곳이죠."

'허풍쟁이!' 라고 나는 속으로 외쳤다. 그의 차가 BMW7 시리즈라는 것을 알게 되기 전까지는. 그런데 어떻게 뮌헨 경찰의 경사가 그런 차를 몰 수가 있지? 나는 이 경사 양반이 1년 전에 상당한 액수의 '검은 돈' 을 상속받은 덕분에 금전적으로 나보다 훨씬 더 좋은 백그라운드를 갖고 있다는 것을 이때까지만 해도 모르고 있었다.

이후 몇 시간은 엘리자베스와의 만남에 대해서만 조사가 이루어졌다. 어느 날 엘리자베스가 호헨촐러른 거리에 있는 은행으로 그를 불러냈다. 잘 알지는 못하지만 그곳에 있는 잘 나가는 투자자를 만나서 상담을 받기로 했다는 것이다. 그는 은행 이름을 구체적으로 언급했지만, 조사에는 아무 도움도 되지 않았다. 그곳에서 그들을 본 사람이 아무도 없었고 그들은 결국 아무도 만나지 못했기 때문이다. 투자 상담가와의 만남에 대해 알고 있는 사람도 아무도 없었다. 적어도 그의 주장에 따르면 그랬다. 투자 상담가와 만나기로 한 시간은 오후 네 시에서 다섯 시 정도였다. 그는 처음에는 그날이 수요일이라고 했지만, 은행이 늦게까지 문을 열었던 걸 보니 목요일이었을 수도 있다고 정정했다. 그는 한 가지 사항에 대해서만 확실하게 기억했다. 절대로 화요일은 아니라는 것, 특히 7월 16일은 아니었다는 것.

가끔은 고되고 힘든 심문을 통해 얻는 정보 외에 외부에서 들어오는 새로운 정보도 구세주의 역할을 하는 경우가 있다. 특히 심문 과정에서 나오는 내용을 통해 어떠한 단서를 즉각적으로 잡아내고 이를 검토할 수 있는 전문가가 뒤에 있다면 수사에 큰 보탬이 된다. 요즘에는 컴퓨터가 있어서 모든 심문 기록을 조사실 밖의 컴퓨터로 실시간 공유할 수 있다. 나의 '구세주'인 에리히 형사가 내게 잠깐 밖으로 나오라는 쪽지를 띄웠다. "잠깐 휴식합시다." 나는 이렇게 말했다.

에리히 형사는 그동안 클라우스 형사의 전 부인과 이야기를 나누었다고 했다. 그녀는 전 남편이 남들에게 들켜서는 안 되는 어마어마한 현금을 갖고 있다고 확신했다. 몇 주 전에 전 남편이 대형 BMW를 산 것만 봐도 분명하다고 했다. 그러면서도 전 남편은 그녀와 여덟 살 된 딸을 위한 생계비로는 병아리 눈물만큼만 지불하고 있었다. 그는 7월 14일 딸의 생일조차 잊어버렸다. 딸에게 전화 한 통 하지 않았고, 휴대전화는 늘 그렇듯 꺼져 있었다.

화요일인 7월 16일에서 수요일인 7월 17일로 넘어가는 날 밤, 그녀는 그의 집 앞에서 그가 올 때까지 기다렸지만 그는 오지 않았다. 그의 차는 지하주차장에 주차되어 있었다. 그의 집 앞에서 오후 세 시부터 새벽 세 시까지 차 안에서 꼼짝도 하지 않고 기다리고 있었기 때문에 그가 집에 없었던 것이 확실했다고 그녀는 말했다. 결국 그녀는 만남을 포기하고 다시 집으로 돌아와야 했다. 그녀의 진술은 우리에게 필요한 하이라이트였다. 나는 너무 기뻤다. 이제 우리는 적어도 그가 집에 없었음을 알게 되었고, 이 반박할 수 없는 알리바이를 근거로 "집에서 자고 있었습니다"라는 답변을 잘라버릴 수 있게 되었다. 그가 이제 뭐라고 말할지 몹시 기대됐다.

"클라우스 씨, 지난 7월 16일에서 7월 17일로 넘어가는 날 밤 어디에 계셨습니까?"

"흠, 제가 어디에 있었냐고요?" 그는 깊은 생각에 잠겼다. "그때 내가 집에 있었나?" 그는 거의 자신에게 묻듯이 말했다.

"아니오." 나는 그에게 단호하게 대답했다. "당시 당신은 집에 없었습니다. 우리도 방금 전에 알게 된 사실이지만요." 나는 이렇게 덧붙이고는 그의 얼굴을 똑바로 바라봤다. 내가 가진 모든 자신감을 눈길에 가득 담아서 말이다.

"맞아요." 그가 성급히 동의했다. "여기저기 돌아다녔습니다."

내가 기다린 바로 그 순간이었다. 어디에서 누구와 함께 있었는지 정확하게 말하지 못한다면, 그가 바로 범인이 확실하다는 생각이 뇌리를 스쳐 지나갔다. 맥박이 200까지 치솟았다. 그가 알리바이를 대지 못한다면 그는 이제 '죽었다!'

"내가 어디에 갔었더라?" 그는 이렇게 시작해서 자신이 어디 어디를 돌아다녔는지 좀 생각해봐야 한다는 듯이 행동했다. "그거 아세요? 전 야유회 가기 하루 전날 밤에는 늘 여기저기 돌아다닙니다. 일종의 의식 같은 거죠. 그때는 새벽까지 돌아다녔고, 집에서 잠시 샤워하고 옷만 갈아입고서 바로 아침 여덟 시에 약속장소인 마리엔 광장으로 갔습니다."

"정확하게 어디에서 누구와 계셨습니까?"

"글쎄요, 처음에는 락카페에 갔고, 그 다음엔 존넨 거리에 있는 한 나이트클럽에 갔다가 마지막으로 오스트 예술공원에 갔습니다."

"누구와요?"

"저 혼자요. 아무도 없었어요."

"증인 있습니까? 누구를 보았다거나 아는 사람을 만났다거나 당신이 언제 어디에 있었는지 우리가 확인해볼 수 있는 사건이 없었나요? 알리바이 확인이 어떤 건지는 당신도 잘 알고 계시잖습니까?"

"유감스럽게도 그럴 만한 사람이 없네요. 계속 혼자 있었거든요."

"이동할 때는 무엇으로 움직이셨나요?"

"제 차로 움직였습니다."

"네? 그럼 술을 한 모금도 안 하셨다고요?" 나는 믿을 수 없다는 듯 묻고서 그가 마침내 고백해오기를 기다렸다.

"네! 전 운전할 때는 술 안 마십니다. 전 경찰이잖습니까."

"밤새 여기저기 술집을 돌아다니면서 술을 단 한 모금도 입에 대지 않으셨다고요? 믿을 수가 없군요." 실제로도 나는 그런 일은 상상할 수 없었다.

"원래 전 술을 거의 안 마십니다. 술을 안 마시고도 잘 놀 수 있습니다. 특히 여자에게 작업할 때는 차를 가지고 다니는 편이 더 유리하죠. 제 말 이해하시죠?"

'이놈이 범인이야.' 나는 더욱 확신했다. 더는 의심할 여지가 없었다. 문제는 우리가 범행 장소와 범행 시간을 정확하게 모른다는 데 있었다. 두 실종자가 화요일에 마지막으로 목격되었고, 수요일부터는 살아 있다는 그 어떤 흔적도 없다는 것이 우리가 아는 유일한 단서였다. 이 말을 거꾸로 되짚어보면 그 사이에 일이 일어났다는 것이다. 그리고 하필 바로 그날 밤 클라우스는 아무런 알리바이가 없었다. 클라우스는 이미 체포된 것처럼 느끼고 있었다. 얼굴은 창백했고, 매우 불안해했으며, 자신이 하는 말이 모두 신빙성이 없다는 것을 스스로도 알고 있는 게 분명했다.

나는 나대로 범인이 지금 내 눈앞에 있는 것으로 자신했다.

아니 100퍼센트 확실했다. 수사관이 범행 사실을 확신할 경우 용의자를 증인으로 대우하는 것은 법으로 금지되어 있기 때문에, 나는 그를 피의자 신분으로 대우함으로써 지금까지 증인으로서 진술한 내용을 쓸 수 없게 되는 것을 막아야 했다. 기분이 썩 좋진 않았다. 내가 공식적으로 그를 피의자로 선언하면, 상황에 따라서는 그의 삶이 송두리째 파괴될 수도 있는 일이었다. 내가 막 말을 꺼내려고 하는 순간, 문이 열리더니 에리히 형사가 들어왔다. 이번에는 손에 쪽지가 들려 있었다. 그는 아무 말 없이 쪽지를 책상 위에 올려놓더니 클라우스를 향해 의기양양한 표정을 지어 보였다. 그러고는 돌아서서 방을 나갔다. 나도 말없이 쪽지를 읽어보고 밖으로 나왔다. 나는 에리히 형사가 쪽지에 휘갈겨 쓴 "경찰서 - 무기가 사라졌다 다시 나타남"이라는 메모에 대해 다시 한 번 생각해보고 싶었을 뿐이었다.

쪽지의 내용을 잘 이해하지 못한 나는 수사 책임자로서 빨리 상황을 파악해야 했다. 매우 흥미로운 내용일 거라는 직감이 들었다. 확인 결과 클라우스가 근무하고 있는 경찰서에서 한 경관이 책상 서랍에 권총을 넣어두고는 깜박하고 잠그지 않았는데, 이것이 사라졌다는 것이다. 이상한 점은 이 무기가 다시 제자리로 돌아왔다는 사실이었다. 도난 기간은 일주일이 조금 넘었다. 정확하게 7월 10일 수요일에 권총이 사라졌다가 7월

18일 목요일에 갑자기 다시 나타났다. 우리는 도무지 이해가 가지 않았다. 엘리자베스와 토마스가 7월 17일 수요일부터 행방이 묘연한 상태인데, 그 다음 날 권총이 제자리로 돌아왔다.

하필 우리의 용의자가 근무하는 경찰서에서 무기가 사라졌다가 두 사람이 실종된 다음 날 다시 나타났다는 것은 절대 우연일 리 없었다. 그런데 범행 무기를 다시 돌려준 건 왜일까? 그렇게 하면 자신이 자칫 용의자로 지목될 수도 있음을 알면서도 굳이 그런 위험을 무릅쓴 이유는? 혹시 그 총기가 이번 범행에서 전혀 사용되지 않은 것일까?

나는 사무실로 돌아가 클라우스에게 의도적으로 바짝 다가가 이렇게 말했다. "클라우스 씨, 유감스럽지만 이제부터 당신은 피의자 신분이 됐음을 말씀드립니다."

이 말에 대한 그의 반응은 실로 격렬했다. 얼마나 격렬했던지 그가 나에게 덤벼들지는 않을까 우려될 정도였다. 나는 겁을 먹는 스타일은 아니었기 때문에 그나마 그에게서 시선을 돌리지 않고 의자에서 버틸 수 있었다. 그는 독거미에 물리기라도 한 것처럼 자리에서 펄쩍 뛰어오르더니 내게 바짝 다가왔다. 그러고는 건물 전체가 떠나가라 소리를 질렀다.

"뭐라고? 이제부터 나를 피의자로 대우한다고? 당신 돌았지? 당신이 그럴 자격이라도 있어? 당신이 신이야? 지금 당신이 내게 어떤 짓을 하는 건지 알기나 해?"

이 사태에 책임을 져야 하는 사람이 나라는 것을 그는 느끼고 있었다. 경찰서의 다른 동료들도 그렇게 느끼고 있었다. '내가 틀린 거면 어떻게 하지?' 나는 토할 것 같았다. 그런데 갑자기 그가 다시 안정을 되찾았다. 그는 조용히 자리에 앉아 나를 응시했다. 감정적인 흥분이 사라진 듯했다. 그는 낮은 목소리로 이렇게 물었다. "대체 내게 무슨 혐의를 적용하고 싶으십니까? 거기에 대해선 말씀해주지 않으셨군요."

나도 감정의 동요 없이 응하려고 노력하면서 "엘리자베스와 토마스를 살해한 혐의입니다"라고 또박또박 대답했다.

그가 감정을 지운 것은 잠시였다. 그는 다시 폭발했다. "웃기는군. 내가 사람을 죽였다고요? 진심으로 하는 말씀입니까?"

"클라우스 씨, 이제부터 내가 하는 말 똑똑히 들으십시오. 당신은 지금 몇 시간째 엘리자베스가 마지막으로 모습을 보였던 바로 그날을 두고 말을 빙빙 돌리고 있습니다. 우리가 그걸 모를 줄 아셨습니까? 당신은 흔적도 없이 사라진 그녀의 돈에 대해 알고 있습니다. 엘리자베스가 7월 16일에 당신과 만나고자 했던 것도 확실하고요. 물론 토마스를 이 퍼즐에 어떻게 끼워 맞춰야 할지는 아직 잘 모르겠습니다만 그의 혈흔도 발견됐죠. 그러니까 그 둘은 화요일에서 수요일로 넘어가는 날 밤에 살해됐을 가능성이 높습니다. 그리고 정확히 이날 밤에 당신은 알리바이가 없습니다. 그러면서 말도 안 되는 소리나 지껄여대고 있죠. 당신도 형사니까 이제 뭐가 어떻게 된 건지 아실 겁니다. 그렇죠?"

그는 조용해져서 바닥만 바라보고 있다가 이렇게 말했다. "내가 하지도 않은 일을 했다고 인정할 수는 없습니다." 다른 마땅한 핑계가 없을 때 모든 범인들이 지어내서 하는 그 문장을 그도 정확하게 내뱉었다. 나는 이 문장을 수도 없이 들어왔다.

"이제 어떻게 되는 거죠? 저를 어떻게 하실 생각입니까?" 그는 체념한 듯 물었다.

"일단 당신 집과 사무실, 차를 수색할 겁니다. 그 결과에 따라 검찰이 체포영장 신청 여부를 결정하게 되겠죠."

이날 밤 우리의 수사에 처음으로 큰 진전이 있었다. 그것도 피의자의 도움으로. 클라우스는 감식반의 조사를 받고 돌아온 후 완전히 달라졌다. 아마도 피의자로서의 자신의 역할을 받아들여 충실하게 행동하기로 결심한 것 같았다. 이런 모습은 전술을 바꿔 자신이 입을 피해를 최소화하는 것이 낫겠다고 판단한 범인들에게 흔히 나타나는 행동이었다.

"빌플링 씨, 드릴 말씀이 있습니다. 제 집을 수색하셔도 아무것도 찾아내지 못할 겁니다. 그러니까 제가 도와드리겠습니다. 내가 아무것도 숨기지 않았다는 걸 아시게 될 겁니다."

나는 결말이 몹시 궁금해졌다. '이제 됐어!' 라고 생각했다. 자신의 협조 없이는 우리가 그의 집에서 아무것도 찾지 못할 것이라는 그의 '통보'에 대해 나는 아무 대답도 하지 않았다. 평상시라면 "도와주든 말든 우리가 철저하게 수색해서 반드시 뭔가를 찾아내겠다"는 말로 응수했어야 했다. 실제로 지금까지 수색 작업을 할 때 이런 나의 예언은 피의자의 자발적인 증거 제시로 이어졌다.

"그 돈이 제 집 어디에 있는지 보여드리겠습니다." 그는 이렇게 제안하더니 '그 스토리'를 이야기했다. 자백은 아니었다. 그럼에도 그의 진술을 토대로 체포영장이 발부되었다. 그에게는 삼촌 한 명 빼고는 다른 친척이 전혀 없었다. 부모님이 사고로 돌아가신 후 삼촌의 손에 자랐다. 2년 전 아내와 사별한 삼촌에게는 다른 자식이 없었다. 삼촌은 매우 인색하고 욕심이 많았으며 아무도 믿지 않는, 은행은 더더욱 믿지 않는 사람이었다. 적은 연금으로 생활하면서 싸구려 임대주택에 세들어 살던 삼촌은 1년 전에 돌아가셨다. 당연히 그가 유일한 가족으로서 상속자가 되었고, 마침내 상속재판소로부터 삼촌의 집 열쇠를 넘겨받았다. 그곳에서 삼촌 부부가 일생 동안 모은 현금 13만 유로를 찾아냈다. 삼촌 부부가 현금을 지니고 있다는 것은 그도 익히 알고 있었다. 다만 그 액수가 이렇게나 많을 줄은 전혀 몰랐다.

이혼한 아내에게 이 뜻하지 않은 희소식을 감추기 위해(그는 어리석게도 삼촌 부부에게 돈이 있다는 사실을 이미 아내에게 말했었다) 돈을 은행에 예치하지 않기로 했다. 그리고 몇 주 전에 중고 BMW를 3만 유로에 구입했다. 이혼 전 아내가 그토록 갖고 싶어 했던 차였다. 그는 나머지 현금이 들어 있는 돈 봉투를 어디에 숨겨놔야 할지 막막했다. 전 부인이 경찰에 신고하면 경우에 따라서는 수색 결정이 나올지도 모른다. 그래서 돈을 사무실에 두기도 했지만 그것 역시 불안했다. 그러던 찰나 엘리자베스가 전화를 걸어와 그녀도 돈을 상속받았는데 환상적인 조건으로 돈을 투자해주겠다는 사람을 알게 됐다고 이야기했다. 그러고는 이 투자 상담가를 만나는 곳에 같이 가줄 수 있느냐고 물어왔다. 그는 동의했고, 자신도 10만 유로를 투자해야겠다고 생각했다. 잘만 되면 이 건을 확실하고 안전하게 처리할 수 있을 것 같았다.

그는 일주일 간격으로 화요일마다 엘리자베스를 만났다. 돈 투자건 때문이었다. 지지난주 화요일, 그러니까 7월 16일이 두 번째이자 마지막 만남이 되었다. 이 말을 처음부터 하지 않은 것은 괜한 의심을 받고 싶지 않았기 때문이라고 그는 말했다.

그는 그대로 10만 유로를 현금으로 갖고 있었고, 그녀는 그녀대로 14만 유로를 갖고 있었다. 그런데 어쩐 일인지 첫 번째 만남에서 투자 상담가는 오지 않았다. 그래서 둘은 함께 가르미슈파르텐키르헨으로 가서 식사를 하면서 상속건에 대해 서로에게 축하를 해줬다. 둘이 거의 동일한 시기에 비슷한 금액을 상속받은 것은 매우 특별한 우연이었으니 말이다.

엘리자베스는 10만 유로가 들어 있는 그의 돈 봉투를 핸드백 속에 넣고 다녔다. 둘이 다시 뮌헨에 도착했을 때 그는 자신의 돈을 그녀가 보관해줬으면 한다고 부탁했다. 적어도 양육비 문제가 한창 이야기되고 있는 시점에 그 돈을 집으로 가져가고 싶지 않았다. 전 부인이 그를 경찰에 신고하면 가택 수색으로 돈을 뺏길 수도 있다는 것을 알고 있었기 때문이었다. 그래서 엘리자베스가 그의 돈을 보관하게 되었다.

둘째 주에도 투자 상담가는 오지 않았고, 둘은 또 가르미슈파르텐키르헨으로 가서 함께 식사를 했다. 그런데 이번에는 그녀가 토마스와의 일이 정리될 때까지 자신의 돈을 맡아달라고 했다. 그리고 그는 토마스와 할 이야기가 있다는 그녀를 토마스의 집 근처에 내려주었다. 그것이 그가 그녀를 본 마지막이었다.

"그 이야기를 왜 바로 하지 않으셨습니까?" 나는 이 말도 안 되는 이야기가 지어낸 거짓말임을 100퍼센트 확신하며 형식적으로 물었다. 물론 전부 다 거짓말은 아니었다. 그것이 바로 그의 트릭이었다. "거짓말은 언제나 진실을 향하고 있지." 나의 멘토는 항상 이렇게 말하며 진실과 거짓으로 엉켜 있는 실타래를 푸는 것이야말로 매우 어렵다는 사실을, 전체가 다 새빨간 거짓말일 때보다도 훨씬 더 어렵다는 점을 강조했었다.

클라우스가 거짓말을 하고 있다는 것을 확신하면서도 나는 이 '소설'에 어떻게 반박해야 할지 몰랐다. 엘리자베스가 실제로 그의 돈을 갖고 있었다고 밝혀지면(사진에 찍힌 그 돈이 바로 그의 돈일 수도 있다) 이 말도 안 되는 이야기에 어느 정도 힘이 실리게 될 것이 분명했다. 어쨌든 아직은 모든 가능성이 열려 있으니까. 적어도 색안경을 끼고 보는 판사들의 눈에는 그렇게 보일 것이다.

"제가 어떻게 그렇게 할 수 있었겠습니까?" 그가 말을 계속했다. "엘리자베스에게 정말로 무슨 일이 일어났다고 해보죠. 그런데 제가 그녀의 돈을 가지고 있다면 곧바로 저를 의심할 게 분명하잖습니까, 안 그런가요? 그래서 저는 제가 알고 있는 것도 말할 수 없었고, 돈도 돌려줄 수가 없었습니다. 하지만 그녀가 다시 나타나서 제가 말한 사실을 모두 확인해준다면 당연히 그녀에게 돈을 돌려줄 수 있을 거라고 생각했습니다. 일이 그렇게 된 겁니다."

"만약 그녀가 다시 나타나지 않는다면 그 예쁜 돈은 아마도 원래 있던 곳으로 다시 돌려 주셨겠죠, 그렇지 않습니까?" 나는 그를 비꼬았다.

"네, 솔직히 그럴 생각이었습니다." 이 말을 듣고 나는 처음으로 그가 근본적으로 냉혹하고 간교한 거짓말쟁이이며 결코 얕봐서는 안 되겠다는 생각을 했다. 그가 사라진 돈을 가지고 있음은 밝혀졌지만, 그 돈을 범행으로 획득한 것인지 그녀가 빌려준 것인지는 우리가 입증해야 했다.

* * *

대여섯 명이나 되는 수색 인원이 동원됐음에도 클라우스의 도움 없이 우리가 그 돈을 발견할 수 있었을지에는 의문이 든다. 처음 인원으로는 부족해 나중에 추가 인원이 배치됐음을 여기서 고백한다. 돈은 정말 교묘한 곳에 감춰져 있었다. 10만 유로는 전혀 의심할 수 없도록 쌀 봉지에 숨긴 채 찬장 안, 그것도 내용물이 각양각생인 여러 개의 봉지와 뒤섞어놓았다. 겉에서 보아 봉지에는 뜯은 흔적이 조금도 없었다. 돈다발은 실로 꽁꽁 묶여서 쌀 속에 파묻혀 있었다. 누가 쌀 봉지를 뜯어봤더라도 쌀을 쏟아부어야만 그 안에 들어 있는 돈을 볼 수 있었다. 누가 그렇게 했겠는가? 적어도 나는 그렇게 하지 않았을 것이다.

100유로 지폐로 된 14만 유로는 거실 텔레비전 받침다리 속에 숨겨져 있었다. 정사각형의 받침대를 넘어뜨려 금속 소재의 받침다리를 살펴보기 위해서는 먼저 무거운 텔레비전을 들어 올려야 한다. 돈은 받침다리 안의 빈 공간 속에 봉투째 들어 있었다. 동료들은 이 받침다리는 어쨌든 꼭 살펴보았을 것이라고 말했다. 이 장소는 전형적인 '은닉처'이기 때문이다. 이게 전부가 아니었다. 꼭 숨겨놓은 것이라고는 할 수 없지만, 침실 옷장 안 지갑에서 다양한 액수의 지폐로 모두 6,000유로가 나왔다.

우리가 압수한 돈은 모두 24만 6,000유로에 달했다. 24만 유로는 어떻게 된 것인지 분명해 보였다. 그런데 나머지 6,000유로는 어디에서 난 것일까? 7월 17일 수요일 오전 여섯 시부터 엘리자베스의 계좌에서 인출되기 시작한 그 돈인 것으로 추정되었다. 가택 수색과 병행해 클라우스의 사무실에 있는 그의 옷장과 책상에 대한 수색이 이루어졌고, 관리자만이 접근할 수 있도록 해놓은 그의 컴퓨터도 당연히 조사 대상에 포함됐다. 이번 사건 전체와 피의자가 그러하듯 컴퓨터 조사 결과도 도저히 이해가 되지 않았다. 컴퓨터에서는 우리가 그의 집에서 압수한 모든 지폐의 일련번호를 적은 리스트가 발견됐다.

경찰서로 돌아온 후 클라우스의 관심사는 오직 하나였다. 자신의 몫인 10만 유로는 이제 어떻게 되느냐는 것이었다. 내가 돈의 정확한 출처를 밝혀야 하고 그때까지는 돈을 압수할 것이라고 말해주자 그는 불안해했다. 그런데 에리히 형사가 고소하다는 듯이 세무감사팀이 우리를 도와줄 것이라고 덧붙이자 클라우스는 커다란 모욕을 당한 것처럼 반응했다. 그는 당장 변호사를 불러달라면서 앞으로 한마디도 하지 않겠다고 했다. 나는 할 수만 있다면 에리히 형사를 한 대 치고 싶었다.

변호사와 만나기까지 남은 시간을 이용해 나는 클라우스에게 한 가지만큼은 분명히 깨닫도록 해주고 싶었다. 우리가 사체를 발견하면 신병이 인도될 것이라는 사실이었다. "당신도 형사니까 증거 보존과 확인 기술이 어느 정도인지는 잘 알겠죠. 그렇게 되면 사건 해결에 기여할 수 있는 기회마저 놓치게 되는 겁니다. 자백이 형 감량에 도움이 될 수 있다는 사실을 다시 한 번 잘 생각해보십시오. DNA가 뭔지는 당신도 알고 있겠죠?" 내 질문에 그는 고개를 끄덕였다.

클라우스가 체포되었다는 이야기는 소리 없는 구름처럼 여기저기를 떠돌아다녔다. 언론에서만 '올해의 사건'으로 보도된 것이 아니었다. 경찰들 사이에서도 이 일은 충격이었다. 불과 2주 전에 한 경관이 주유소를 습격했고 그 과정에서 주유소 직원 한 명이 피살당한 터였다. 그리고 또 한 명의 형사가 이중살인 혐의를 받고 있었다.

검찰의 동의로 우리는 대대적인 공개수사에 나섰다. 공개수사는 가장 효과적인 범죄 수사 방법 가운데 하나다. 시민들의 제보를 통해 수많은 범죄가 해결됐고 위험한 범죄자들이 체포됐다. 공개수사는 범죄 예방의 성격도 있어서 '센세이셔널한 것을 원하는 시민들의 욕구'를 충족시켜줄 뿐만 아니라 실제로 매우 필요한 것이기도 하다.

우리는 두 실종자를 살해한 혐의를 받고 있는 경관이 체포되었음을 밝히며 공개수사 문구를 마련했다. 클라우스의 사진을 공개하는 것은 검찰이 거부한 상태였다. "모든 형사 피의자는 법률에 따라 유죄가 입증될 때까지 무죄로 추정된다"는 유럽인권협약 제6조 제2항에 근거한 것이었다.

특별 수사대가 마련됐고, 서른다섯 명의 동료들이 우리 업무를 지원하게 되었다. 쏟아지는 제보를 처리하는 것이 이들의 1차 과제였다. 상당수의 제보가 엘리자베스의 차량을 보았다는 것이었다. 언젠가 어딘가에서 봤다는 것인데 신빙성은 떨어졌다. 그런데 두 건의 제보가 내용이 일치했다. 두 목격자 모두 7월 16일에서 7월 17일로 넘어가는 날 밤에 뮌헨 외곽의 하르 지역에서 그녀의 차량을 보았다고 했다. 한 명은 차량이 굉장히 빠른 속도로 숲에서 나오는 것을 목격했는데, 보라색 푸조였다고 했다.

클라우스는 그 사이 뮌헨 슈타델하임에 있는 구치소에서 지내고 있었다. 이곳은 독일에서 가장 큰 구치소다. 숲 전체를 수색하라는 지시를 내리기 하루 전날 나는 그를 경찰서로 소환했다. 그는 이 새로운 소식과 맞닥뜨렸다. 나는 그가 어떻게 반응하는지 보고 싶었다. 그날 나의 질문에 대한 그의 유일한 대답이자 이후 그에게서 100번은 족히 들었던 말은 "할 말 없습니다"였다. 내가 뭐라고 하든 그는 언제나 이 문장만 되풀이했다. 그러면서도 "난 죄가 없습니다"라는 말은 단 한 번도 하지 않았다. 정말로 무고한 사람이라면 끊임없이 하는 그 말을 그는 단 한 번도 입에 올리지 않았다.

바이에른 주 소속 기동경찰 600명이 출동했다. 이들은 하르 지역과 파터슈테텐 지역 사이의 숲을 샅샅이 뒤질 계획이었다. 바이에른 주 전역의 수색견과 뮌헨 경찰마를 비롯해 헬기까지 총동원돼 최근 몇 년 사이 바이에른 주 최대 규모의 수색 작업이 펼쳐졌다. 살이 익을 듯한 불볕더위가 기승을 부리는 여름날이었고, 나는 경찰서 안에서 모든 정보를 수집하며 업무를 지휘했다. 젊은 기동경찰 대원들도 일상적인 훈련에서 벗어나 실제 업무에 투입됐다는 사실을 반겼다. 그 더위에 울창한 관목을 기어 다니면서도 수색팀의 사기는 경탄할 만큼 높았다. 전문 교육을 받은 대원들은 어떻게 해야 할지를 잘 알고 있는 상관들의 업무 지시에 따라 움직였다. 형사들은 이러한 일에는 '꿔다 놓은 보릿자루' 일 뿐이다. 나는 우리의 '막강 수색팀' 의 일에 끼어들 생각이 전혀 없었고, 다른 사람들처럼 그저 성공했다는 소식만을 고대하고 있었다.

대원들은 그날 세 개의 '무덤' 을 찾아냈다. 수색견이 이 무덤들을 향해 짖어댔고, 뭔가가 묻혀 있는 것 같았다. 실제로 세 개의 사체가 맞긴 했다. 다만 썩은 개의 사체였을 뿐이었다. 아마도 키우던 개가 죽자 처리시설에서 처리하는 대신 숲에 불법으로 암매장한 것 같았다.

늦은 오후에도 수색 작업은 계속 이루어졌다. 그리고 사람의 사체 하나가 발견됐다는 소식이 전해졌을 때 긴장감이 고조되면서 기대감이 감돌았다. 그러나 기대는 곧 실망으로 바뀌었다. 사체의 상태로 보아 이미 오래 전에 목매달아 죽은 사람의 것으로 보였기 때문이다. 며칠 뒤 이 사체는 근처 정신병원에서 근무하다 2년 전에 실종된 젊은 간호사의 것으로 확인되었다. 그녀는 아직도 빨간색 고무장화를 신고 있었다. 이상하게 들릴 수도 있지만, 이 죽은 여성의 가족들은 우리가 전해준 소식에 행복해했다. 실종자 가족들에겐 실종자가 어떻게 됐는지를 모르는 것보다 더 나쁜 것은 없기 때문이다. 이제 적어도 이들은 찾아올 무덤을 세울 수 있었다. '이것만으로도 우리가 한 일은 가치 있는 거야' 라고 나는 생각했다.

특별위원회는 매일 아침 회의를 열고 진척 상황에 대해 이야기했다. 피의자에 대한 재정 상태 조사에서도 아무것도 나오지 않았다. 그가 10만 유로를 실제로 삼촌의 집에서 발견했다는 것을 아무도 반박할 수 없었다. 탈세 혐의로 어느 정도까지 처벌할 수 있느냐는 별개의 문제였다. 그의 삼촌이 그토록 많은 돈을 갖고 있었다는 주장은 신빙성이 있었다. 나이 드신 분들이 몇 년에 걸쳐 적지 않은 돈을 모아 숨겨놓았다가 발견되는 경우가 실제로 종종 있었다. 특별위원회의 분위기는 갈수록 바닥으로 가라앉았다. 클라우스가 정말 범인인지 의심하는 사람들도 생겨났다. 그의 범행 동기도 불투명했다. 그에겐 이미 충분히 돈이 있었다. 가질 만큼 가진 사람이 왜 두 명이나 살해하면서까지 그깟 돈 14만 유로를 더 가지려고 했겠는가.

나는 희망 없는 낙관주의자인 동시에 때로는 목표만을 생각하는 낙관주의자였기에, 또 언제나 좋은 기분을 퍼뜨리는 사람이었기에 침체된 분위기를 다시 끌어올릴 수 있었다. 사람들은 결국 나의 확신에 '전염' 이 되었고 다시 의욕적으로 일에 매달렸다. 나는 이틀에 한 번은 클라우스를 내 사무실로 불러서 이야기를 나눴다. 그의 변호사는 고맙게도 이를 반대하지 않았고, 예상했던 대로 클라우스는 언제나 부르는 즉시 달려왔다. 나는 그가 아닌 척하면서 나에게서 정보를 캐내려 한다는 사실을 당연히 알고 있었다.

* * *

이렇다 할 소득도 없이 벌써 2주가 흘러갔다. 경찰 내부에서는 비판적인 목소리가 점점 커져갔다. 무엇보다 같은 동료를 증인으로 불러놓고는 결국 체포해버린 '나'라는 사람에 대해 불만이 컸다. 많은 이들이 이러한 독단적인 처리를 건방진 월권 행위라고 여겼다. 체포영장을 신청한 것은 내가 아니라 검찰이라는 사실은 중요치 않았다. 처음에 일을 벌인 사람은 나였고 그것으로 충분했다! 나는 사람들에게 화가 나지 않았다. 오히려 그들이 충분히 이해가 됐다. 내가 그들이라도 그렇게 생각했을 것이다. 나 역시 마음이 편치 않았고, 아무런 진전 없이 시간이 흐를수록 우리 모두 불안해졌다.

그러던 어느 날, 마침내 그날이 왔다! 전화벨이 울린 것은 8월 9일 금요일 새벽 두 시였다. 언제나 그렇듯 아내가 나를 흔들어 깨우기까지는 시간이 좀 걸렸다. 서에서 걸려온 전화였다. 다하우 근처의 인적 없는 숲에서 변사체 두 구가 발견됐다는 소식이었다. 남자 한 명, 여자 한 명이라고 했다. 두 사체 모두 머리와 두 손이 잘려나가고 없었다. 퓌르스텐펠트브룩크에 있는 형사들은 이 사체가 실종된 엘리자베스와 토마스인 것으로 판단했다. 적어도 남자가 입고 있는 옷이 우리가 찾고 있는 사람의 것과 일치했다.

나는 벌떡 일어났다. 한 20년은 더 젊어진 것 같았다. 내가 여태껏 이렇게 빨랐던 적은 없었던 것 같다. 나는 경광등에 사이렌까지 울려가며 뮌헨의 밤거리를 질주해 법의학 연구소 연구원의 집에 들른 뒤 그녀와 함께 변사체가 발견된 곳으로 갔다. 현지 경찰의 도움 없이는 절대로 찾아낼 수 없는 곳이었다. 숲에서 진동하는 역겨운 냄새는 이제까지 중 가장 최악이었다. 사체가 있는 곳까지 아직 300미터나 떨어져 있는데도 냄새가 진동했다. 7월 16일 화요일에 실종된 후 4주가 채 안 된 시점이었다. 실종 직후부터 사체가 이곳에 있었으면 여름 날씨에 이런 냄새가 나는 것은 당연했다.

머리와 손이 없는 몸뚱이는 잡초 덤불에서 약 5미터 떨어진 곳에 있었는데, 침엽수가 빽빽하게 자란 주변보다는 약간 성겨 보였다. 사실 사체라기보다는 그냥 시커먼 두 개의 덩어리였다. 정말로 견딜 수 없을 정도의 악취가 풍겼다. 왜 진작 사체를 찾지 못했는지 이해가 안 될 정도였다. 이 숲은 거대하게 넓었고 사체가 발견된 장소는 정말로 외진 곳이었다. 산에서 일하는 사람이나 삼림감시원이 아니고서는 지나가지 않을 곳 말이다.

이번에 사체를 발견한 것도 산딸기 채취자 덕분이었다. 이 사람은 어제 아침에 이곳을 한 번 지나갔었다. 그 후로 24시간이 흐르고서야 사체가 발견됐는데 "어떻게 된 겁니까?"라는 나의 질문에 현지 경찰은 산딸기 채취자가 이 숲이 '죽은 숲'이어서 그런 악취가 나는 것이라고 여겼다고 설명했다. 그래서 이상하게 여기지 않다가 그날 저녁에야 비로소 마을의 한 음식점에서 삼림감시원을 만나 아침에 했던 생각을 우연히 털어놓았고, 삼림감시원이 저녁 여덟 시경에 이곳에서 사체를 발견함으로써 곧장 경찰에 신고 전화가 들어오게 된 것이었다.

길에서는 사체에 머리와 손이 없다는 게 보이지 않았다. 나는 함께 온 법의학자의 판단 결과를 기다려보기로 했다. 그녀는 두 사체의 머리와 손이 날카로운 무언가에 의해 잘려나간 것 같다고 했다. 여자의 몸뚱이는 발가벗겨진 채였지만, 남자는 옆에 옷 조각이 보였다. 자상이나 좌상, 총상 같은 폭력에 의한 기타 흔적은 부검을 해봐야만 정확하게 알 수 있다고 했다. 부패한 상태로 봐서는 죽은 지 약 4주 정도 되어 보인다는 말도 덧붙였다. '사체를 법의학 연구소로 옮기기까지 적어도 두세 시간이 소요되겠군.' 나는 생각했다.

나는 현지 수색팀장과 사체가 발견된 숲을 중심으로 반경 500미터 주변을 샅샅이 수색하기로 합의했다. 어디에서라도 사라진 사체의 일부가 반드시 나와야 했다. 물론 사체의 일부를 들짐승이 끌고 가 먹는다는 사실은 익히 알려져 있다. 하지만 들짐승이 꼭 집어 두 개의 머리와 네 개의 손을 물어갔다는 것은 어딘가 말이 되지 않았다.

피의자에 대한 나의 의혹을 입증하기 위한 지금까지의 노력이 마침내 결실을 맺을 날이 되었다. 그러기 위해서는 그가 이 소식을 전혀 접하지 않고 있다가 내게 직접 듣는 것이 무엇보다 중요했다. 심문은 걱정이 없었다. 어차피 금요일판은 이미 인쇄가 완료된 상태였기 때문이다. 하지만 라디오와 텔레비전이 문제였다. 클라우스가 구치소에서 자신만의 텔레비전이나 라디오를 갖고 있는지는 알 수 없지만, 슈타델하임 구치소의 소식통은 일반 언론매체보다 훨씬 빨리 소식을 전한다는 사실을 나는 알고 있었다.

나를 위해 기자들을 설득한 사람은 바로 부서장이었다. 적어도 오전 아홉 시까지는 언론보도 엠바고(어떤 기사의 보도를 일정 시간까지 유보하는 일)가 실시되어야 했다. 용의자가 사전 정보를 입수하지 못하도록 구치소에서 가능한 한 일찍 빼내오는 것이 불가능했기 때문에 언론보도 엠바고는 절실했다. "반드시 그렇게 돼야 한다"가 내가 말할 수 있는 전부였다. 지방 텔레비전과 바이에른 주 방송의 경찰서 출입 기자들은 오전 아홉 시까지는 '방송 정지'를 하겠지만 그 이후로는 1초도 더 기다리지 않겠다고 약속했다. 우리가 용의자에게 직접 이 사실을 알리겠다는 계획을 기자들은 이해해줬다. 그리고 약속을 지켰다. 언론보도 엠바고는 이행되었다. 그들에게 존경을 표한다.

클라우스는 이날 뭔가가 있다는 것을 어렴풋이 예감했다. 살인 전담부서 사람들로부터 그가 개인적으로 받은 느낌 때문이었다. 그것 말고는 구치소에서 나와 경찰서까지 오는 과정은 다른 때와 똑같았다. 하지만 어떤 예감이랄까 불안감이 그에게 느껴졌고, 바로 내가 원하던 것이기도 했다. 그는 신경이 곤두서야 했으며 오늘이 평소와는 다른 날이 될 것이라는 점을 직감해야 했다. 경찰서에 도착한 그를 동료 형사들이 내 사무실까지 안내했고, 나는 일부러 사무실 안에 미리 앉아 있지 않았다. 형사 한 명이 그의 곁에 머물러 있는 동안, 다른 한 명은 내게 그가 오는 내내 한마디도 하지 않았다고 보고했다. 라이문트와 함께 이곳에 처음 올 때와 똑같다고 생각했다.

그 사이 검찰도 도착했다. 그리고 얼마 안 있어 그의 변호사도 왔다. 나는 이 변호사가 진실을 알게 되면 클라우스가 범행을 자백하는 것을 방해하지 않을 것임을 알고 있었다. 그래서 검찰과 나는 변호사와 먼저 이야기하기를 원했다. 우리는 변호사에게 사체를 찍은 폴라로이드 사진 몇 장을 보여주었다. 그는 하얗게 질렸고 침도 삼키지 못했다. 사진 속의 모습은 경험 많은 그도(경험 많은 검찰과 마찬가지로) 지금까지 보지 못했던 것이었다. 우리 같은 직종에 있다 보면 도저히 가능하다고 여길 수 없는 변태적이고 잔혹한 상황에 노출되기 마련이다. 그러면서 다시는 이런 일이 없을 거라 생각하지만 결국에는 또 경험하게 된다. 변호사는 내가 자신의 의뢰인에게 먼저 이야기를 하는 것에 동의했고 대신 짧게 해줄 것을 요구했다. 그러고 나면 그가 직접 의뢰인과 이야기를 나누겠다고 했다. 그는 내 의중을 잘 알고 있었다.

언제나 그랬던 것처럼 클라우스는 내게 악수를 청했다. 그는 하얗게 질려 있었다. 실내의 냉랭한 분위기가 손에 잡힐 듯 분명하게 느껴졌다. 나에게 피의자와 이야기할 수 있는 3분이라는 시간이 주어졌고 당당하게 이 권리를 행사할 수 있었지만, 나는 자랑스럽지도 기쁘지도 않았다. 승리했다는 생각도 들지 않았다. 오히려 그 반대였다. 어떤 식으로 연기를 하거나 뭔가를 숨기는 것은 내 스타일이 아니거니와 그럴 생각도 없었다.

나 스스로가 지난밤에 본 것을 아직 떨쳐내지 못하고 있기 때문이었다. 그것이 같은 경찰의 '작품'이었다는 생각이 나를 한층 더 솔직하게 이야기하도록 만들었다.

이상하게 들리겠지만 나는 수치심까지 들었다. 무엇보다 우리가 일반인보다 나을 것이 전혀 없다는 것을 곧 알게 될 국민들에게 부끄러웠다. 우리 중 누군가가 그러한 범행을 저지를 수 있다고 믿고 싶지 않았다. 그래서 일종의 양심의 압박 같은 것을 받고 있었다. 클라우스는 촉촉한 눈을 가지고 있었다. 그는 이제 자신이 끝났다는 것을 알고 있었다. 몇 마디 되지 않는 문장을 말하면서 나는 그 사실을 분명하게 느꼈다. 이 상황에서 잘못될 것은 이제 없었다. 나는 짧게 이야기했다.

"클라우스 씨, 오늘 새벽 엘리자베스와 토마스를 발견했습니다. 다하우 근처 숲에서요. 머리와 손은 없었습니다. 무슨 뜻인지는 아실 겁니다. 거기에 대해서는 제가 충분히 말씀드렸으니까요. 당신의 변호사가 와 있습니다. 일단 변호사와 이야기부터 나누는 게 좋을 것 같군요. 그럼, 나중에 봅시다."

그는 대답조차 하지 못했다. 간신히 "네" 하는 소리만 냈을 뿐이었다. 그는 두려움에 떨고 있었다. 나는 그에게 다른 곳으로 가서 대화를 나눠보라고 하고는 용기를 내라는 의미로 고개를 끄덕여 보였다. 그리고 그를 밖으로 안내했다. 그 사이 또 다른 공동 변호사가 도착해 있었고, 이 세 명은 복도에 있는 테이블에 둘러앉았다. 우리에게도 잘 보이는 곳이었다. 클라우스는 죄책감에 사로잡힌 아이처럼 고개를 숙인 채 의자에 앉아 고개를 들지 않았다. 불과 10분 만에 세 사람 모두 내 방으로 들어왔다.

클라우스는 통곡했다. 그의 변호사가 아주 차분한 톤으로 말을 꺼냈다. "클라우스 씨가 말할 것이 있답니다." 클라우스가 눈물로 가득한 눈을 한 채 나를 똑바로 응시했다. 그러고는 책상 너머로 내 팔을 부여잡더니 흐느끼면서 소리쳤다. "네, 저였습니다. 제가 그랬습니다. 빌플링 씨, 당신은 처음부터 알고 계셨죠, 그렇죠? 당신은 그게 저였다는 걸 알고 있었는데도 저를 공정하게 대해주셨습니다. 제발 저 좀 도와주세요, 제발요!"

그 순간 느낀 감정을 어떻게 표현해야 할지 지금도 나는 모르겠다. 모든 경멸감과 분노가 사라졌다. 도저히 내가 이해할 수 없는, 그가 저지른 끔찍한 일이 내적인 승리감을 모두 뒤덮어버렸다. 혐오감과 승리감이 뒤섞인 그 감정을 더는 표현할 방법이 없다. 모든 승자는 패자에 대해 어느 정도 관대한 생각을 갖게 되는 것이 일반적이지만, 나는 그에게 위로의 손길을 뻗는 것조차 힘들었다. 그는 마치 잘못을 고백하는 아이 같이 흐느꼈다.

“이제 중요한 것은 당신이 정말로 솔직하게 털어놓는 것입니다.” 나는 차분히 말했다. “그러고 나면 한결 마음이 편해질 겁니다.”

피의자가 이야기를 시작하기에 앞서 나는 에리히 형사에게 쪽지 하나를 건넸다. “사라진 사체의 일부를 찾을 만반의 준비 갖출 것.”

10분 후, 나는 그의 첫 진술을 기록하기 시작했다. 이를 위해 나는 ‘비위가 좋은’ 기록 담당자를 골랐다. 그리고 첫 번째 진술을 할 때 꼭 있어야 하는 최소한의 인력만 남겨두고 모두 나가도록 했다. 범인만 알 수 있는 것, 그러니까 이번 사건을 밝히는 데 빠져 있는 핵심 사항을 먼저 들어야 했다. 무엇보다 그가 피해자의 손과 머리를 숨겨놓은 장소 말이다.

클라우스가 엘리자베스와 토마스를 살해하는 장면을 상세하게 묘사했을 때 실내에는 정적만이 감돌았다. 두 변호사와 검사도 나처럼 침을 꿀꺽 삼켰을 것이다. 모두가 속으로 경악을 금치 못했다. 나도 코 주변이 파리해졌을지 모른다. 아마도 그랬을 것 같다. 그래도 겉으로는 아무런 티가 나지 않도록 하려고 애를 썼다. 살인사건 담당 형사들이 가장 먼저 배우는 것은 자신의 감정을 통제하는 방법이기 때문에 감정을 숨기는 데 문제될 것은 없었다.

하지만 이번 사건은 침착함을 유지하기가 매우 어려웠다. 그의 자백은 지금까지 내가 겪은 모든 것을 뛰어넘는 것이었기 때문이다. 나는 그가 묘사하는 것을 제대로 알아듣지도 못했다. 내가 정말 제대로 들은 걸까? 그가 살아 있는 두 육체에서 머리와 손을 잘라냈다고? 왜 그전에 총으로 죽이지 않았을까? 쓰지도 않을 거면서 동료 경찰의 총기는 왜 훔친 거지? 우리 가운데 그 누구도 살아 있는 육체에 참수식을 거행할 줄은 상상조차 하지 못했다. 그는 범행의 배경을 진술하기 시작했다.

* * *

원래는 7월 9일 화요일에 일찌감치 끝났어야 할 일이었다. 그는 이미 모든 것을 준비해놓은 상태였다. 도끼, 삽, 쓰레기봉투, 물 등이 그의 차 안에 있었다. 건축재료 전문 상가에서 새로 산 것들이었다. 강력한 진정제인 로힙놀을 섞어 넣은 코코아 음료병도 이미 휴대용 냉장 가방에 넣어두었다. 이 진정제는 죽은 삼촌의 유품에 섞여 있던 것이다. 숲 속의 장소는 오래전에 찜해두었다. 만전을 기하기 위해 가르미슈파르텐키르헨에 있는 음식점이 정말로 영업을 하고 있는지까지 확인했다.

늦은 오후, 클라우스와 엘리자베스는 호엔촐러른 거리에 있는 은행에서 처음으로 만났다. 그는 그녀의 돈을 매우 좋은 조건으로 투자해줄 수 있는 은행가를 알게 됐다며 엘리자베스에게 돈을 가지고 그곳으로 나오라고 했다. 엘리자베스는 현금을 지닌 채 시키는 대로 그곳으로 왔다. 그가 지어낸 은행가는 당연히 모습을 나타내지 않았고, 그는 그녀를 위로하는 척하며 가르미슈파르텐키르헨에 있는 식당에서 함께 식사를 하자고 했다. 그녀에게 수면제를 먹일 심산으로 의도적으로 선택한 곳이었다. 코코아 음료 속 수면제가 효과를 보이기까지 얼마나 걸릴지 몰랐기 때문에 거리가 먼 코스를 골라야 했다.

계획한 대로 그들은 가르미슈파르텐키르헨에서 식사를 하며 담소를 나누고 뮌헨으로 돌아왔다. 돌아오는 길에 그는 가르미슈파르텐키르헨에서 출발한 지 얼마 안 되어 조제한 코코아를 그녀에게 건네려고 했다. 그러면서 혹시나 하는 마음에 이 만남에 대해 누구에게 이야기를 했는지 물어보았다. 그녀의 대답은 그를 충격에 빠뜨렸다. 그녀는 애인인 토마스 외에는 아무에게도 이야기하지 않았다고 하면서 토마스는 "비밀을 무덤까지 안고 갈 사람"이라고 했다.

그 자리에서 그는 자신의 계획을 일단 접기로 결정했다. 그는 계획을 새로 세우고 좀 더 깊이 생각해야 했다. 그래서 그녀를 안심시키기 위해 뮌헨에 도착해 자신의 돈을 건네주며 잘 좀 맡아달라고 부탁했다. 이렇게 하면 그녀는 그를 믿을 것이고 다음번에 다시 만나러 나올 것이다. 그는 다시 한 번 생각을 정리하면서 계획을 아예 포기할까도 고민했다. 그러다가 결국 두 사람을 모두 죽이기로 결정했다.

7월 16일 화요일, 그는 엘리자베스를 다시 은행으로 불러냈고 이번에도 부질없이 은행 직원을 기다리다가 가르미슈파르텐키르헨으로 함께 가는 데 성공했다. 그녀의 차는 본 광장에 주차해놓고 그의 BMW로 움직였다. 그는 엘리자베스가 아직도 자신을 사랑하고 있다는 것을 알고 있었다. 음식점에서 그녀는 그에게 다시 시작하자고 제안하기도 했다. 이런 말을 듣고서도 그에게 계획의 철회란 있을 수 없었다. 그는 오늘 그녀를 죽이기로 마음을 굳힌 상태였다. 뮌헨으로 돌아오면서 조제한 코코아를 주기 전에 토마스 이외에는 오늘 만남에 대해 아는 사람이 아무도 없음을 다시 한 번 확인했다.

토마스는 엘리자베스가 클라우스와 만난다는 사실을 들었다는 이유 하나만으로 죽임을 당했다. 도무지 이해가 되지 않는 이야기였다. 토마스가 조제한 코코아를 마시지 않았더라면 어떻게 했겠느냐는 내 질문에 클라우스는 분명한 대답을 하지 않았다. 아마도 도끼를 내리 찍어서 살해했을 것 같다고 대충 얼버무렸다. 바로 그때 그가 왜 동료의 총기를 가져갔는지가 분명해졌다. 아마도 그는 총으로 토마스를 위협하고 음료를 마시도록 강요했을 것이다. 그리고 필요하다면 아마 그를 쏴죽였겠지. 하지만 그런 일이 굳이 필요하지 않았기에 총기를 다시 제자리에 갖다 놓음으로써 수사에 혼란을 가중시켰다. 이제는 몸뚱이에서 분리한 머리와 손이 어디에 있는지 하는 문제를 풀 차례였다.

"토마스를 죽이고 나서 저는 다시 뮌헨 집에 들러 샤워를 하고 옷을 갈아입었습니다. 그런 다음 엘리자베스의 차를 몰고 슈바빙에 있는 그녀의 집으로 가서 지하주차장에 차를 세워두었습니다. 레오폴트 거리에 있는 현금인출기에서 그녀의 체크카드를 이용해 1,000유로를 인출했고요. 그곳 현금인출기에는 감시카메라가 없다는 것을 알고 있었죠. 그러고는 제 차가 있는 본 광장까지 택시를 타고 갔습니다. 제 차에 돈을 놓고 다시 지하철을 이용해 시내로 갔죠. 그리고 아침 여덟 시에 정확하게 동료들과 마리엔 광장에서 만나 고속열차를 타고 다하우 지역으로 야유회를 갔고요. 지난밤 생각이 머릿속에서 떠나질 않았지만 그래도 상쾌하고 쾌청한 날이었습니다. 저는 그 생각을 머릿속에서 몰아내려고 했습니다. 그래야 사람들이 이상한 낌새를 알아차리지 못할 테니까요. 야유회가 끝나고 여자 동료 한 사람을 집으로 불러들인 건 그런 이유도 있었습니다.

다음 날 다시 엘리자베스의 집으로 가서 그녀의 차를 주차장에서 빼내 숲으로 갔습니다. 거기에서 머리와 손이 들어 있는 파란색 쓰레기봉투를 가져와 차에 실었죠. 트렁크에 싣는데 갑자기 봉투가 터지면서 머리 두 개가 트렁크 안에서 굴러다녔습니다. 그래도 피는 더 이상 나오지 않았어요. 저는 머리를 다시 봉투 안에 넣고 파렌스하우젠 방향으로 차를 몰았습니다. 거기 도로변 바로 옆 들판에 머리와 팔을 묻었어요. 위치는 알려드리겠습니다."

대형 호송차가 뮌헨 북부로 향했다. 나는 뒷자리에서 클라우스의 옆에 앉았고 라이문트 형사가 운전을 맡았다. 다들 그다지 말이 없었다. 클라우스가 다하우 습지로 우리를 안내했다. 어린 옥수수 싹이 땅을 뚫고 10센티미터 정도 올라와 있는 문제의 들판은 파렌스하우젠 지역에서 외곽으로 약 1킬로미터 떨어져 있는, 차량 통행이 적은 좁은 국도변 바로 옆에 위치해 있었다. 그는 단 한 번에 이곳을 찾았다. 서로 적당한 간격을 두고 투입 인력이 배치됐다. 우리는 들판 안으로 걸어 들어갔다. 100미터쯤 가자 그가 바닥의 한 지점을 가리키더니 "여기입니다" 하고 말했다. 아무것도 모르는 내 눈에도 이곳에 뭔가가 묻혀 있는 것처럼 보였다. 그가 가리킨 지점은 주변의 다른 곳과는 달리 눈에 띄게 잡초가 나지 않았기 때문이다.

법의학 연구소 연구원과 헤르베르트 경위가 땅에 배를 대고 엎드려 흙을 파기 시작했다. 수많은 투입 인력과 법의학 연구소 직원 몇 명, 기타 관계자들이 이들을 빙 에워쌌다. 이곳에서 일어난 일은 일상적인 사건과는 분명 다르기에 관심도 남달랐다. 두 사람은 맨손으로 양쪽에서 조심스럽게 흙을 팠다. 다행히 땅은 그리 딱딱하지 않았다. 이들이 뭔가를 찾아내기까지는 그리 오래 걸리지 않았다. 머리 두 개와 손 네 개가 약 40센티미터 깊이의 구덩이에서 발견됐다. 대충 흙을 털어내고 살펴본 결과 모두 부패하지 않은 상태였다. 점토질의 땅에 묻혀 있었기 때문인 것 같았다.

살해되는 시각에 이들은 실제로 잠이 들어 있었던 것으로 보였다. 그럼에도 창백한 얼굴은 평화로움과는 거리가 멀었고, 어쩐지 공허하고 슬퍼 보였다. 네 개의 손은 모두 손목 위쪽에서 절단되었으며, 두 사람의 왼쪽 손목에 시계가 온전한 상태로 채워진 채 현재 시각을 가리키고 있었다. 엘리자베스의 여러 손가락에는 반지까지 끼워져 있었다. 단 한 개도 흘러내려 빠지지 않았다.

발굴 작업을 하는 동안 클라우스는 감시를 받으며 차 안에서 기다리고 있어야 했다. 나는 차에 타면서 그에게 잠깐 고개를 끄덕여 사체 토막들을 모두 찾았음을 암시했다. 그는 아무 질문도 하지 않았다. 우리는 다음 장소로 이동했다. 그가 도끼와 삽, 나머지 연장을 처리했다고 하는 곳이었다.

뮌헨 중앙역에 있는 사무실에 도착하기 전, 클라우스는 토마스에게 의혹이 쏠리도록 하기 위해 엘리자베스의 물건들을 훔쳤다고 말했다. 왜 엘리자베스의 사체는 옷을 모두 벗기고 토마스는 그렇게 하지 않았느냐는 질문에는 신원 파악을 어렵게 만들려고 토마스의 옷도 벗기려 했지만 시간이 부족해서 그렇게 하지 못했다고 설명했다. 엘리자베스의 계좌 비밀번호는 그녀와 동거할 당시에 다이어리를 뒤져 몰래 알아냈다고 했다. 비밀번호는 그녀의 생일이었다.

다음 날 나는 클라우스에 대한 심문을 계속했다. 그는 검찰의 지시로 '독방' 에서 혼자 지내고 있었는데, 더는 나와 수수께끼 놀이를 하지 않으려 했다. 그가 범인이었기에 모든 것을 알고 있다는 것은 분명한 사실이었다. 이제 이 이해할 수 없는 끔찍한 범행에 대한 진정한 동기를 파악하는 일만 남았다.

엘리자베스에게 상속 받은 돈에 대해 이야기를 들은 후부터 그는 14만 유로 말고는 아무것도 생각할 수 없었다. 돈에 대한 생각이 점점 커지면서 마침내 그 돈을 어떻게 차지할 수 있을 것인가 하는 아이디어가 떠올랐다. 그 돈만 가질 수 있다면 그는 '4분의 1짜리 백만장자' 가 되는 것이었다. 4분의 1짜리 백만장자부터가 진정한 부자의 반열에 이름을 올리는 것이라는 생각이 밤낮으로 떠올랐다. 이루 표현할 수 없는 탐욕이 그의 마음을 지배했다. 그는 지금까지 '25만 유로' 라고 단 한 번도 말한 적이 없다. 언제나 '4분의 1짜리 백만장자' 라고 했다.

그는 이 돈을 어떻게 수중에 넣을 수 있을까 하는 생각밖에 할 수 없었다. 일종의 중독 같았다. 그는 엘리자베스의 돈을 차지하기 위해 모든 가능성을 타진해보기에 이르렀다. 그녀의 집에 몰래 침입해서 훔쳐올 생각도 해봤지만 너무 위험한 것 같아서 포기했다. 강탈도 생각해보지 않은 것은 아니었다. 하지만 그녀가 그를 알아볼 것이 분명해서 이 계획도 접었다. 결국 한 가지 방법밖에 없었다. 엘리자베스를 죽이는 것. 돈을 차지하기 위해서는 유일하게 현실성 있는 방법으로 보였다. 이런 생각에 이른 그는 스스로도 깜짝 놀랐지만 말로 설명하기 힘든 욕심이 갈수록 커져갔다. 자신의 10만 유로에 14만 유로까지 더하면 '4분의 1짜리 백만장자' 가 된다는 생각만이 머릿속에 맴돌았다.

* * *

범죄와는 거리가 먼 모범적인 생활을 영위했고, 탐욕스러움과는 동떨어져 법의 바탕 위에서 생활하던 사람이 그야말로 하루 만에 자신의 인격 전체를 180도 바꾸는 일이 어떻게 가능한지 자문해보았다. 갑작스러운 부가 점점 많은 욕심을 내게 하면서 사람을 욕심쟁이로 바꿔버리는 것이 도대체 가능한 이야기인가? 그렇다면 탐욕은 다른 사람을 살해하는 것을 막아주는 고귀한 '저지선' 보다 더 강력하다는 것인가? '돈은 사람을 망쳐놓는다' 는 옛말이 틀리지 않다는 것인가? 물론 모두에게 이 말이 적용되는 것은 아니라고 확신한다. 하지만 어떤 사람들에게는 그런 것 같다.

지금까지의 이야기는 그래도 '대충 걸러서' 한 것이다. 이번 사건의 경우 특별 가중치가 적용돼 법정 최고형인 종신형이 선고될 것임을 아무도 의심하지 않았다. 잔혹성이라는 모살 특성은 충족되지 않았다고 법원은 판단했다. 두 희생자가 고통스럽게 죽음을 맞지 않았다는 것이 사법부의 시각이었다. 적어도 두 사람은 머리가 잘려나갈 당시 수면제 때문에 의식을 잃은 상태였으니까 말이다.

그런데 한 가지 부차적인 의문이 내 머릿속에서 가시질 않았다. 사소한 것일 수도 있지만, 어떻게 보면 범인의 진정한 감정과 관련된 것이기도 했다. 이 사건을 담당했기에 나는 그 대답도 듣기를 원했다. 그것도 가능한 빨리. 나는 확실하게 해명되지 않은 일이 있으면 미쳐버리는 스타일이다. 그래서 클라우스에게 마지막으로 이렇게 물었다.

"머리와 손을 쓰레기봉투에 넣었다고 했죠. 그런데 현장에 쓰레기봉투는 없었습니다. 사체 토막들은 그냥 맨땅에 버려진 채였습니다. 왜죠?"

"웃으실 수도 있겠지만 전 비닐봉지는 환경보호 차원에서 버리지 않습니다."

아마 나는 한평생 이 문장만큼은 절대로 잊지 못할 것이다.

I HATE LOVE
LOVE HATE ME
GIVE ANY MORE
I WANNA KNOW WHAT'S INSIDE YOU
Going to HELL
THE hurt inside is fading
BRING IT DOWN
Break it down
LAST DAY
HERO
MASSACRE
BLIND
GUILTY
REDSHOT IN HEAD
gonna break it
EAT YOU
SUCK
SMELL
Feeling

# 8
# 은폐하려는 자

농부인 마리아는 날마다 차를 타고 외딴 농가에서부터 마을까지 오갔다. 마을 고객들에게 신선한 달걀을 공급하기 위해서였다. 그녀는 8번 고속도로보다 약간 낮은 위치에 있는 비포장도로를 이용했다. 그녀가 어느 주차장에 이르렀을 때 길 한가운데에 파란색 쓰레기봉투가 놓여 있는 것이 보였다. '양심도 없는 사람들 같으니라고!' 그녀는 생각했다. 길에 던져진 쓰레기봉투를 보는 건 이번이 처음은 아니었다. 주차장 이용자들은 쓰레기통이 꽉 차 있으면 숲을 따라 나 있는 작은 언덕길 쪽으로 아무 생각 없이 쓰레기를 던져버리곤 했다. 쓰레기가 나뭇가지나 덤불에 걸려 있는 경우도 적지 않았다. 이번엔 빽빽하게 우거진 덤불 너머 길 한가운데에 쓰레기봉투가 던져진 것이다.

마리아는 멈춰 서서 쓰레기봉투를 주워들었다. 내용물이 꽉 찬 것 같진 않았지만 상당히 무거웠다. 위쪽이 끈으로 단단하게 묶여 있어서 안을 살펴볼 수가 없었다. 그녀는 쓰레기봉투를 차 트렁크에 실은 후 집에 있는 쓰레기 수거함에 넣어야겠다고 생각했다. 그러고는 마을로 가서 달걀을 팔았다. 집에 돌아와 트렁크에서 쓰레기봉투를 꺼내 들었을 때 그녀는 너무 무거운 것이 아무래도 작은 부피와는 맞지 않는다는 생각이 들었다. 굉장히 무거운 물건이 들어 있는 것 같았다.

그녀는 봉투를 열어보기로 결심하고, 가위를 가져와 봉투 윗부분을 잘랐다. 그러고는 안을 들여다보다가 너무 놀라서 쓰레기봉투를 그대로 바닥에 떨어뜨렸다. 그녀는 외양간으로 달려가며 남편을 소리쳐 불렀다. 말이 제대로 나오지 않아 손가락으로 마당만을 가리킬 뿐이었다. 남편은 밖으로 나가 봉투 안을 살펴보고는 집으로 뛰어들어와 경찰에 신고했다.

젊은 경관 두 명도 쓰레기봉투 안을 잠깐 들여다보고는 그대로 바닥에 내려놓았다. 형사과에서 맡아야 할 사건이라고 말하는 그들의 얼굴은 백짓장처럼 하얗게 질려 있었다. 봉투 안에는 여자의 다리 하나가 두 토막이 난 채 들어 있었다. 한 토막은 발에서 시작해 종아리와 무릎까지 달려 있었고, 나머지 한 토막은 허벅지에서 음순까지였다. 아직도 피가 나고 있었는데, 여자의 오른쪽 다리 전체인 것으로 보였다. 경찰이 조사에 착수했다. 사체 토막들은 시신운구 전용차량에 실려 법의학 연구소로 운반되었다. 아무리 작은 사체 토막이라 해도, 설령 손가락 하나라 해도 죽은 이에 대한 경건함을 표한다는 이유에서 승용차 트렁크에 넣어 옮길 수 없도록 되어 있다.

쓰레기봉투가 발견된 장소는 트라운슈타인 형사과 관할구역으로, 이들은 신고 즉시 사건 조사에 착수했다. 그리고 불과 한 시간 후 바이에른 주 기동경찰 대원 100명이 현장에 출동해 고속도로를 따라 나 있는 모든 주차장을 수색하기 시작했다. 성과는 상당했으며 그 결과는 굉장히 충격적이었다. 한 여자만 토막 살해된 것이 아니었다. 두 명이었다! 수색팀은 머리 두 개와 몸뚱이 두 개, 팔 네 개, 발 세 개를 발견했다. 그러니까 아직 발 한 개가 모자랐다. 사체 토막은 모두 열두 개의 파란색 쓰레기봉투에 담긴 채 뮌헨과 바트 라이헨할 사이에 있는 여러 주차장에, 그것도 빽빽한 덤불 사이에 흩어져 숨겨져 있었다. 거의 오스트리아 국경 가까이까지 사체 토막이 유기된 것이다. 이것으로 보아 범인은 8번 고속도로에서 오스트리아 방향으로 이동했을 것이라는 유추가 가능했다.

바이에른 주 남부 지역 전체에서 온 수색견들이 며칠 동안 총동원됐다. 수색견은 포기할 수 없는 조사 수단이다. 이 예쁜

시신만 사라지면 연행이 되지 않을 수 있고, 형 선고도 피할 수 있다고 많이들 생각할 것이다. 범인은 범죄 행위가 발각되면 처벌을 받을까 겁에 질려 종종 어린아이처럼 행동한다. 그래서 자신이 '망가뜨린' 대상을 감춰버리고는 아무도 자신에게 그에 대해 묻지 않을 거라고 생각한다. 물론 그런 역겨운 행위를 실행하기까지 범인이 어마어마한 것들을 극복해야 했음에는 반문의 여지가 없다. 대부분은 패닉 상태에서 일을 저지르지만, 냉혹한 계산에 따라 하는 사람도 있고 극히 소수는 변태적인 성향으로 그러기도 한다.

범인이 시신을 치워버리는 것 외에 다른 방법이 없는 경우도 많다. 범행 장소가 자신의 집 주변인 경우가 그렇다. 사실상 이런 경우가 대부분을 차지한다. 살인사건은 주로 인간관계에 얽혀서 벌어지기 때문에 관계성 범행은 대부분 사방이 벽으로 둘러싸인 집 안에서 일어난다. 살인 범죄에 한해서는 자신의 집이 세상에서 가장 위험한 장소라는 말이 딱 들어맞는다. 통계적으로 봐도 사람에게 가장 안정감을 주는 장소인 집이 어두운 지하 차고나 인적 없는 지하철역, 비행지구의 어두컴컴한 골목길보다 훨씬 더 위험하다.

그렇다면 사체는 어떻게 운반할까? 온전한 상태 그대로 치우기에는 사체는 너무 무겁고 눈에도 잘 띈다. 무거운 사체를 질질 끌고 간다면 다른 사람에게 띌 위험이 높다. 사체를 옮기기 편하게 토막 내어 개별적으로 처리하는 편이 덜 위험하다. 시신을 카펫으로 말아 쓰레기 수거함에 넣은 사건이 떠오른다. 남자는 카펫을 무겁게 끌고 가는 과정에서 이미 누군가에게 들켜 경찰에 신고가 들어갔고, 얼마 안 가 체포되었다. 범행 장소는 남자의 집이었다.

시신을 토막 내는 일이 성적 도착이나 정신장애에 의해 벌어지는 경우는 극히 드물다. 물론 전혀 없는 것은 아니다. 가끔은 이런 행위가 인육을 먹는 일과 결부되기도 한다. 한 번은 32세의 대학생이 82세의 멘토를 교살한 사건이 있었다. 이 할아버지와 대학생은 오랜 기간 동성애 관계를 유지하며 동거해온 사이였다. 대학생은 할아버지의 시신을 토막 낸 후 아직도 온기가 남아 있는 신선한 간을 한 토막 먹어치웠다. 나중에 그는 간이 맛있었다고 묘사했다.

피의자는 '늙은 폭군'을 오랫동안 견뎌낸 데 따른 억압감에 대한 보복에서 일을 저질렀다고 했다. 시신을 토막 내놓고는 잠시 빵을 먹는 시간까지 가진 것을 아무런 거리낌 없이 담담하게, 아니 자랑이라도 되는 듯 털어놓았다. 피의자는 뮌헨 북부 지역에 있는 범행 장소인 자신의 집 근처 쓰레기통에 시신을 나눠서 버렸다.

피의자의 식인 행위는 경찰이 시신을 수거해 사체를 부검하고 토막 난 시신을 맞춰보는 과정에서 드러났다. 법의학 연구소가 간의 일부가 없어졌다는 사실을 알아낸 것이다. 연구소는 즉각 우리 수사팀에 이 점을 알려왔고, 피의자에 대한 조사가 이뤄지면서 구역질 나는 사건의 전말이 백일하에 드러났다. 법의학자가 얼마나 철저하게 일하는지는 물론이고, 이런 행위와 관련해 알려지지 않은 숫자가 얼마나 될지 감히 추측할 수 있도록 한 사건이었다.

당시 이 사건은 이웃집에 사는 주민이 자신의 집 쓰레기통을 비우려다 수거함 안에 들어 있는 비닐봉지에서 팔 한 짝이 밖으로 삐져나와 있는 것을 보면서 처음으로 알려졌다. 기록을 담당했던 경찰은 조사가 끝난 이후 빵에 간 치즈를 발라 먹는 일을 그만두었고, 다시는 고기를 먹지 않겠다고 맹세했다. 그녀가 이 맹세를 지금까지도 지키고 있는지는 잘 모르겠다.

* * *

'시신의 처리'와 관련해 아주 용의주도했던 사람도 있다. 어느 날 아침 회사의 사장을 지하 차고에서 차량용 잭으로 가격해 죽인 대리인이 주인공이다. 그는 시신을 자신의 승용차 트렁크에 넣고 노동법원으로 갔다. 상사의 해고 통지에 대한 이의신청 소송이 진행되는 곳이었다. 모두들 사장이 도대체 어디로 간 것인지 궁금해하고 있었다. 사장 아내와의 통화 내용에 따르면, 사장은 분명히 제시간에 집에서 출발했다. 하지만 건물 앞에 세워둔 회사 직원의 차 트렁크에 사장의 시신이 있을 줄은 아무도 짐작조차 하지 못했다.

이 대리인은 법원에서 나와 독일의 반을 돌아 자신의 고향 근처 가족농장에 가서 시신을 토막 냈다. 팔과 다리는 근처 강에 던져버리고 흉부는 근처 공동묘지에 있는 새로 생긴 것처럼 보이는 무덤을 파서 파묻었는데, 마침 이 무덤은 다음 날 장례식이 거행될 예정이었다. 남자가 무덤 안에 흉부를 파묻었으리라고는 그 누구도 상상하지 못했다. 그래서 흉부 위에 관이 얹히고 무덤은 다시 흙으로 잘 다독여졌다.

그러나 결국 범인은 붙잡혔다. 범인은 흉부를 매장한 장소를 실토해야 했다. 공동묘지를 개방하기도 전인 새벽에 무덤을 파헤치면서 나는 공포스러운 분위기가 가득한 영국 작가 에드거 월리스Edgar Wallace의 스릴러물을 떠올렸다. 실제로도 검은 고양이 한 마리가 '야옹' 하는 날카로운 소리를 내며 갑자기 나타나서는 희미해지는 만월을 배경으로 새벽안개 속으로 사라지는 바람에 소스라치게 놀라기까지 했다.

우리가 무덤을 파헤치는 동안 범인은 공동묘지 화장실에서 자살을 시도했다. 그는 어리석게도 화장실에 있는 콘센트에 볼펜을 꽂은 상태에서 다른 한 손으로는 세면대에 물을 받아 그 안에 화장실 열쇠를 담그고 있었다. 동료 한 명이 화장실 벽을 넘어 들어가 삶의 종점에 거의 다다른 남자를 덮쳤고, 둘은 화장실 열쇠와 함께 화장실 아래쪽의 구덩이로 굴러 떨어졌다. 다행히 이 구덩이는 범인이 흉부를 파묻은 무덤만큼 깊지 않았다. 가까스로 범인은 목숨을 건졌지만, 암 투병을 하던 그는 얼마 안 가 끝내 숨을 거뒀다. 삶은 공평한가에 대한 '절반의 대답'이 아닐까 싶다.

* * *

사실과 허구 사이의 차이가 무엇인지에 대한 질문을 받을 때 내가 항상 이야기하는 사건이 있다. 작가가 지어낸 이야기 아니냐고 의문을 제기할 수도 있는 사건이다. 결론부터 말하자면, 이 이야기는 우리 인생에서 가장 비현실적이고 기괴한 것이었다. 우리가 담당하는 구역에서 발생한 시신 없는 살인사건 가운데 가장 역겨우면서도 난해한 이 사건은 한 아시아인이 범인이었다. 이 남자가 어떻게 왜 그런 일을 저질렀는지를 증명할 길이 없어 그는 단순히 상해치사 혐의로만 형을 선고받았다. 우리가 아는 것이라고는 그가 아내를 계획적으로 살해했다는 것이었다. 카펫에 넓게 얼룩져 있는 혈흔, 욕조와 부엌 싱크대의 냄새막이에 걸려 있는 뼈 조각이 이런 사실을 가리켰다.

이웃에 살던 여러 사람들이 그의 집 안에서 이상한 동물 냄새가 난다고 신고하고, 피의자의 처제, 그러니까 죽은 피해자의 여동생이 고기를 삶는 커다란 냄비가 없어졌다고 제보하면서 그가 아내의 사체를 잘게 잘라 인육을 오랫동안 푹 삶은 것이 분명하다는 확신을 가지게 되었다. 아내의 시신 조각이 운반하기 쉽게 작게 수축될 때까지 말이다. 가정주부라면 고기를 오래 삶으면 삶을수록 형체가 작아지고 단단해진다는 사실을 모르지 않을 것이다. 그리고 이와 동시에 역겨운 냄새도 난다는 사실을.

범인이 일했던 모든 정원을 뒤져 썰어놓은 짚더미를 샅샅이 살펴보고 나서야 우리는 비로소 눈에 띄는 비닐봉지를 발견했고, 거기에서 아내의 DNA 흔적이 검출되었다. 이것으로 그가 고깃덩어리로 무엇을 했는지가 확실해졌다. 그러나 시신을 토막 내고 처리한 것은 법적으로는 단순히 평온한 죽음을 방해한 것으로만 형사처벌이 가능하기 때문에 끝까지 입을 다물고 있던 남자는 살인 범죄 가운데 가장 미약한 형태, 즉 상해치사 혐의로 비교적 경미한 처벌을 받았다. 그가 비열하게 아내를 죽였다는 점에 대해서는 증거도 없고 정황도 충분치 않았다. 더군다나 탐욕, 간악성, 잔혹성 같은 모살 특징을 입증하는 것은 꿈도 꾸지 못했다. 범인에게는 징역 5년이 선고되었다.

I HATE LOVE
LOVE HATE ME
GIVE ANY MORE
I WANNA KNOW WHAT'S INSIDE YOU
GOING TO HELL
BRING IT DOWN
Break it down
THE hurt in side is fading
HERO
LAST DAY
MASSACRE
BLIND
GUILTY
REDSHOT IN HEAD
EAT YOU AL
SUCK
SMELL
Feeling
gonna break it

# 10
# 공공의 적

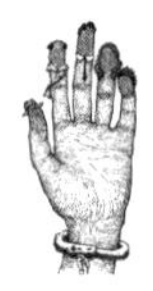

간호사는 오들오들 떨고 있었다. 그녀 앞에 키가 작은 남자는 칼을 들고 있었고 매우 단호해 보였다. 그는 "빨리 내 피를 뽑아. 안 그러면 찔러버리겠어!"라고 무섭게 말하면서 그녀에게 주사기를 건넸다. '아니, 대체 이놈은 내가 간호사라는 걸 어떻게 알고 있는 거지?' 하는 생각이 그녀의 머릿속을 스쳤다. 그녀는 주사기를 받아들고 떨리는 손으로 마치 병원 채혈실에서처럼 팔을 뻗고 있는 그의 혈관에 주사기를 꽂았다. 하지만 그녀가 서 있는 곳은 병원이 아닌 싸늘한 가을밤의 텅 빈 거리였다. 그렇게 떨리는 손으로 제대로 피를 뽑아낸 건 기적 같은 일이었다.

그녀는 슈바빙 종합병원에서 근무를 마치고 돌아오는 길이었고, 누군가가 자신을 따라오고 있다는 사실을 전혀 모르고 있었다. 늘 그랬듯이 병원의 넓은 자전거 주차장에 자전거를 세워두었고, 별다른 생각 없이 자전거에 몸을 싣고 시내 쪽으로 달렸다. 비가 내리는 추운 날씨라 자전거를 타고 달리는 내내 지나가는 사람이 없었다. 시간은 이미 밤 열 시였으며 주변은 깜깜했다. 그런데 갑자기 한 남자가 자전거길 한가운데로 튀어나와 피를 뽑아내라고 위협했던 것이다. 주사기는 곧 피로 가득 찼다. "그 정도면 됐어." 남자는 이렇게 말하며 그녀의 손에서 주사기를 빼앗아 달아났다.

한 시간 후에는 헬스클럽에서 운동을 마치고 집에 돌아가던 젊은 여성이 붙잡혔다. 호엔촐러른 광장 근처의 작은 주차장을 지나가던 중 한 남자가 갑자기 나타나 왼손으로 그녀를 낚아챘다. 소리를 지를 새도 없이 코끝에 주사기가 조준되었다. "소리 지르면 찔러버릴 거야." 그는 위협하듯 말하며 한마디를 더 덧붙였다. "이건 에이즈 환자의 피라고." 그녀는 이 말을 듣는 순간 주사기 바늘에서 검은 액체가 떨어지는 것을 보았고, 너무 무서워서 꼼짝달싹도 하지 못했다. 그는 그녀를 덩굴 뒤로 데려간 후 옷을 벗으라고 명령했다. 그녀는 바지와 속옷을 내렸다. 그는 그녀의 티셔츠 안으로 손을 넣어 가슴을 만졌다. 그런 다음 그녀의 성기에 손가락을 넣었다. 그는 단 한마디도 하지 않았고, 젊은 여성은 온몸이 마비된 듯 얼었다. 그런데 남자가 갑자기 도망을 쳤다. 그녀는 마치 도깨비에 홀린 듯한 기분이 들었다.

또 한 시간 후, 몇 블록 지난 곳에서 금요일에서 토요일로 넘어가는 그날 밤의 세 번째 사건이 일어났다. 이번 피해자는 마흔 살의 여교사였다. 남자는 또다시 코끝에 주사기를 들이대고는 덤불 뒤로 그녀를 쓰러뜨려 눕혔다. 그는 그녀의 따귀를 때리면서 "이 더러운 창녀!"라고 말한 뒤 사라졌다.

다행히 세 여성 모두 신고를 해 이 지역에 성범죄자가 떴다는 사실이 곧 밝혀졌다. 하지만 이번 케이스는 지금까지 알려진 유형의 성범죄가 아니었다. 지금까지 다른 여성을 위협하기 위해 자신의 피를 뽑게 한 범인은 단 한 명도 없었기 때문이다. 그렇다면 그는 왜 빨간색 물감이나 토마토케첩 같은 물질을 사용하지 않았을까? 그렇게 해도 효과는 동일했을 텐데 말이다. 이는 성범죄자에게 자주 확인되는 비이성적인 행동의 극단적인 예라 할 수 있다. 성폭행을 당한 여성들은 최소한 다친 곳은 없었기 때문에 슈바빙 지역 시민들의 공포는 곧 잦아들었다. 하지만 일주일 후 네 번째 사건이 발생하자 상황은 달라졌다. 이번에도 정확히 금요일에서 토요일로 넘어가는 날 밤에 사건이 발생했다.

* * *

아니타는 친구들과 함께 멋진 저녁 시간을 보냈다. 스물두 살의 의대생인 그녀는 호엔촐러른 광장 근처 슈바빙 지역에 있는 작은 집을 친구와 나눠 쓰고 있었다. 친구가 주말 동안 부모님이 살고 계신 울름에 가 있는 동안 아니타는 다시 한 번 제대로 금요일 밤을 즐기고 싶었다. 레오폴드 거리에 위치한 나이트클럽을 나와 집으로 걸어간 시간은 새벽 네 시였다. 안전하고 생기발랄한 도시인 슈바빙에서 그녀에게 무슨 일이 일어날 것이라고는 상상도 하지 못했다. 황량한 가을날 밤이었고, 그 시간에 길에 돌아다니는 사람은 거의 찾아 볼 수 없었다.

15분쯤 걷던 그녀는 호엔촐러른 거리에서 자신의 집이 있는 작은 옆길로 들어섰다. 저명한 의대 교수의 미망인이 주인인 그녀의 집은 아르누보 스타일의 주택으로, 몇 년 전부터 매우 저렴한 가격에 대학생들에게 임대되고 있었다. 집주인 역시 한때 의사로 일한 적이 있기 때문에 그녀는 전도유망한 의대생들에게 집을 임대해주고 싶어 했다.

아니타는 대문 앞에 도착한 후에야 가방에서 열쇠를 꺼내기 시작했다. 열쇠를 찾는 데까지는 약간의 시간이 걸렸다. 그리고 문을 열었을 때만 해도 누군가가 자신의 뒤를 밟고 있다는 사실을 전혀 눈치 채지 못했다. 무거운 문을 살짝 연 뒤 밀고 들어가는 순간 옆에 그가 서 있었다. 잠시 동안 아니타는 옆집 사람이 열린 문을 통해 재빨리 들어가려는 것인 줄로 착각했다. 하지만 그때는 이미 낯선 남자의 팔이 그녀의 목을 두르고 턱 아래로 칼을 들이댄 상태였다. 그녀는 지금이 얼마나 위험한 상황인지 즉시 알아챘다.

"조용히 해. 아니면 이 칼로 찌르겠어!" 그녀가 겁에 질려 소리를 지르고 빠져나오려 하자 남자는 입을 틀어막았고, 배에서는 찔리는 듯한 통증이 느껴졌다. 그녀는 청바지 허리와 배꼽티 사이의 맨살을 만져보았고, 곧 따뜻한 피가 흐르는 걸 느꼈다. 그녀는 엄청난 공포에 휩싸여 아무런 저항도 하지 않기로 마음먹었다. "제발 그만해요! 제발 살려 주세요!" 그녀는 울부짖었다. 이미 그는 그녀를 집으로 끌고 들어가 지하로 내려가는 계단 쪽으로 몰고 갔다. 그곳에서 그녀는 현관의 차가운 돌바닥 위에 누워 옷을 모두 벗어야 했다. 하지만 그는 옷을 벗지 않았다. 가죽 장갑 역시 그대로 끼고 칼을 손에서 내려놓지 않은 채 그녀의 위에 누웠다.

먼저 그는 그녀를 관찰했다. 불이 켜져 있어서 집 안은 환했다. 아니타는 매우 매력적인 여성이었기 때문에 그는 그녀가 마음에 들었다. 그는 그녀가 등을 바닥에 대고 눕게 한 뒤 자신의 혀를 그녀의 성기로 가져갔다. 하지만 아주 짧게 끝이 났다. 그는 단도처럼 생긴 칼을 시종일관 손에 들고 있었다. 그녀는 그가 자신을 성폭행하려 한다고 생각했고, 만약 저항한다면 자기를 죽일지도 모른다고 짐작했다. 그녀는 그와 대화를 나누려 시도했다. "당신이 원하는 대로 할게요. 제발 아무 짓도 하지 말아주세요." 그녀는 조용히 그에게 말했다. 하지만 그는 아무런 대답도 없이 가방에서 깨끗한 수건을 꺼내 그녀에게 배에서 흐르는 피를 지압하게 했다. 그녀는 갑자기 타는 듯한 통증을 느꼈다.

그는 그녀의 손을 잡아 발기되지 않은 자신의 성기로 가져갔다. 그녀는 그를 수음해주었으나 그의 성기는 결국 발기되지 않았다. 아마도 20분간 노력했을 것이다. 그만하려 할 때마다 그는 이렇게 위협했다. "계속해." 마침내 그는 그녀 위에 누워 그녀를 덮치려 했다. 그는 왼쪽 팔로 자신의 몸을 받치고 오른 손으로는 자신의 성기를 넣으려 했다. 그러기 위해서는 칼을 바닥에 내려놓아야 했다. 그런데 갑자기 그가 그녀의 목을 잡더니 "이 못된 창녀!"라고 말하며 목을 조르기 시작했다. 발기가 되지 않아 화가 난 걸까? 그녀는 그가 이제 자신을 죽이려 한다고 확신했다. 마지막 순간에 그녀는 그가 내려놓은 단도를 집어 들었고, 팔을 크게 돌려 그의 어깨에 칼날을 꽂았다. 그는 깜짝 놀라 그녀의 목을 잡고 있던 손을 뗀 후 높이 뛰어올랐다. 이제 칼을 들고 있는 건 그녀였고, 그녀는 다시 한 번 그를 찌를 수도 있었다. 하지만 그녀는 지하실 계단을 이용해 위로 뛰어 올라갔다. 아무것도 입지 않은 채로 말이다. 그러다가 칼을 손에서 떨어뜨리고 말았다. 그 이유에 대해서는 그녀도 설명할 수 없었다.

그녀는 도와달라고 악을 썼다. 가능한 한 크게 그가 따라올 수 없도록 있는 힘껏 소리쳤다. 실제로 그는 즉시 도망쳤다. 그는 자신을 찌른 칼을 챙기는 것을 잊지 않았다. 같은 건물에 살던 이웃들이 잠에서 깨어났다. 하지만 첫 번째 경찰차가 현장에 도착하는 동안 범인은 이미 줄행랑을 친 지 오래였다.

아니타는 병원으로 이송되었다. 칼에 찔렸지만 다행히 장기는 훼손되지 않았다. 칼날은 피부조직에서 약 10센티미터 안으로 꽂혔지만, 칼날이 들어간 방향이 위에서 아래로 비뚤었기 때문에 뱃살을 완전히 관통하지는 못했다. 바로 응급처치가 이루어져야 했다. 응급처치가 끝난 후에는 더 이상 증거 확보가 불가능하다. 응급처치 전에 그녀의 몸을 소독해야 하기 때문이다. 범인이 몸속에 사정을 하지도 않았기 때문에 DNA를 채취하는 것도 불가능했다. 지문의 흔적도 거의 찾아 볼 수 없었다. 범인은 장갑을 끼고 있었다. 뿐만 아니라 범행에 사용된 칼을 가져갔기 때문에 칼에 묻어 있는 피도 확보가 불가능해서 아무런 증거도 얻지 못하게 되었다.

이번 사건을 처리하는 데 가장 이해할 수 없었던 것은 한 시간 내내 성폭행을 한 범인으로부터 단 하나의 피부 세포도 증거로 확보하지 못했다는 점이다. 나는 전문 의료진들이 범행 추적이나 그에 필요한 증거를 확보하는 일에는 전혀 신경 쓰지 않는 게 너무 화가 났다. 그들에게 범인을 추적하는 일 따위는 전혀 중요하지 않은 것처럼 보였다.

검찰은 이번 범행을 살인미수로 판단했다. 칼을 꽂은 것과 관련해서는 살인미수 철회를 고려해봐야겠지만 말이다. 하지만 목을 조른 행위는 피해자를 죽이려는 의도로 볼 수 있기 때문에 범인은 그에 대한 책임을 져야 했다.

우리의 피해자처럼 끔찍한 일을 당한 여성을 위로하는 일은 거의 불가능하다. 특히 남자로서는 더더욱 그러하다. 나는 여자들에게 그런 짓을 하는 놈들과 성이 같다는 사실 때문에 종종 낯이 뜨거워지곤 한다. 나는 남자들이 엄청난 굴욕을 당한 여성이 어떠한 기분일지 완전히 이해할 수 없다고 생각한다. 그래서 그러한 트라우마를 겪고 있는 여성에 대한 조사는 여자 경관에게 맡기는 것이 좋다고 생각한다. 하지만 이번 피해자는 남자 수사관에게 세부 사항을 전달하는 걸 전혀 문제 삼지 않았다. 그녀는 공과 사를 구별하지 못할 정도는 아니라고 설명했다.

그녀는 범인의 키가 매우 작고 말랐으며, 그가 가진 공격성과 단호함을 상당부분 '감지'할 수 있었다고 했다. 그는 말이 거의 없었기 때문에 앞으로 무슨 짓을 할지 도저히 짐작할 수가 없었다. 그녀가 가장 두려웠던 순간은 그가 발기부전이라는 사실을 알았을 때였다. 그가 갑자기 목을 조르자 그녀는 그 사실을 다시 한 번 확인할 수 있었다. 그는 자신이 발기될 수 없는 것을 그녀 탓으로 돌렸고, 여자들에게 엄청난 증오심을 갖고 있는 게 분명했다.

아니타는 매우 상세하게 사건을 서술했다. 남자의 나이는 많아야 서른 살 정도였으며, 작센 주의 억양이 약간 섞인 고급 독일어를 구사했다. 증인의 진술에 따라 용의자의 그림이 그려졌다. 나는 적당하다고 생각되지 않는 몽타주는 공개하지 않는 쪽을 선호한다. 하지만 이번에는 모든 피해자들의 묘사가 일치했기 때문에 공개하는 쪽을 택했다.

실제로 이 몽타주가 거의 실물과 같았다는 사실이 입증되었다. 그만큼 그녀의 기억 속에 그는 선명히 남아 있었다. 그녀가 성폭행을 당한 시간을 생각하면 충분히 그럴 수 있는 일이었다. 범행 시간 내내 지하실 현관의 불이 켜져 있어서 여드름이 가득한 범인의 얼굴 피부와 눈에 띄는 포경 흔적을 기억할 수 있었다. 의대생인 그녀는 포경 부위의 매우 좁은 흡착을 구별할 수 있다고 했다. 이는 의심할 바 없는 중요한 관찰 사항이었고, 용의자를 구별해내는 데 큰 도움이 될 것이었다. 간접 증거지만, 기타 간접 증거들과 함께 하나의 그림을 만들어낼 매우 중요한 증거였다.

첫 번째 피해자가 간호사였던 것과 마지막 피해자가 의대생이었던 것이 우연인지에 대한 의문이 밀려왔다. 피해자들의 진술만으로도 동일범이 분명하다고 결론 내렸다. 그렇다면 왜 모든 범행이 금요일에서 토요일로 넘어가는 밤에 일어난 것일까? 금요일 밤이면 슈바빙 사람들이 외출을 많이 하기 때문에? 아니면 범인이 금요일 밤마다 외출하는 것이 가능해서?

* * *

또다시 일주일이 지났다. 스물여덟 살의 웨이트리스인 칼라는 토요일 새벽 세 시쯤 집으로 돌아가고 있었다. 그녀의 집은 슈바빙 종합병원 근처의 고층 아파트에 위치해 있었다. 거리는 텅 비었고, 날씨는 꽤나 쌀쌀한 상태였다. 걸어가고 있던 그녀 뒤에서 갑자기 빠른 발소리가 들려왔다. 공포감이 밀려왔지만 고개를 돌리지 않았다. 그 대신 그녀는 그곳에 살고 있는 것처럼 보이기 위해 막 지나가던 곳의 뜰 안으로 방향을 틀었다. 지하 차고 앞쪽에 서자 남자가 그녀 옆에 서 있었다. 그녀는 등을 한 대 맞고는 앞으로 고꾸라졌다. 그러고는 다섯 대를 더 맞았다. 당시에 그녀는 자신이 등에 칼을 맞고 있다는 사실조차 몰랐다.

도와달라고 소리조차 지를 수 없는 상황이었다. 그녀가 과다 출혈로 죽지 않은 것은 신문 배달원의 도움 덕분이었다. 신문 배달원은 사건 발생 후 2분이 지난 시간에 땅에 쓰러져 있는 그녀를 발견했다. 그 전에 그는 뜰 입구에서 귀신에게 홀린 듯 놀라 도망가는 한 남자를 보았다고 했다.

칼라는 신속한 구출 덕분에 생명을 구했다. 여섯 번의 난도질 중 두 번은 폐를 관통했으니 신속히 병원으로 이송되지 않았다면 분명 사망했을 것이다. 그녀는 범인의 얼굴을 전혀 보지 못했고, 빠른 발소리 외에는 아무것도 듣지 못했다. 하지만 우리는 매우 쓸모 있는 증인으로 입증된 신문 배달원을 확보했다. 그는 그 남자가 20대 중반 정도로 꽤 젊었으며, 눈에 띄게 키가 작고 말랐다고 했다. 또 몸이 매우 민첩하고 아주 어두운 옷을 입고 있었다고 했다.

우리는 드디어 슈바빙에 연쇄 살인범이 떴다는 사실을 확신했다. 또다시 금요일에서 토요일로 넘어가는 밤이었다. 걱정스럽게도 범인의 폭력 수위가 점점 높아지고 있었다. 그는 이해할 수 없는 수혈로 시작해 피해자에게 칼을 꽂았다. 처음엔 한 번만 찔렀지만 이번엔 여섯 번이나 찔렀다. 다음 피해자는 사망할지도 모른다. 범인에게 중요한 것은 그의 성적 만족이 아니라 피해자를 처벌하고 굴욕스럽게 만드는 것이라는 생각이 들었다. 우리는 시간과 싸웠고, 압박은 점차 커져갔다.

슈바빙은 공포에 휩싸였다. 여성들만을 겨냥한 공격은 신문마다 헤드라인 기사로 실렸다. 시민들에게 경각심을 불러일으키는 것이 우선적으로 필요했기 때문이다. 그 외에도 우리는 몽타주 사진을 공개해 범인과 닮은 사람에 대한 제보가 가능한 한 빨리 들어오길 희망했다. 바람대로 제보는 산더미처럼 들어왔다. 그와 동시에 슈바빙의 요식업계는 갑작스러운 매출 감소로 어려움을 겪어야 했다. 여자들이 밤에 외출하는 것을 두려워했기 때문이다.

걱정거리 없고 활기찬 슈바빙의 전형적인 자유로움이 사라졌다. 이는 모두 그 끝을 알 수 없는 위험 때문이었고, 사람들은 혹시나 자기가 다음 피해자가 될까 봐 두려워했다. 이러한 단체 위험의 경우 사건을 해결하는 데 너무 오랜 시간이 걸리면 경찰청의 능력이 곧장 도마에 오르게 된다. 그리고 만약 실수가 일어난다면 경찰 전체의 이미지에 큰 타격을 입게 된다. 그렇기 때문에 사건을 담당하는 수사청의 대표는 엄청난 압박을 받게 된다.

범인 수사와 더불어 일차적으로 중요한 것은 시민을 보호하는 것이었다. 이를 위해 수백 명의 경찰들이 슈바빙 거리 곳곳에 배치되었다. 시민들을 안심시키기 위해서 뿐 아니라, 키가 크든 작든 의심이 되는 남성들을 모두 검문하기 위해서였다. 언론이 범인에게 붙인 별명인 '슈바빙의 난쟁이 칼잡이'는 여전히 종적이 묘연했다.

* * *

2주가 지나고 이번에도 금요일에서 토요일로 넘어가는 날 밤이었다. 강간사건이 아니라 방화사건이 일어났다. 대형 지하주차장에서 자동차 한 대에 불이 났고, 불은 총 열두 대의 차에 옮겨붙어 전소시켰다. 소방관들이 대규모로 투입된 덕에 다행히 대형사고로 번지지 않았다. 범인에 대한 흔적은 없었다.

지난 3개월간 슈바빙에서 일어난 여섯 번째 방화사건이었다. 우리가 '난쟁이 칼잡이'를 찾는 동안 방화사건을 담당하는 동료들은 지하주차장 자동차만을 노리는 연쇄 방화범을 찾아나섰다. 여섯 번의 사건 모두 자동차에만 불이 붙었으며, 차고나 쓰레기통에서 쉽게 찾을 수 있는 넝마나 그 밖의 물건들을 벤진 같은 촉매제에 적셔 불을 붙였다.

경찰은 현장을 봉쇄했다. 몇 주 전부터 그랬던 것처럼 주변에는 '난쟁이 칼잡이'를 찾기 위해 많은 경찰들이 검문 중이었다. 그때 지저분한 옷을 입고 몸에서 연기 냄새가 진동하는 젊은이 한 명이 경찰의 눈에 띄었다. 그는 사건 현장을 지나가던 호기심 많은 사람들 사이에 끼어 있었다. 과거의 경험에 비춰 보면, 범인은 늘 범행 현장으로 돌아오기 마련이다. 이러한 법칙은 특히 자신의 작품을 감상하길 좋아하는 방화광 부류의 방화범들에게 해당되었다.

주의력이 깊은 경찰들은 온몸에서 연기 냄새가 진동하는 이 남성을 데리고 검문소로 향했다. 그곳에서 그의 신상을 확인했다. 그의 이름은 페터, 나이는 28세였다. 그는 사람들이 모여 있는 곳을 지나가다가 연기가 나는 것을 보고 사건 현장을 도우려 했다고 말했다. 하지만 연기가 너무 자욱해 다시 밖으로 나와야 했다고 진술했다. 실제로 많은 사람들이 가스로 인해 숨 쉬는 것이 곤란했다는 점을 감안하면, 젊은이의 진술은 꽤나 신빙성이 있는 것으로 보였다. 때문에 그는 신상 정보 확인 후 귀가 조치를 받았다. 그런데 컴퓨터도 뱉어내지 않는 사실을 동료들 가운데 한 명이 기억해냈다. 집으로 돌아간 그 젊은이가 이미 작센안할트 주에서 방화로 조사를 받은 적이 있다는 사실을 말이다.

소식을 전달받은 방화 수사관은 작센안할트 주에 사는 동안 페터가 저지른 일들을 좀 더 자세히 수사했다. 그곳에서 그는 이미 심각한 방화를 저질러 대중을 위험에 빠뜨린 적이 있었다. 해당 지역 수사관들에게 전해 들은 바로는 페터가 어머니의 펜션에 불을 붙였다고 했다. 그것도 아주 흥미로운 이유로 말이다. 그는 여자친구가 형과 함께 침대에 있는 모습을 목격했다. 그리고 형에게 상속된 펜션은 흔적도 없이 불에 타버렸다. 형은 동생의 범행을 의심했지만, 증거를 찾을 수 없어서 페터를 고소할 수 없었다. 어머니 역시 전혀 책임이 없는 게 아니었다. 범행 시간에 대한 알리바이를 아들에게 제공했기 때문이다. 페터 외에도 다른 용의자들이 있었기 때문에 그를 겨냥한 의심은 더 이상 정당화될 수 없었다. 어머니는 막내아들을 뮌헨으로 데려와 두 번째 남편과 함께 새로운 삶을 시작했다.

방화 수사관은 페터를 수사실로 불렀다. 법적으로 보았을 때 동일한 범죄 행위로 또다시 체포되었다는 사실만으로는 범행 가능성을 입증할 증거는 되지 못한다. 그러나 이는 우리 형사들에겐 엄청난 경고의 신호나 마찬가지다. 우리는 우연을 믿지 않으며, 누군가의 범행을 입증할 수 없다는 사실이 그가 그 범행을 저지르지 않았다는 것을 뜻하지는 않는다고 믿는다. 그것이 바로 법리학과 실생활의 차이다. 방화 현장에서 발견된 사람이 이미 동일한 범행으로 수사를 받은 적이 있음에도 그를 의심하지 않는 수사관은 옷을 벗는 편이 낫다.

페터는 입을 거의 열지 않는 어딘가 꽉 막힌 듯 보이는 젊은이였다. 그에게 한마디라도 끌어내려면 보통 힘이 드는 게 아니었다. 1년 전 그는 어머니와 새 아버지와 함께 작센안할트 주에서 뮌헨으로 이사했다고 했다. 그의 어머니와 양아버지는 뮌헨에서 술집을 하나 인수했다. 그는 전기 기술공 교육을 받았으나, 적당한 일자리를 찾지 못해 부모님이 운영하는 술집에서 일하고 있었다.

방화와 성적인 동기로 여성들을 공격하는 사람들의 양상이 매우 유사하다는 것은 이미 잘 알려진 사실이다. 성폭행범은 곧잘 방화를 저지르기도 한다. 그 이유는 두 종류의 범인 모두 증오심으로 가득 차 무언가를 파괴하는 것을 목적으로 하기 때문이다. 뿐만 아니라 그러한 범행을 저지르는 자들 중에는 겁쟁이인 경우가 상당하다. 여성은 남성보다 약하고 비밀리에 저지르는 방화는 직접적인 대결과는 거리가 멀다는 생각을 하던 중 또 다른 사실이 눈에 띄었다. 페터가 우리가 확보한 몽타주와 매우 닮았다는 것이었다. 하지만 우리는 의심을 사지 않기 위해 그에게 아무런 말도 하지 않았다. 이는 매우 옳고 현명한 대처였다. 때로는 앞서 나가지 않는 것이 도움이 될 때도 있다.

일을 제대로 해결하려면 충분한 시간이 필요하기 때문이다.

페터는 범인 감식팀으로 보내졌고, 살인 범죄 해결 위원회가 투입되었다. 페터의 사진을 전달 받은 나는 여러 수사관들과 마찬가지로 확신을 하게 되었다. 그는 범인 몽타주와 아주 닮아 있었다. 마치 그의 사진을 보고 그린 것처럼 말이다. 우리는 '난쟁이 칼잡이'를 목격한 증인 두 명을 불러 사진 패턴 실험을 실시했다. 사진 패턴 실험이란 전혀 다른 사람이지만 닮은 사람들을 동일한 각도에서 찍은 사진 열두 장으로 목격자들이 범인을 가능한 확실히 찾게 하는 것이다.

목격자가 범인을 확실히 집어내지 못하면 이 실험은 아무 짝에도 쓸모없게 된다. "비슷하게 생겼다" 또는 "아마도 이 사람인 것 같다"는 판단 역시 마찬가지다. 이 실험은 실제 인물과 대면했을 때보다 훨씬 더 큰 주의력을 요한다. 목격자들은 얼굴 전면과 왼쪽 귀가 보이는 비스듬한 전면, 그리고 오른쪽 귀가 보이는 비스듬한 전면이 나온 얼굴 사진만으로 범인을 찾아내야 하기 때문이다. 이 특별한 분류 작업은 이러한 시스템을 고안한 범죄 수사관이자 인류학자 알퐁스 베르티옹(Alphonse Bertillon, 1853~1914)의 이름을 따 베르티옹 사진이라고 부른다.

우리의 착실한 신문 배달부는 페터가 그날 밤 도망간 남자라고 90퍼센트 확신했다. 하지만 그는 90퍼센트만 확신했다. 아니타는 자신에게 나쁜 짓을 한 사람과 갑자기 마주했을 때 나타나는 반응을 보였다. "이 사람이에요, 바로 이 사람!" 그녀는 소리를 지르며 손가락으로 그의 사진을 가리켰다. 그녀는 갑자기 당시의 일이 눈앞에 펼쳐진다고 흐느끼며 말했다. 이미 당시의 일을 모두 극복했다고 생각했음에도 말이다. 그녀가 트라우마를 평생 극복하지 못할 거라는 생각이 들자 나는 그녀가 한없이 불쌍하게 느껴졌다. 나는 그녀를 품에 안고 이제는 두려워할 일이 없을 거라고 약속했다.

담당 검찰은 페터에게 체포영장을 발부했다. 몽타주 사진과의 유사성, 피해자로부터 추호의 의심도 없이 범인으로 지목되었다는 사실은 그가 범행 용의자라는 것을 뒷받침해주었다. 그에 더해 그는 범인 프로파일에 정확히 들어맞는 과거의 기록을 갖고 있었다. 체포영장을 발부받은 날은 또다시 금요일 저녁이었다. 우리는 즉각적인 출동을 결정했다. 두 명의 수사관이 오후 다섯 시에 문을 열어 여섯 시까지 거의 손님이 없던 술집에서 페터를 만났다. 그는 아무 말 없이 수사관들을 따라 수사실로 왔다. 어머니는 체포되는 아들을 걱정스런 눈으로 바라보았다. 하지만 그녀는 아무 말도 하지 않았다. 참으로 이상한 일이었다. 그녀는 뭔가를 알고 있었던 것일까? 그는 자신에게 발부된 체포영장을 자동차 안에서 읽어내려갔다.

그는 즉시 내 사무실로 왔다. 체포영장의 내용을 읽어보았느냐는 질문에 그는 아무 말 없이 고개만 끄덕였다. 이제 내가 이야기를 할 차례였다. 아무런 대답도 하지 않는 상대방의 마음을 꿰뚫어보기는 쉽지 않은 일이었다. 내가 알려주지 않아도 그는 침묵할 테지만, 나는 그에게 묵비권을 행사할 수 있다는 점을 설명해주었다. 그리고 변호사를 선임할 권리가 있다고 말했다. 그는 아무도 원치 않는다고 고개를 저었다. 나는 그에게 이유를 물으며 처음부터 변호사를 통해 모든 입장을 밝히는 것이 낫다고 조언했다. 그러면 양측 모두가 안전해서 그를 혼란에 빠뜨렸다는 비난을 듣지 않아도 되기 때문이었다. 반드시 변호사를 선임하라는 나의 설득을 통해 나는 그에게 내가 나의 판단을 전적으로 확신하며, 그의 범행 사실을 추호도 의심하지 않는다는 인상을 전달했다.

범행 사실을 의심하지는 않았지만, 그가 자백을 했다면 우리 측의 수사 작업은 훨씬 더 쉬워졌을 것이다. 하지만 그는 입을 열지 않았다. 그는 변명을 하지도, 자신을 정당화 하지도, 범행 사실을 거부하지도 않았다. 그는 단 한마디도 하지 않았다. 나는 그에게 그가 용의자로 지목된 이유들을 설명했다. 그러자 그는 짧게 "예" 또는 "아니오"로만 대답했다.

나는 그가 얼마나 내적으로 억압되어 있는지 느낄 수 있었다. 그는 성적인 내용에 관해 이야기하는 것을 불편해하고 창피해했다. 이 사건과 관련이 있느냐고 묻자 그는 즉각 부인했다. 그리고 성생활에 대해 묻자 또다시 침묵했다. 그로부터 20분 후 나는 그에게 최후 통첩장을 보냈다. 나는 성적인 요소는 배제하고, 여성에게 칼을 꽂은 두 사건에 대해서만 이야기하자고 말했다. 우리가 해결하려는 것은 살인사건이지 도덕적인 문제가 아니었기 때문이다. 그런데 갑자기 그가 내 말에 귀를 기울인다는 것이 느껴졌다. 그는 내가 정말로 그것만을 원하는지 알아내기 위해 한참 동안 나의 얼굴을 들여다보았다. 그래서 나는 '성적인 요소'에는 전혀 관심이 없다고 말하면서 두 명의 여성을 칼로 헤쳤을 때 조금이라도 양심의 가책을 느꼈는지 물었다. 그러자 기적이 일어났다. 그는 내 얼굴을 바라보며 이렇게 말했다. "네, 정말로 미안했습니다."

페터는 엄청난 양의 자백을 했다. 그러나 그 두 번의 살인미수 사건에 관해서만 진술했다. 그는 두 여성을 공격해 쓰러뜨렸다고 자백했지만 범행을 저지른 동기에 대해서는 말하지 않았다. 술집에 범행에 사용한 칼을 숨겨놓았음을 고백했고, 두 건의 살인미수로 종신형을 선고받을 수 있다는 사실을 알면서도 객관적인 정황을 세세한 부분까지 인정했다. 하지만 주사기를 이용해 여성을 성폭행한 일이나 방화사건은 인정하지 않았다.

그런데 그는 법정에 서자 분개하기 시작했다. 보통 때는 너무나도 내성적이었던 그는 판사들에게 자신은 이미 모든 걸 말했고, 모든 사실을 인정했으며, 그 외의 사실들은 자신과 아무런 관련이 없다고 강력히 부정했다. 특히 주사기를 이용한 사건에 대해 질문을 받으면 매우 격노했다. 때문에 우리는 다른 여성을 위협하기 위해 그가 왜 한 여성에게 피를 뽑게 했는지 알 수 없게 되었다. 페터는 어떤 상황에서도 그 영혼을 들여다볼 수 없게 하는 범인의 전형이었다.

'슈바빙의 난쟁이 칼잡이'로 시민들을 공포에 떨게 했던 그가 체포되자 우리 모두는 크게 안심했다. 차후에 밝혀진 내용 중 흥미로운 사실은 다음과 같다. 페터는 어머니가 운영하는 술집에 들렀던 젊은 여성들을 대상으로 최소한 열두 번 이상 노출증 행위를 했다. 그는 술집에서 만난 여성들에게 매우 친절한 모습을 보였지만, 대부분 아무런 소득도 얻지 못했다. 발끈하는 마음에 아름다운 여성들이 나타나는 술집 근처 어두운 곳에서 자신의 남성성을 보여줬지만 비웃음을 당했다. 이후 그의 행동은 치명적으로 치달았다. 그는 이 '노출 공격' 후에 슈바빙의 여성들을 습격하게 된 것이다. 우리는 그것이 복수의 행동이었다고 추측할 수밖에 없었다. 여성에 대한 증오는, 스스로 인정하지는 않았지만 그가 저지른 범행에 대한 간접 증거라 할 수 있다.

약간의 사족을 덧붙일까 한다. 페터는 아무런 걱정 없이 집밖을 나설 수 있었다. 그 누구도 그가 범인이라고 생각할 수 없을 만큼 착해 보였기 때문이다. '난쟁이 칼잡이' 라는 별명이 범인이 매우 자그마한 사람이라는 것을 뜻함에도 그를 만난 사람 중 누구도 그를 의심하지 않았다. 그는 네 번이나 검문을 당했지만 매번 붙잡히지 않았다. 너무나도 얌전하고 착해 보이는 외양 덕분이었다. 그의 어머니가 운영하는 술집에 걸려 있는 몽타주 사진과 매우 닮았음에도 그곳을 순찰한 경찰들도 '귀염둥이 페터' 가 연쇄 살인범일 거라고 생각지 못했다. 내가 늘 입버릇처럼 하는 말인 "누구도 카인의 표식을 이마에 붙이고 다니지 않는다"는 이야기는 이번에도 들어맞았다. 지금까지 내가 겪어온 살인범들 대부분은 황소처럼 힘이 센 싸움꾼이라기보다는 샌님처럼 얌전한 유형이 많았다. 페터를 신체적으로 검사해본 결과 그가 진성 포경증을 앓고 있었던 것으로 확인되었다.

페터는 범행이 미수로 끝났음에도 종신형을 선고받았다. 그가 자신의 범행을 통해 분노를 보상받고 성적 욕구를 만족시키려 했기 때문이었다. 그는 방화로 많은 사람들의 목숨을 위험에 처하게 했으며, 공공의 안전에 위험이 되었다.

**인간심리를 통해 본 파괴적 본능의 진실**
사람은 왜 살인자가 되는가

지은이 | 요제프 빌플링
옮긴이 | 김세나
펴낸이 | 김경태
펴낸곳 | 한국경제신문 한경BP

제1판 1쇄 인쇄 | 2013년 6월 20일
제1판 1쇄 발행 | 2013년 6월 30일

주소 | 서울특별시 중구 중림동 441
기획출판팀 | 02-3604-553~6
영업마케팅팀 | 02-3604-595, 583 FAX | 02-3604-599
홈페이지 | http://www.hankyungbp.com
전자우편 | bp@hankyungbp.com
T | @hankbp F | www.facebook.com/hankyungbp
등록 | 제 2-315(1967. 5. 15)

ISBN 978-89-475-2921-1 03180

값 16,000원